PRÁTICAS DE CIDADANIA

PRÁTICAS DE CIDADANIA

Jaime Pinsky
Organização

Cândido Malta • Cláudia Costin
Cláudio Weber Abramo • Dora Ann Canhos
Duílio Duka • Eduardo Capobianco
Flávia Piovesan • Galeno Amorim
Gilberto Dimenstein • Jorge Maranhão
José Eustáquio Romão • José Renato Nalini
Marcio Pochmann • Marina Silva
Milú Villela • Neide Cruz • Oded Grajew
Paulo de Mesquita Neto • Rosana Chiavassa
Rubens Naves • Sidnei de Souza
Sidney Antônio da Silva • Stephen Kanitz
Vanderlei Canhos • Vidal Serrano Nunes Júnior

editoracontexto

Diagramação
Gustavo S. Vilas Boas

Capa
Victor Burton

Revisão
Vera Quintanilha

Dados Internacionais de Catalogação na Publicação (CIP)
(Câmara Brasileira do Livro, SP, Brasil)

Práticas de cidadania / Jaime Pinsky,
(organizador) . – 2. ed. – São Paulo : Contexto, 2023.

Vários autores.
Bibliografia.
ISBN 978-85-7244-265-7

1. Cidadania 2. Empresas – Responsabilidade social
I. Pinsky, Jaime.

04-3779 CDD-302

Índices para catálogo sistemático:
1. Cidadania : Sociologia 302

2023

EDITORA CONTEXTO
Diretor editorial: *Jaime Pinsky*

Rua Dr. José Elias, 520 – Alto da Lapa
05083-030 – São Paulo – SP
PABX: (11) 3832 5838
contato@editoracontexto.com.br
www.editoracontexto.com.br

SUMÁRIO

Introdução
Jaime Pinsky 7

Justiça e cidadania
José Renato Nalini 11

Ministério Público e defesa da cidadania
Vidal Serrano Nunes Júnior 21

Mulheres: as desigualdades persistem
Rosana Chiavassa 31

Combate ao racismo: compromissos e ações propositivas
Duílio Duka de Souza 39

Os hispano-americanos e a construção da cidadania
Sidney Antônio da Silva 55

Justiça para crianças e jovens
Rubens Naves 69

Informação ambiental e prática de cidadania
Vanderlei Canhos, Dora Ann Canhos e Sidnei de Souza 89

Direito ao trabalho: da obrigação à consequência
Marcio Pochmann 101

Práticas cidadãs para uma nova cidade
Cândido Malta 121

A voz do cidadão
Jorge Maranhão 137

Educação e cidadania
José Eustáquio Romão 147

Bairro-escola: uma experiência de reaprendizado na rua
Gilberto Dimenstein 169

Livros para todos
Galeno Amorim 185

Voluntariado educativo: primeiros passos para a cidadania
Milú Villela e Neide Cruz 201

Responsabilidade social empresarial
Oded Grajew 213

O prêmio bem eficiente
Stephen Kanitz 221

O combate à corrupção
Eduardo Capobianco e Cláudio Weber Abramo 231

Práticas de cidadania contra o crime e a violência
Eduardo Capobianco e Paulo de Mesquita Neto 241

Cidadania global é possível?
Flávia Piovesan 259

Leitura e cidadania
Cláudia Costin 269

Ecologia, cidadania e ética
Marina Silva 273

Os autores 277

INTRODUÇÃO

Jaime Pinsky

História da Cidadania, livro publicado em 2003 por esta editora, tornou-se rapidamente um marco teórico e uma referência: seu sucesso de vendas só foi superado pela repercussão que obteve, na mídia, na Universidade, nas instituições públicas governamentais e privadas, na vasta correspondência encaminhada à Editora Contexto enaltecendo a ideia da publicação e o resultado dela. Autores e organizadores da obra fizeram muitas palestras e conferências por todo o Brasil, inclusive no Congresso Nacional. Modestamente, acreditamos ter respondido à pergunta que nos motivou ao conceber aquela obra, ou seja, "afinal, o que é cidadania"?

Restava, contudo, responder a outras espécies de indagações, estas de ordem prática: que importantes ações, no sentido de estender a cidadania a todos, estão sendo executadas em nosso país – e por quem? Quais os obstáculos que estão sendo enfrentados para que essas ações se concretizem? Quais os apoios recebidos e por parte de quem? Que desafios ainda encontram pela frente aqueles que, abrindo mão de interesses pessoais, partem para a prática cidadã, seja na qualidade de executores de políticas públicas, seja na condição de gestores de entidades civis, seja, até, como simples cidadãos responsáveis?

Práticas de cidadania é a resposta a essas indagações: convidamos uma série de cidadãos especiais para narrar suas experiências e, a partir delas, tentar traçar parâmetros que possam auxiliar, tanto a elaboração de políticas públicas mais consistentes quanto práticas empresariais mais comprometidas com a responsabilidade social, passando, evidentemente, pelo desenvolvimento de uma mentalidade menos autocentrada e consumista – fruto, talvez, de um momento histórico em que parece que as utopias foram definitivamente vencidas pelo pragmatismo globalizado e carente de generosidade e humanismo.

Assim, por exemplo, o juiz José Renato Nalini discute os caminhos para o acesso efetivo e integral da população à Justiça e para uma ordem jurídica verdadeiramente justa e cidadã, onde os valores em prol da dignidade humana não sejam apenas adornos retóricos e declarações de boas intenções contidas no texto da lei. O promotor Vidal Serrano, por sua vez, discorre sobre a importância crescente do Ministério Público, que, ao atuar como uma espécie de "advogado da sociedade", tem feito de sua independência e vigilância uma ferramenta fundamental para a construção de uma verdadeira democracia em nosso país.

Uma democracia ainda imperfeita, na qual permanecem abismos de desigualdades a separar e excluir parcelas significativas de nossa população. É o que demonstra, por exemplo, a partir de sua própria prática profissional, a advogada Rosana Chiavassa, ao evidenciar a disparidade no tratamento dedicado a homens e mulheres, a despeito dos avanços históricos conquistados pelos movimentos feministas e femininos nas últimas décadas. Do mesmo modo, o professor Duílio Duka de Souza destaca a ação de entidades que combatem o racismo na escola e o antropólogo Sidney Antônio. da Silva, membro da Pastoral do Migrante, discorre sobre a necessidade de incluirmos também os imigrantes no conceito de cidadania. Na sequência, Rubens Naves, diretor-presidente da Fundação Abrinq, analisa o real significado do Estatuto da Criança e do Adolescente (ECA) – marco legal de importância basilar para, quando menos, servir de ponto de partida para começarmos a saldar, de fato, a enorme dívida social para com nossas crianças e jovens.

A seguir, Vanderlei Canhos, Dora Ann Canhos e Sidnei de Souza, especialistas e militantes na questão ambiental, chamam a atenção para a necessidade de conciliar o desenvolvimento socioeconômico com a preservação do meio ambiente e, assim, relatam uma série de ações em curso que buscam democratizar o acesso à informação ambiental em nosso país. Do mesmo modo, em uma época acossada pelo fantasma do desemprego estrutural, o economista Marcio Pochmann, com base na sua experiência como secretário estadual em São Paulo, descreve experiências bem-sucedidas de inclusão social por meio do acesso ao trabalho, que aqui é entendido não como uma mera obrigação impingida aos indivíduos em busca da sobrevivência diária, mas como um instrumento de emancipação e cidadania.

O professor Cândido Malta, diretor do movimento Defenda São Paulo, oferece-nos exemplos cotidianos de práticas efetivamente cidadãs – gestadas entre planejadores urbanos mas também no seio da própria comunidade – que trabalham para construir uma nova concepção de cidade, mais humana e mais propícia à convivência entre as pessoas. E, a partir da experiência da "Voz do Cidadão", contraponto à oficial "Voz do Brasil", o jornalista Jorge Maranhão nos informa sobre um projeto multidisciplinar de comunicação e educação, que tem por objetivo discutir os direitos civis coletivos.

Educação, como não poderia deixar de ser, é palavra-chave. Afinal, está na ausência histórica de um projeto educacional consistente, uma das principais raízes de nossas mazelas nacionais. O professor José Eustáquio Romão nos apresenta, então, as conquistas do projeto Escola-Cidadã, enquanto o jornalista Gilberto Dimenstein nos brinda com um emocionado relato da experiência do Bairro-Escola, projeto que ousou ultrapassar as fronteiras dos muros escolares e estender o sentido de cidadania à rua e a toda a comunidade em seu entorno. O jornalista Galeno Amorim, logo em seguida, traz o exemplo de um programa municipal que conseguiu levar a leitura para as mãos de quem nunca havia folheado um único livro na vida.

Ainda na seara da educação, compreendida como o principal instrumento de promoção da cidadania, a psicóloga Milú Villela e a pedagoga Neide Cruz descrevem outra série de experiências bem-sucedidas. Elas mostram como o exercício do voluntariado provou que a sociedade pode e deve assumir sua parte de responsabilidade social, deixando de encarar o Estado como seu único provedor. O mesmo que, em outros termos, defende o engenheiro Oded Grajew em relação aos empresários, executivos e investidores: para chegarmos a uma economia verdadeiramente sustentável, dependeremos de uma nova consciência social e de novas práticas, entre as quais a responsabilidade social empresarial é um valioso e imprescindível instrumento.

É preciso compreender, contudo, que a verdadeira cidadania não consiste simplesmente em "ajudar o outro", mas, na verdade, "servir ao outro", como bem observa o professor Stephen Kanitz, chamando a nossa atenção para que a chamada responsabilidade social não se torne apenas mais um modismo passageiro, um surto de *marketing* a mais entre os tantos que surgem no cotidiano das organizações. Uma nova consciência social não pode, por exemplo, fazer nenhuma espécie de concessão à violência e à corrupção, como mostra Eduardo Capobianco, presidente do Conselho Deliberativo da Transparência Brasil, em dois textos escritos para este livro: o primeiro assinado em parceria com o jornalista Cláudio Weber Abramo; o segundo, com o cientista político Paulo de Mesquita Neto. Ambos apontam para o mesmo ponto: a participação da sociedade organizada é valiosa, mas tem seus limites e, assim, é necessário que os cidadãos cobrem do poder público a sua inegociável cota de responsabilidade.

Nesse sentido, após a professora Flávia Piovesan discutir a possibilidade de uma cidadania global, fruto do aprimoramento do sistema internacional dos direitos humanos, o livro traz dois breves textos, assinados pela secretária de Cultura de São Paulo, Cláudia Costin, e pela ministra do Meio Ambiente, Marina da Silva. Os textos são curtos – por escolha das próprias autoras –, mas contêm reflexões e depoimentos não menos relevantes e significativos, que revelam o compromisso de duas figuras públicas que, apesar de atuarem em posições político-partidárias não necessariamente convergentes e em áreas aparentemente distintas, dão seu testemunho a respeito do mesmo e necessário engajamento em prol de práticas verdadeiramente cidadãs.

Não se trata, como se vê, de um livro com uma única resposta, mas com a sugestão de uma multiplicidade de caminhos possíveis, alguns já desbravados e com muitos transeuntes, outros apenas sugeridos, merecedores de atenção por parte daqueles que não acreditam que respostas a inquietações existenciais encontram-se apenas no fundo de um copo, no uso compulsivo do cartão de crédito ou no bisturi de um cirurgião plástico, mas, principalmente na solidariedade e na criação de uma sociedade mais digna.

JUSTIÇA E CIDADANIA

José Renato Nalini

A chamada Reforma do Judiciário foi a última dentre a série de reformas a ser considerada e enviada pelo Governo ao Congresso Nacional. Prioritárias, na concepção governamental, seriam a Reforma da Previdência, a tributária, a política, a das leis trabalhistas e a da legislação falimentar. Não é de se estranhar. Afinal, a Justiça, até para os demais Poderes, sempre foi considerado um universo distante e hermético. Na verdade, ela nunca entrou na pauta das grandes urgências nacionais.

A proposta de emenda à Constituição que modifica o Poder Judiciário nasceu ainda em 1992, da iniciativa do deputado federal paulista Hélio Pereira Bicudo, ex-integrante do Ministério Público e atual vice-prefeito do Município de São Paulo. Após mais de uma década de discussão parlamentar, indaga-se a respeito de seu significado para a cidadania brasileira. Surgirá dessa Reforma um novo Judiciário? A cidadania verá ampliado o seu acesso à Justiça? O que significará para as pessoas comuns a emenda constitucional que remodela o Judiciário do Brasil?

CONCEITO JURÍDICO DE CIDADANIA

Cidadania, o direito a ter direitos na clássica visão de Hannah Arendt, é um conceito técnico para as ciências jurídicas. Para Alexandre de Moraes, "a cidadania representa um *status* do ser humano, apresentando-se, simultaneamente, como objeto e direito fundamental das pessoas"[1]. "Cidadania [...] qualifica os participantes da vida do Estado, é atributo das pessoas integradas na sociedade estatal, atributo político decorrente do direito de participar no governo e direito de ser ouvido pela representação política", segundo José Afonso da Silva[2]. Em síntese, para uma visão clássica do Direito Constitucional, cidadão é o titular dos direitos políticos de votar e de ser votado.

No entanto, prevalecesse tal conceito de cidadania, para os objetivos de uma análise do acesso à justiça, e vasta legião de brasileiros dela restaria excluída. Não foi esse o objetivo do constituinte ao eleger a "cidadania" como um dos valores fundamentais da República. Visto que o valor "cidadania", para uma Constituição cognominada "cidadã", há de ser conjugado ao princípio democrático. O constituinte elegeu o Estado de Direito para o Brasil e o qualificou de índole democrática. A Democracia passa a ser, na feliz imagem de Carlos Ayres Britto, verdadeiro "megaprincípio"[3]. Fez-se da Democracia a alma da Constituição e isso significa "troca de lugar ou mudança topográfica do povo, que da plateia passa para o palco das decisões que a ele digam respeito; ou seja, o povo a sair da passiva posição de espectador para a ativa posição de ator político", bem define Britto[4].

Povo como ator político significa povo dotado de poder para efetivamente participar da gestão da coisa pública. Assim como em seu nome explicitou o constituinte na nova dicção do princípio da soberania popular: "Todo o poder emana do povo, que o exerce por meio de representantes eleitos, *ou diretamente, nos termos desta Constituição*" [grifo nosso], conforme diz o parágrafo único do artigo 1º da Constituição Federativa do Brasil.

A opção por uma Democracia participativa garante ao povo o poder de selecionar eleitoralmente os governantes e de compartilhar com ele algumas funções. E as eleições constituem o modo específico de escolher os detentores dos cargos de mando. Além disso, os projetos de iniciativa popular, um dos instrumentos da democracia semidireta, também estão previstos em nossa Constituição. Ora, se o sufrágio se aplica aos ocupantes de funções executivas e legislativas e a iniciativa popular é o exercício direto de uma atribuição parlamentar, qual seria então o papel da cidadania em relação ao Poder Judiciário?

A PARTICIPAÇÃO POPULAR NA JUSTIÇA

O juiz brasileiro não é eleito. Ele é recrutado, em regra, por concurso público de provas e títulos. A participação da OAB – Ordem dos Advogados do Brasil – na comissão examinadora é considerada, por alguns, como forma reduzida de participação da sociedade na administração do Judiciário. Todavia, os exemplos de atuação cidadã na administração de uma das funções estatais – a jurisdição – ainda são modestos. Resumem-se à convocação do cidadão para servir no Tribunal do Júri – em caso de julgamento dos que praticaram crimes dolosos contra a vida – ou no serviço eleitoral – nas oportunidades em que a Justiça encarregada de realizar o espetáculo democrático das eleições se serve do serviço obrigatório e gratuito da cidadania.

Várias outras modalidades de atuação poderiam ser lembradas, mas não são de nenhuma efetividade. Assim, o leigo poderá atuar nos juizados especiais, modalidade de realização simplificada e célere da Justiça de pequenas causas – são consideradas "pequenas causas", as demandas cíveis de menor complexidade e as infrações penais de menor potencial ofensivo. Previu ainda o constituinte a existência da justiça de paz, composta de cidadãos eleitos pelo sufrágio e com mandato de quatro anos. A competência dos juízes de paz é restrita à celebração de casamentos e à verificação da regularidade do processo de habilitação. Além disso, poderiam exercer atribuições conciliatórias e outras, desde que desprovidas de caráter jurisdicional. Não obstante a previsão datar de 1988 e restabelecer uma longeva tradição pátria, até o momento não se regulamentou a criação da Justiça de Paz, que, portanto, ainda não funciona.

Convenha-se que, para um paradigma de Democracia Participativa, as fórmulas de participação do povo na administração da Justiça estão a carecer de intensificação e incremento. Ainda não se atingiu a densidade democrática desejável ou o grau pretendido de autenticidade democrática, na linguagem do ministro Ayres Britto. Observa o eminente magistrado da Suprema Corte variar o teor de autenticidade democrática "de cada experiência constitucional positiva para outra, em um ritmo ora mais lento, ora mais rápido, de manifestação da própria consciência humana"[5].

Constatado o déficit de participação popular na administração da Justiça, cabe indagar: estaria em estágio mais avançado o acesso da cidadania ao sistema estatal encarregado de realizar o justo concreto?

O ACESSO DA CIDADANIA À JUSTIÇA

O movimento do acesso à Justiça é mais abrangente do que a possibilidade que tem o povo de obter os préstimos do Poder Judiciário. Significa hoje o acesso a uma ordem jurídica justa, o acesso à assistência jurídica integral, aqui incluída a obtenção da prestação jurisdicional.

A Constituição do Brasil de 1988 foi aquela que mais acreditou na solução judicial dos conflitos. Manteve o princípio fundamental da inafastabilidade do controle jurisdicional, garantiu o contraditório e a amplitude de defesa e a quantos comprovarem insuficiência de recursos, assistência jurídica integral e gratuita. Contudo, um tratamento fundante civilizado, condigno com a principiologia da Constituição, não propiciou a amplitude do acesso à Justiça a todos os brasileiros.

Uma série de concausas contribuem para a deficiência que ninguém, provido de bom-senso e de boa-fé, ousaria negar. A razão principal é o crescimento contínuo e angustiante da legião dos excluídos. Chega-se a afirmar que um terço dos brasileiros estão situados abaixo da linha da pobreza. A marginalidade nunca está desacompanhada do seu séquito de infelicidades: a doença, a ignorância, o desalento. Milhões de brasileiros desconhecem os seus direitos. Já se acostumaram com a subsistência indigna, à margem da vida, desprovidos de todos os bens. Mas, principalmente, desprovidos de esperança, de projeto, de qualquer perspectiva de inclusão. Para aquele que se vê diante da irrecusável necessidade de lutar por um prato de comida, por um pequeno espaço tranquilo para dormir, recorrer à Justiça humana parece algo irrealizável, sofisticado e inteiramente ficcional.

Outro fator frustrante do acesso à Justiça é a necessidade de um profissional que detém o monopólio da capacidade postulatória. Ninguém consegue, no Brasil, aproximação com o juiz, sem a intermediação do advogado. Verdade que a Constituição assegurou a todos a assistência jurídica integral e gratuita. E que o Brasil possui cerca de um milhão de advogados, produzidos aos milhares a cada semestre, pelas 828 faculdades de Direito recentemente instaladas. Duzentos mil profissionais da advocacia militam apenas no Estado de São Paulo. Não é, portanto, por falta de advogado que o excluído não chega ao Judiciário. Mas o acesso ao advogado não é fácil. Quem conhece a burocracia das repartições públicas, quem já teve oportunidade de constatar as imensas filas que se formam desde a madrugada para a obtenção de uma senha, pode avaliar o desconforto de quem necessita defender seus direitos junto ao Fórum.

A pobreza dificulta a comunicação. Impede a locomoção do injustiçado até o lugar onde terá, presumivelmente, o encontro com o seu advogado. Depois de horas a aguardar, não há paciência que resista. Quando tem a sorte de ser atendido, nem sempre o profissional entende o alcance do inconformismo. Quantas vezes o problema seria mais eficazmente tratado no âmbito da Assistência Social, ou no Setor de Saúde Pública, não raro no Departamento de Saúde Mental?

A necessidade de documentação afasta o queixoso da Justiça. Assim como a imprescindibilidade de testemunhas. Não é fácil encontrar quem se disponha a comparecer a juízo. As pessoas simples não se sentem à vontade no ambiente forense. Ele é solene, assustador, totalmente insólito para quem se aflige com aquilo que considera uma injustiça. A própria linguagem forense é outro obstáculo a que as pessoas se disponham a litigar. Ininteligível o tecnicismo e a sofisticação vernacular do profissional jurídico. Além de um idioma incompreensível, existe um rito que se preordena a amedrontar a parte.

Ninguém fala diretamente com o juiz. Não há oportunidade para expor a sua angústia. A parte e as testemunhas são objeto de inquirição. Só podem responder àquilo que o magistrado lhes indaga. Não entendem inteiramente a pergunta e se acanham em solicitar esclarecimentos. É frequente a rispidez, a falta de paciência, compreensível em quem está a presidir inúmeras audiências, tantas vezes com profissionais despreparados e de causas que considera menores para serem submetidas à sua erudição.

O crescimento da legião dos excluídos é aritmético e, geométrico, o daqueles que descreem da Justiça. Aliás, para enorme parcela da população, a única face da Justiça que está presente é a sua feição mais cruel e desumana. A Justiça Penal. O povo enxerga como Justiça um complexo equipamento autoritário que inclui as polícias – civil e militar –, as guardas municipais, os seguranças privados, o investigador, o delegado, o carcereiro, o promotor, o juiz e o advogado. Tudo forma uma figura aterradora, de contornos vagos e imprecisos, mas eficiente quando se cuida de privá-lo da liberdade. Alimenta-se a lenda de que as sevícias continuam a ocorrer, de que a tortura é o método mais utilizado de elucidação dos delitos, de que os desaparecimentos, as chacinas e as queimas de arquivo são o destino dos marginais.

Diante do estado de abandono dos excluídos, chega-se a compreender o motivo de confiarem mais no traficante "do bem", que supre a ausência estatal na região, e de não colaborarem com a polícia quando se trata de denunciar a prática de um ilícito. Todos os fins de semana ocorrem extermínios na periferia de São Paulo. Uma visita ao Instituto Médico Legal (IML), seria essencial para quem estuda Direito, História, Antropologia ou qualquer outro curso universitário. As estatísticas mais insuspeitas mostram que nos últimos vinte anos – de 1984 a 2004 – ocorreram dois milhões de homicídios no Brasil. A maior parte deles nos grandes centros.

A vítima tem um perfil conhecido: idade de 15 a 24 anos, sexo masculino, predominância da cor negra ou parda. A grande maioria dessas mortes nunca será esclarecida. Aquelas que são elucidadas, consequentemente, não serão julgadas.

Para se julgar alguém por crime de homicídio é necessário um ritual dispendioso, arcaico, lento e propício ao cultivo de nulidades: o Tribunal do Júri. Juízes leigos são indagados a respeito de tecnicismos preciosistas. Os quesitos constituem perguntas de elaboração minuciosa e nem sempre atingível à compreensão do jejuno em direito. Isso garante que parcela considerável dos julgamentos sejam anulados. Com isso, os demais processos nunca chegam à apreciação e a impunidade não é apenas sensação, mas lamentável realidade.

Diante da sofisticação do processo, da lentidão da Justiça, que ainda continua a ser procurada por milhões de brasileiros, alguns críticos sustentam que o exercício da jurisdição penal no Brasil é meramente simbólico. Alguns grandes delitos, aqueles emblemáticos, muito explorados pela mídia ávida do insólito, merecem trâmite apurado. Milhares de outros nunca serão objeto de julgamento.

Entretanto, nada tem de simbólica a atuação repressiva do Estado. São Paulo nunca prendeu tanto. São mais de dez mil prisões por mês. Também nunca se construiu tanto presídio. Embora a população paulista seja de quarenta milhões de habitantes, menos de um terço da população brasileira, os presos atingem quase 50% do total dos encarcerados no Brasil.

A REFORMA DO JUDICIÁRIO VAI AMPLIAR O ACESSO?

A Reforma do Judiciário não o converterá em um serviço público ágil, eficiente, acessível a todos, como seria legítimo aspirar. Isso porque não se enfrentou a necessária e profunda reforma estrutural de um Poder da República pouco afeiçoado a mudanças, o mais conservador, mesmo porque provém da mais conservadora das Escolas Superiores. A Faculdade de Direito, que produz com exclusividade os integrantes desse poder da República, foi criada em 1827 e seguiu o modelo coimbrão, pré-medieval. Poucas mudanças ocorreram no ensino jurídico desde então, salvo a impressionante multiplicação de Escolas em todo o país.

A formação jurídica replica um modelo superado de profissional, versado em legislação, doutrina e jurisprudência e desprovido de qualquer capacidade crítica. Reproduz-se o operador pronto a decorar os Códigos, a encontrar precedentes jurisprudenciais favoráveis à sua tese e a se utilizar das astúcias do processo, para que as demandas se institucionalizem, independentemente de solução do conflito. Trilha-se uma rota de visão única de preparação dos profissionais do Direito: a cultura adversarial, como se todos os problemas humanos devessem merecer apreciação de um Tribunal.

Tolhe-se a realização espontânea do Direito, impede-se a cidadania de solucionar suas controvérsias mediante alternativas de pacificação, negociação, mediação, transação e tantas outras.

O Direito, que é técnica de harmonização da sociedade, tem servido no Brasil para a prática da guerra judicial. Uma guerra cara, prolongada, angustiante e que nem sempre confere razão a quem a tem, tantas as artimanhas que podem ser utilizadas no processo. Este, em lugar de instrumento de realização da justiça, passou a ser finalidade. Briga-se pela briga. Processa-se pelo processo. A duração indefinida dos litígios faz com que todos se esqueçam da razão inicial da demanda.

Os concursos de recrutamento de novos juízes se submetem a idêntico ritual. Avalia-se a capacidade de memorização de textos legais, doutrinários e jurisprudenciais. Não se consegue aferir sensibilidade, discernimento, senso de justiça, vocação, postura ética, comprometimento com os valores tidos pelo pacto fundante como pilares da República brasileira.

Se o Judiciário tivesse estimulado, em lugar do aperfeiçoamento técnico-doutrinário-jurisprudencial de seus integrantes – e nisso não há dúvida de que formam uma elite –, a reflexão, a capacidade crítica, o repensar da Instituição e não haveria necessidade de sua reforma. A própria Justiça teria produzido um modelo eficiente de resolução dos conflitos e não estaria na defensiva diante de controle externo, súmula vinculante e outras tendências repressivas.

Mas, sem dúvida, a Reforma oferecerá alguns benefícios para a rediscussão do paradigma brasileiro de resolução das controvérsias. Tornará direito explícito de qualquer pessoa – já era direito fundamental implícito ou decorrente do sistema – obter uma decisão jurisdicional em tempo oportuno. Isso deverá otimizar o funcionamento da máquina. Senão, o Estado responderá pela duração eternizada dos processos, assim como já ocorre na União Europeia.

Todas as custas e emolumentos – quantias pagas pelos préstimos das serventias judiciais e extrajudiciais – serão destinados diretamente ao Judiciário. Com isso, poderá ser implementado um plano consistente de modernização, informatização e adoção de outras tecnologias propícias à aceleração segura da prestação jurisdicional.

Cria-se a Escola Nacional da Magistratura, submetida ao Superior Tribunal de Justiça, para elaborar uma doutrina judicial consequente. Os concursos públicos poderão priorizar outras qualidades, que não a capacidade mnemônica dos futuros juízes. E daí poderá ser renovado o quadro de novos magistrados, mais humanos, mais sensíveis, mais antenados com as carências de uma sociedade sofrida. Estabelece-se, enfim, uma tímida democratização interna no Poder Judiciário, até o momento infenso a qualquer tentativa de debate, diálogo, discussão ou planejamento. A partir da eleição de metade dos integrantes do "Órgão Especial", encarregado de administrar os colegiados, pode ser que talentos novos se apresentem e ofereçam contribuição inovadora para aperfeiçoar a Justiça.

Em termos de acesso da cidadania à Justiça, enfatiza-se a autonomia das defensorias públicas, órgãos que deverão se desincumbir da missão de assegurar a todos os brasileiros assistência jurídica integral e gratuita. Não se produziu a reforma de base, como se aguardava e de acordo com o diagnóstico tantas vezes produzido durante as intermináveis discussões. Não se enfrentou o tema da coexistência de múltiplas Justiças, modelo emperrador e desnecessário para um país como o Brasil: duas Justiças comuns, a Federal e a Estadual, e três especializadas, Trabalhista, Militar e Eleitoral.

Embora toda a doutrina reconheça que o Poder Judiciário é uno, nacional, os cinco braços são autônomos, como todos os tribunais, impedindo o traçado de um plano nacional de Justiça, otimizador dos minguados recursos materiais postos à disposição da máquina judiciária. Todavia, alguns passos foram dados. A Reforma da Justiça deverá continuar com a alteração do ordenamento infraconstitucional, notadamente os Códigos processuais e com a adoção de métodos de gestão mais compatíveis com as modernas tecnologias.

INVENTAR O FUTURO

A Justiça brasileira reflete os paradoxos e a complexidade da Nação. Seria inviável um Judiciário eficiente, homogêneo, acessível, célere e respeitado, numa sociedade permeada por tantas injustiças e iniquidades. Mas a melhor forma de se planejar o futuro é inventá-lo. Em relação à Justiça, que pode e deve ser uma alavanca de transformação da sociedade, reclama-se a participação de toda a lucidez nacional, para a continuidade de um projeto consistente de sua remodelação.

Justiça não é assunto para juízes, promotores, advogados, policiais ou carcereiros. Justiça é assunto para todos. A Justiça é um bem da vida essencial. Vida sem justiça é vida indigna. E a dignidade humana foi um dos valores abrigados pelo constituinte de 1988, como fundamento da República do Brasil. Tais valores não foram colocados na Constituição como adorno retórico. Eles têm uma densidade. Depende da cidadania extrair deles consequências concretas para o salto qualitativo que se pretende conferir à Democracia no país.

O constituinte fez a sua parte. Indicou os caminhos para o Estado de Direito de índole democrática que é um projeto permanente, não uma realidade outorgada. A Democracia é conquista diária. Fora galardão e não teria valor. A pauta de positivações axiológicas deve inspirar todo o pensamento nacional. O milagre da multiplicação das organizações não governamentais, o protagonismo do terceiro setor, isso deve estimular o protagonismo cidadão.

Os valores têm a função de sinalizar a trajetória. Como afirma Carlos Ayres Britto, diante de "sua intrínseca materialidade prospectiva, tornam a Constituição um processo. Um vir a ser permanente, um devir, pelo seu facilitado ajustamento ao corpo sempre cambiante da realidade social". É preciso, pois, cultivar a esperança de que o porvir deverá ser melhor, graças ao aprendizado diário, à coragem de uma Nação que já enfrentou e continuará a enfrentar desafios e que merece um destino de dignidade para o seu povo.

A cada um de nós abriu-se o espaço histórico para concretizar as promessas do constituinte ou para ocupar a passiva letargia de quem observa a História e não se sente dono de seu destino.

Agora, é escolher.

NOTAS

1 MORAES, Alexandre. *Constituição do Brasil Interpretada.* São Paulo: Atlas, 2002, p.128.

2 SILVA, José Afonso da. *Curso de Direito Constitucional Positivo.* 9ª ed. São Paulo: Malheiros, 1992, p.305.

3 BRITTO, Carlos Alves. *Teoria da Constituição.* Rio de Janeiro: Forense, 2003, p.183.

4 Idem, ibidem.

5 Idem, p.185/186.

MINISTÉRIO PÚBLICO E DEFESA DA CIDADANIA

Vidal Serrano Nunes Júnior

A história recente do país foi marcada pelo surgimento de um novo ator no cenário social: o Ministério Público. Frequentemente relacionada a temas de grande repercussão social, a instituição se viu enfronhada em boa parte das grandes questões públicas emergentes nos últimos anos. Essa presença mais significativa no meio social teve como elemento facilitador o fortalecimento da instituição na Constituição de 1988. Novas funções e novas garantias trouxeram as bases legais para o seu redimensionamento.

É fundamental perceber, no entanto, que o Ministério Público, como as demais instituições, não pode ser compreendido exclusivamente sob a perspectiva formal. A instituição não se situa no vácuo, mas em uma sociedade, ordenada segundo valores e organizada conforme históricos padrões socioeconômicos. O Ministério Público, como parte do Estado, há de ser analisado segundo o papel que desempenha no seio deste. A partir disso, pode-se flagrar seu efetivo perfil e, o que é mais importante, traçar-se um diagnóstico dos pontos em que sua atuação, ou a falta desta, acena para a necessidade de uma revisão de posturas, apta a torná-lo um órgão mais adequado à sua natureza e ao cumprimento das expectativas sociais a seu respeito.

POR QUE MINISTÉRIO PÚBLICO?

Antes de pinçarmos o quadro institucional no qual o Ministério Público se insere, uma palavra acerca do que é e para que ele serve nos parece fundamental. O Poder Judiciário é inerte. Trocando em miúdos, isso significa que o juiz só atua, só emite sentenças, quando provocado. Enxergando uma irregularidade, por exemplo, o juiz não pode agir espontaneamente, mas só pode atuar se chamado a tanto, o que ocorre por meio das ações judiciais. Quando se trata de um interesse privado, como os oriundos de uma querela contratual, quem pode promover uma ação judicial é a pessoa interessada.

Contudo, havendo uma questão de interesse público ou coletivo, como, por exemplo, um crime, uma lesão ao patrimônio público ou um dano ambiental, quem pode acionar o Judiciário, para corrigir a ilegalidade apurada, é o Ministério Público. Por isso, ele pode ser resumidamente definido, à luz do papel que deve desempenhar, como uma espécie de advogado da sociedade.

No quadro das relações institucionais, o Ministério Público apresenta-se, portanto, como figura peculiar. Pertence ao Estado, mas deve representar os interesses sociais, muitas vezes cobrando e agindo contra o próprio Estado do qual faz parte. Nessa linha, pode-se dizer que, em grande medida, o papel do Ministério Público se aproxima amiúde ao de um *ombudsman*, o que, de certo modo, também não o escoima de contradições. O chefe da instituição, por exemplo, é nomeado pelo chefe do Poder Executivo e, ao mesmo tempo, deve comandar a instituição que fiscaliza as atividades deste Poder.

Assim, é comum que se aponte que um Ministério Público distante da sociedade, longe das articulações com as organizações civis, será um Ministério Público amorfo, que certamente priorizaria atividades burocráticas em detrimento de sua relevante função social. Problemas à parte, é certo que o Ministério Público desempenha papel fundamental em uma sociedade democrática. Deve, dentre outras coisas, postular em juízo por questões como a probidade na Administração Pública, a defesa da infância e da juventude e a efetivação de direitos sociais, como aqueles relacionados à educação e à saúde.

Fica evidente, portanto, que em uma sociedade democrática, preocupada com a efetividade das suas leis, a presença e a atuação constante do Ministério Público é fundamental para a construção da cidadania. Por isso, a importância do seu fortalecimento, quer adicionando-lhe garantias de independência e isenção, quer sedimentando atribuições como as de investigação criminal.

ATUAÇÃO E INTEGRAÇÃO

O Ministério Público, como órgão público vocacionado à defesa dos interesses da sociedade, deve ser analisado dentro dos contextos estatal e social em que está enraizado. Como órgão da Justiça, não é uma figura abstrata, delineada hipoteticamente, mas um ente que existe no Estado e atua para uma sociedade específica. Na condição de órgão público, desfruta de *status* singular (não integra nenhum dos Poderes, sendo considerado um ente autônomo), porém, com uma atuação muitas vezes atrelada ao Poder Judiciário. Ademais, como apontado, possui a peculiaridade de pertencer ao Estado e, ao mesmo tempo, ter por função fiscalizá-lo.

Do ponto de vista do panorama social brasileiro, algumas considerações nos afiguram essenciais. O traço mais significativo do cenário econômico social brasileiro é a exclusão de grande contingente da população das condições materiais mínimas para uma existência digna. Como aponta Amélia Cohn, "no caso brasileiro, parece consensual que a principal causa da pobreza – e, portanto, da exclusão social de grandes contingentes – reside no grau de desigualdade na apropriação da riqueza (econômica e de capital social) conformada historicamente".

Segundo o Relatório de Desenvolvimento Humano de 2003, dividimos com os países africanos um dos maiores índices de concentração de riqueza. Nesse sentido, esclarece Célia Lessa Kerstenetzky, "as desigualdades sociais intensas e sistemáticas se traduzem em desigualdade política – distintos poderes de grupos sociais (de decisão, de fixação de agenda ou de formação autônoma de preferências políticas), correspondentes ao acesso diferenciado a vantagens socioeconômicas, a recursos materiais e cognitivos". Assim, a exclusão social atinge os diversos níveis de integração da pessoa à comunidade, tolhendo-lhe, de um lado, as condições materiais mínimas para uma vida digna e, de outro, privando-a da participação política e, portanto, das condições de reivindicação de seus direitos perante as diversas instâncias do poder político e econômico.

Forma-se, por assim dizer, um contingente de pessoas sem capacidade de proteção de seus direitos, o que torna o cenário social ainda mais desequilibrado, o que gera uma tendência conservadora do *status quo*, de difícil reversão. Destarte, ao falarmos de exclusão social, a noção correta que se deve ter é a de que, no Brasil, impera uma espécie de *apartheid* social, em que parte da população, incluída, tem acesso à informação, à educação, à saúde, à participação política etc. E que um grande contingente de pessoas, perdidas na faina diária em busca da sobrevivência, sequer têm condições de buscar informações mínimas acerca de sua própria situação.

Como, então, posicionar o Ministério Público nesse complexo cenário social? A atuação do Ministério Público, à luz dessa perspectiva, não pode estar alinhada a interesses econômicos ou políticos, mas deve estar claramente focada na perspectiva de proteção desses segmentos. Com base nesses pressupostos, entende-se que a atuação do Ministério Público deve partir da ideia de que sua função básica consiste, parafraseando John Hart, na proteção daqueles segmentos da sociedade que politicamente não podem proteger-se por si próprios.

Ao mesmo tempo, existem valores universais, relacionados à preservação da humanidade, que, por razões diferentes, não possuem interessados imediatos na sua defesa, como, por exemplo, o meio ambiente. Tais valores também permaneceriam desprotegidos diante dos avanços do poder econômico, reclamando, portanto, um órgão que os tutele e vigie a sua preservação. Também nesse caminho estão as questões relacionadas ao patrimônio público, cuja proteção na esfera judicial tem como um dos protagonistas o Ministério Público.

Pode-se dizer, em linhas gerais, que o Ministério Público deve orientar sua atuação para o equacionamento de três demandas básicas: inclusão social, ética nas relações públicas e melhoria da qualidade de vida. A inclusão social, cuja preocupação premente radica-se na preservação da dignidade humana, não pode ser adequadamente enfocada fora da preocupação com a melhoria da qualidade de vida. Logo, mais do que moradia, educação, saúde e lazer, deve-se buscar a moradia em condições urbanas adequadas, com equipamentos de educação, saúde e lazer eficientes e integrados a um mesmo projeto urbanístico. Em suma, as preocupações de inclusão social de segmentos da sociedade não podem estar desatreladas de temas relacionados à qualidade de vida, em perspectiva global.

A LEGALIDADE DEMOCRÁTICA

O artigo 127 da Constituição da República aponta que o Ministério Público tem a incumbência de defender a ordem jurídica, o regime democrático e os interesses sociais e individuais indisponíveis. Assim sendo, é forçoso reconhecer que o instrumental de trabalho da instituição radica-se no conjunto de normas legais existentes, que, de sua vez, fundamentam-se em uma norma maior que é a Constituição da República.

Um leitor menos avisado, que contemplasse a Constituição de 1988, poderia ser tomado por um forte impacto, enxergando uma clara dicotomia entre a lei e a realidade. Não sem porquê. A Constituição de 1988, a assim chamada

"Constituição-cidadã", reuniu no seu interior um amplo espectro de normas assecuratórias de direitos sociais, que historicamente não são observados.

A título de ilustração, a Constituição de 1988 assegurou o acesso universal e igualitário aos serviços públicos de saúde, dispondo que todas as pessoas têm direito ao atendimento integral, o que significa, em outras palavras, que o Poder Público deve assegurar a todos o atendimento à saúde desde a realização de políticas preventivas até o fornecimento de medicamentos. Na área da educação, a Constituição Federal não foi menos tímida, assegurando o direito público subjetivo à educação básica, envolvendo, portanto, o acesso ao ensino infantil, fundamental e médio.

Esses dois exemplos enunciam, ao lado de outros, a forte preocupação da Constituição Federal com os direitos sociais, o que evidencia que a questão social, mais do que uma preocupação lateral, constitui-se em um tema central do nosso ordenamento jurídico, a ponto de influir na própria configuração jurídica do Estado, desenhado como Estado Democrático Social de Direito.

A Constituição, neste ponto, não desconheceu a realidade social, ao contrário. Olhou para o cenário social e enxergou esse quadro de contradições, deliberando estabelecer normas no seu interior, cuja aplicação deveria gerar a superação dessa realidade. Com efeito, a Constituição de 1988 não é uma Constituição revolucionária, mas fruto de um consenso democrático. Assim, não se propôs à alteração de aspectos estruturais, como o modelo econômico. Contudo, também não se colocou como um mero estatuto da realidade, predisposta exclusivamente ao reconhecimento jurídico de preexistentes realidades sociais e econômicas. Teve, assim, finalidade dirigente da realidade. Isso quer dizer que a Constituição tem um propósito claro de modificação da realidade social. Deseja que a aplicação dos direitos por ela reconhecidos transforme a realidade social.

É de registrar, em abono dessa posição, que posteriormente à Constituição de 1988 foram produzidas diversas leis para a proteção da cidadania, algumas das quais apontadas como das legislações mais avançadas do mundo. Dentre elas, podemos citar o Código de Defesa do Consumidor (Lei 8078/90), o Estatuto da Criança e do Adolescente (Lei 8069/90) e a Lei Orgânica da Saúde (Lei 8080/90). Diante deste panorama normativo, pode-se afirmar que o grande desafio da defesa da cidadania atualmente não está basilarmente situado na construção de um universo normativo novo, mas na aplicação das normas hoje existentes.

Assim sendo, o Ministério Público, ao lado das organizações não governamentais, deve funcionar como propulsor desse processo. Um fiscal da legalidade democrática, mas com uma função ativa, de fazer com que as leis saiam do papel e passem a organizar o cotidiano das relações entre Estado e sociedade. Esta é uma tarefa das mais difíceis. Em uma sociedade complexa, sem que o tecido social tenha a devida organização, muitas vezes a intervenção do Ministério Público esbarra na falta de uma relação articulada com os segmentos da sociedade que deve proteger. Ademais, eleger as demandas, buscar subsídios concretos, conferir a efetividade de uma ordem judicial expedida e, enfim, avaliar o nível de efetividade da própria atuação acabam por constituir autênticos desafios, de superação nem sempre facilitada.

A instrumentalização desta tarefa passa necessariamente pela formação de vasos de comunicação com a sociedade civil, quer para que se permita um diagnóstico do problema, quer para que se module a intervenção a ser realizada. Deste modo, o ofício do Ministério Público, nessa seara, só pode ser adequadamente desenvolvido a partir de uma estreita articulação com as chamadas entidades da sociedade civil. Se ao Ministério Público incumbe a defesa dos interesses sociais, cabe-lhe a constatação e a veiculação das demandas verificadas no bojo da sociedade. Assim, a integração com as organizações não governamentais, Conselhos Tutelares e outras instâncias de representação da sociedade civil constituem tarefas básicas e essenciais ao desempenho da função.

MINISTÉRIO PÚBLICO E A TUTELA DOS INTERESSES METAINDIVIDUAIS

A Constituição de 1988 deu um novo alento ao Ministério Público. De um lado, incorporou garantias de atuação, estabelecendo princípios como o da independência funcional e garantias como inamovibilidade do cargo. De outro, sedimentou novas atribuições, naquela oportunidade recentemente surgidas, como a tutela dos interesses metaindividuais. O relacionamento do Ministério Público com a cidadania é multifacetário. A bem do rigor, as diversas atividades desenvolvidas pela instituição devem ter por propósito final a defesa da cidadania. Assim, quando promove uma ação penal, o Ministério Público não deve atuar como uma espécie de acusador público, mas como um aplicador da lei penal, zelando pelo devido processo legal, inclusive sob a perspectiva do direito de defesa, bem como buscando a proteção de um código de condutas sociais estampadas nas normas penais.

Do mesmo modo, em todos os processos em que existem interesses de crianças ou adolescentes, o Ministério Público intervém para a proteção dos seus direitos, o que, ainda uma vez, retoma a noção de atuação vinculada à defesa da cidadania. No entanto, a face mais presente do Ministério Público na defesa da cidadania consiste exatamente na chamada tutela dos interesses metaindividuais. O que é isso?

Até cerca de vinte anos atrás, o ordenamento jurídico só admitia as chamadas ações individuais. Em outras palavras, só o próprio interessado é que podia reivindicar o seu próprio direito em juízo. Tal modalidade de tutela judicial, é evidente, continua a existir. Entretanto, a própria evolução das relações econômicas e sociais acabou trazendo um novo panorama para a Justiça. A título de exemplo, figure-se a questão do dano ambiental. Quem é a pessoa prejudicada? No mesmo caminho, vislumbre-se a questão da ineficiência de um equipamento de saúde pública. Quem é que perde com isso? Ou ainda os problemas oriundos de uma publicidade enganosa ou abusiva. Seria possível especificar uma pessoa prejudicada? Também poderíamos pensar em situações homogêneas. Uma fábrica lança milhares de produtos da mesma espécie exatamente com o mesmo defeito. Faz sentido que a Justiça só proteja aqueles que reclamarem?

Todos esses casos apresentam uma característica comum, qual seja, a existência de uma coletividade, determinada ou não, de pessoas que têm um direito a reclamar. Assim, a tutela judicial desses interesses ou não pode ser realizada individualmente ou, quando possível, implicaria a exclusão de um enorme contingente de pessoas do acesso à Justiça. Pensando nessas questões, é que a Constituição da República e leis relativamente novas, como o Estatuto da Criança e do Adolescente e o Código de Defesa do Consumidor conceberam essa assim chamada tutela metaindividual de direitos, em que sobretudo o Ministério Público e as associações civis, de um modo geral, podem reivindicar em juízo direitos pertencentes à coletividade como um todo (direitos difusos), a um grupo, categoria ou classe de pessoas (direitos coletivos) ou a pessoas lesadas por um fato comum (direitos individuais homogêneos).

Assim, interesses que, de fato, antes permaneciam desprotegidos, ao menos em uma feição coletiva, como as questões relativas às relações de consumo, ao meio ambiente, ao urbanismo, à saúde e à educação, agora possuem uma forma mais eficiente de proteção jurídica. As demandas sociais mais relevantes passaram a encontrar, no seio do Poder Judiciário, um desaguadouro, consistente na tutela dos interesses metaindividuais, por meio do que se denomina de ação civil pública.

O MINISTÉRIO PÚBLICO E A CONSTRUÇÃO DA CIDADANIA

De 1988 para cá, o Ministério Público sofreu diversas modificações. Ganhou em independência em relação ao Poder Executivo, passou a responder de forma mais presente a parte das reivindicações sociais e, até, tornou-se mais conhecido pela população. Esse quadro evolutivo, embora existente, não está completo e acabado. Há clara necessidade de uma inversão de prioridades. A mais importante delas consiste em uma priorização dos processos de cunho coletivo, fundamentalmente destinados à busca da efetividade dos direitos sociais, da proteção do patrimônio público e da preservação de valores universais.

Na esfera criminal, importante setor de atuação do Ministério Público, também nos parece que deva passar a existir uma nítida priorização do combate ao crime organizado, sobretudo na sua face mais notória e repugnante, que é seu enraizamento nas instituições públicas. Pode parecer paradoxal apontarmos deficiências de atuação restritas a prioridades ou a faltas relacionadas a omissões pontuais. Há de se mencionar, contudo, que o Ministério Público é das instituições cujos agentes encontram-se no rol daqueles que percebem das melhores remunerações do Estado, o que o fez, por sua vez, um celeiro de grandes profissionais da área jurídica e órgão público em que a corrupção não tenha se apresentado como fator patogênico.

Logo, o quadro apresentado sugere que o Ministério Público tenha de desempenhar um papel de vanguarda das instituições públicas. Mais do que o trabalho técnico, ou a lisura formal de seus membros, a instituição deve se postar como uma espécie de linha de frente na busca da aplicação efetiva da Constituição e das leis. Há de se registrar, nesse sentido, que leis extremamente modernas e criteriosas na defesa dos direitos do cidadão não granjeiam aplicabilidade adequada, como, por exemplo, o Código de Defesa do Consumidor e as normas de proteção da saúde pública. É de esperar, com efeito, que uma atuação mais audaz do Ministério Público tornasse essas leis mais presentes no cotidiano das relações sociais.

De igual forma, o Ministério Público poderia colocar-se como uma espécie de incentivador das organizações não governamentais, concorrendo para a criação e incentivando e apoiando a atuação de associações civis, como, por exemplo, as dedicadas à defesa do consumidor e dos direitos humanos. Todo esse processo, evidentemente, não surgirá de decisões burocráticas ou de processos judiciais a serem instaurados. O que deve acontecer é uma interação, ou, em outras palavras, uma efetiva inserção do Ministério Público e de seus agentes no meio social. O Promotor de Justiça, o Procurador da República, enfim, o Ministério Público deve estar presente nas discussões públicas, nas organizações sociais. Deve existir uma efetiva interação com a sociedade, o que fará com esse processo de priorização das questões coletivas, do combate ao crime organizado e de outras situações venham a existir como algo inerente a esse processo.

Como, por exemplo, falar-se do Ministério Público protegendo direitos humanos, direito à saúde ou direito do consumidor fora do contexto em que a sociedade se organiza para esses fins? Como se falar em proteção da infância sem uma relação estreita com os Conselhos Tutelares e, por via de consequência, sem conhecimento dos problemas que afligem a infância e a juventude nas diversas regiões da cidade? Na verdade, o que parece é que o ponto básico de uma reordenação institucional seria exatamente uma inserção mais significativa do Ministério Público no meio social. A partir dessa inserção certamente a redefinição de prioridades e, por via de consequência, a reorganização da instituição afluiriam quase que automáticas, ensejando o engajamento do Ministério Público na sua função de vanguarda das instituições públicas e o seu engajamento nas demandas sociais mais importantes.

O MINISTÉRIO PÚBLICO EM EVOLUÇÃO

O planejamento estratégico de qualquer instituição ou atividade é algo que não se esgota, mas que se renova a cada momento. Às modificações realizadas devem sobrevir outras que passam a ser vislumbradas diante dos novos cenários estabelecidos. Em suma, trata-se de uma abordagem dinâmica e, portanto, a cada momento renovada. Assim sendo, qualquer proposta de evolução parte do desenho institucional atrás referido e terá por objetivo a superação de alguns dos obstáculos detectados para o seu aperfeiçoamento.

Resta a questão: quais os pontos mais sensíveis da instituição e que estaria a reclamar uma reformulação, quer no plano de sua concepção normativa, quer no plano de uma reengenharia da sua atuação? Sem prejuízo de outros aspectos, ao menos quatro pontos reclamam maior atenção, a saber:

> 1) A estruturação de um controle externo da instituição, porém, concebido à luz da finalidade de torná-la permeável aos influxos da sociedade organizada. Logo, tal controle externo não poderia ser exercido por órgão integrado por membros de outros poderes, mas sim por órgão integrado por representantes das organizações da sociedade civil, com as quais o Ministério Público deve interagir.
>
> 2) A definição de critérios que permitam maior independência da instituição, como a eleição da chefia do Ministério Público pelos integrantes da carreira, sem a intervenção do Poder Executivo.

3) A organização de serviços de apoio (periciais, auxiliares técnicos etc.) que permitissem uma atuação otimizada da instituição em relação às demandas coletivas, que, ademais, deveriam ser priorizadas com o aumento do número de membros do Ministério Público dedicados a essas questões.

4) A formação de Promotorias de Justiça itinerantes, dedicadas ao atendimento da população, até mesmo de eventuais denúncias de desmandos de autoridades e de demandas sociais existentes, nos pontos mais afastados das cidades.

BIBLIOGRAFIA

COHN, Amélia. *Reconfigurações da questão da questão social no Brasil.* www.ibase.org.br.

FAUSTO, Boris. *História do Brasil.* São Paulo: Edusp, 2003.

GUIMARÃES JR., João Lopes. "Papel Constitucional do Ministério Público", in *Ministério Público – Instituição e Processo.* São Paulo: Atlas, 1997.

KERSTENETZKY, Célia Lessa. *Desigualdade como questão política.* www.ibase.org.br.

NUNES JR., Vidal Serrano & David de Araujo, Luiz Alberto. Curso de Direito Constitucional. 8ª ed. São Paulo: Saraiva, 2003.

__________ & Yolanda Alves Pinto. *Código de Defesa do Consumidor interpretado.* São Paulo: Saraiva, 2003.

PINHO, Rodrigo César Rebello. *Direito Constitucional – Teoria Geral da Constituição e Direitos Fundamentais.* São Paulo: Saraiva, 2000.

SOUZA, Motauri Ciocchetti. Ação Civil Pública. São Paulo: Malheiros, 2003.

MULHERES: AS DESIGUALDADES PERSISTEM

Rosana Chiavassa

Ledo engano daquela ou daquele que pensa que o mar está para as sereias. Na verdade, nem para peixes ele está. É verdade que conquistas significativas foram obtidas pelas mulheres nas últimas décadas, mas temos de reconhecer que se tratam de conquistas ainda incompletas. A política, por exemplo, espaço construído historicamente pelos homens e para os homens, continua a ser um território essencialmente masculino. Isso apesar de nós, mulheres, significarmos pelo menos metade da população e, assim, devêssemos ter uma representação política condizente com nossa importância.

Somente a partir das eleições de 1996 é que foi aprovada, no Brasil, emenda à legislação eleitoral que assegurou a obrigatoriedade da cota mínima de 20% de mulheres candidatas aos cargos legislativos – efeito da IV Conferência Internacional da Mulher, promovida no ano anterior pela Organização das Nações Unidas (ONU), em Beijing, na China, ocasião em que os países participantes assumiram o compromisso de criar ações afirmativas para incrementar a participação das mulheres nos processos decisórios, como garantia de um verdadeiro Estado de Direito.

Os mecanismos de poder são arcaicos e tão velhos como o mundo, e apenas reproduzem o sistema de exclusão reservado às mulheres. Todavia, o pleno exercício da cidadania significa não só o direito à representação, à voz e à vez na vida pública, mas também à dignidade na vida cotidiana, ao direito à educação, à saúde, à segurança, à vivência familiar sem traumas. De todo modo, o voto feminino representa uma dupla exigência: igualdade no sistema político e na vida civil. A democracia só existirá quando a cidadãos e cidadãs, sem prejuízo de sexo, raça, cor, classe, credo político ou religioso, condição física ou idade, for garantido igual tratamento e oportunidade de acesso às ruas, palanques, assembleias e palácios.

Mas o Brasil, infelizmente, continua recordista mundial de desigualdade, seja ela social, regional, racial e de gênero. Concentramos uma das mais elevadas rendas do mundo e, ao mesmo tempo, temos um dos maiores índices de pobreza do planeta. Já chegamos a ocupar o 8º lugar na economia mundial, mas fomos rebaixados para 15º no ranking da Organização Mundial do Comércio. Um terço do Brasil é miserável. Outro terço, para sermos extremamente otimistas, não dispõe de dinheiro suficiente para atender às necessidades mais básicas de alimentação, vestuário, habitação, transporte e educação. As desigualdades regionais brasileiras são imensas. A taxa de analfabetismo do Nordeste, por exemplo, é, no mínimo, três vezes maior que no Sul. No campo rural, a situação é ainda mais dramática: a proporção de analfabetos dobra em relação à média nacional. Não menos terrível é a desigualdade racial. Para a população de cor – mais da metade da população brasileira – as vantagens do progresso e os direitos de cidadania custam ainda mais a chegar.

Nesse cenário cruel, ser mulher constitui um fator a mais no mapa da desigualdade. A desigualdade de gênero nasceu das diferenças socialmente construídas entre homens e mulheres, baseadas originalmente em aspectos biológicos – afinal, mulheres e homens têm corpos e sexualidade distintos, além de a maternidade ser uma experiência exclusivamente feminina. Historicamente, isso justificou o fato de os homens abocanharem mais poder, mais recursos e mais influência do que as mulheres. Assim, uma diferença que se impôs ainda na pré-história, quando da divisão social do trabalho, foi perpetuada ao longo do tempo, pela família e pela escola. O trabalho doméstico virou emblema de tarefa feminina e passou a ser considerada uma atividade inferior e menos valorizada do que o trabalho masculino.

No Brasil, somente em 1988 foi anulada a lei absurda que permitia aos maridos, se quisessem, proibir o emprego remunerado de suas esposas. Mas as conquistas no papel nem sempre costumam encontrar equivalentes na vida prática e cotidiana. Assim, as mulheres brasileiras se apropriam de apenas 25% de toda a riqueza produzida no país, índice ainda menor nas áreas rurais, algo em torno de 15%. Em uma frase: as brasileiras são mais pobres que os brasileiros. Em todas as situações, inclusive como patrões, elas recebem menos do que os homens, principalmente se forem autônomas. Somente no âmbito do emprego assalariado mulheres e homens ganham *quase* o mesmo salário, com uma diferença de 18%

a mais para eles – a situação das mulheres negras é ainda mais desfavorável, pois normalmente elas recebem salários que representam a metade do que ganham as mulheres brancas. Como agravante, a maioria das mulheres trabalha na economia informal, ou seja, sem nenhum vínculo com o sistema previdenciário. Ou seja: elas não têm perspectiva de futuro.

CONQUISTAS HISTÓRICAS

Não é de hoje que a mulher busca espaços. Já em 1776, Abigail Adams, esposa de John Adams, constituinte norte-americano que viria a ser o segundo presidente dos Estados Unidos, enviou uma carta a ele em que dizia "[...] No novo código de leis que vós estais redigindo, desejo que vos lembreis das mulheres e sejais mais generosos e favoráveis com elas do que foram vossos antepassados. [...] Se não for dada a devida atenção às mulheres, estamos decididas a fomentar uma rebelião, e não nos sentiremos obrigadas a cumprir leis para as quais não tivemos nem voz nem representação".

Analfabetas e alijadas do espaço público, as mulheres, no mundo e no Brasil, passaram a lutar, primeiramente, pelo direito à educação e ao voto. E foi também nos Estados Unidos que ocorreram as primeiras manifestações em prol dos direitos da mulher, ainda no século XIX. De forma curiosa e sintomática, essa foi uma luta que ocorreu paralelamente à luta contra a escravidão. Na Europa, a ação começou pela Inglaterra, principalmente a partir da década de 1860, com o economista John Stuart Mill que, eleito para o Parlamento, escreveu *A sujeição das mulheres*, dando início a inúmeras petições em favor do voto feminino.

No Brasil, após 1850, surgiram as primeiras organizações de mulheres que lutavam pelo direito à instrução e ao voto. O pioneirismo coube à pena e à voz de Nísia Floresta (1809-1885), abolicionista, republicana e feminista nascida no Rio Grande do Norte. Nísia, ardorosa defensora da educação feminina, denunciou a ignorância em que eram mantidas as meninas, protestando contra a condição de dependência em relação aos homens, provocada pelo desprezo com que era vista a educação das mulheres, fossem elas senhoras ou escravas. Em 1852, a baiana Violante Bivar e Velasco fundou o primeiro jornal dirigido por mulheres: o *Jornal das Senhoras*, que tinha por objetivo "propagar a ilustração e cooperar com todas as suas forças para o melhoramento social e para a emancipação moral da mulher".

Em 1873, foi a vez da professora Francisca Senhorinha da Motta Diniz criar, em Minas Gerais, o jornal feminista *O Sexo Feminino*, que colocava deste modo a questão: "Não sabemos em que grande república ou republiqueta a mulher deixe de ser escrava e goze de direitos políticos, como o de votar e ser votada. O que é inegável é que em todo o mundo bárbaro e civilizado, a mulher é escrava, domine o governo monárquico, ou o indiferente despotismo".

Pequenas mudanças começaram a ser percebidas no início do século XX, incentivadas direta ou indiretamente pelo cinema e pela imprensa. Filhas da classe média começaram a sair de casa para trabalhar não só como professoras, mas também como enfermeiras e telefonistas. Em 1910, a professora Leolinda Daltro fundou o Partido Republicano Feminino, agremiação que chegou a produzir razoável barulho. Uma passeata promovida no Rio de Janeiro pelo Partido Feminino, em 1917, por exemplo, chamou a atenção da sociedade e do meio político. Lideradas pela Professora Leolinda Daltro, as manifestantes exigiam a extensão do direito de voto às mulheres.

Em 1918, a jovem Bertha Lutz, educada no exterior e iniciando carreira profissional como bióloga, publicou na *Revista da Semana* uma carta denunciando o tratamento dado ao sexo feminino e propôs a formação de uma associação de mulheres, visando "canalizar todos esses esforços isolados". Em 1922, com efeito, foi constituída no Rio de Janeiro a Federação Brasileira pelo Progresso Feminino, sob a liderança de Bertha Lutz. Em 1928, o governador do Rio Grande do Norte, Juvenal Lamartine, introduziu uma alteração da legislação eleitoral para conferir o direito ao voto feminino.

Pela primeira vez, parte das mulheres brasileiras iam às urnas. Infelizmente, seus votos foram anulados pela Comissão de Poderes do Senado, mas uma prefeita chegou a ser eleita, a primeira da história do Brasil: Alzira Soriano de Souza, no município potiguar de Lages. Em 1932, enfim, no governo de Getúlio Vargas, promulgou-se o novo Código Eleitoral pelo Decreto nº 21.076, que garantiu o direito de voto às mulheres brasileiras. Nas eleições do ano seguinte foram eleitos 214 deputados. Entre eles, uma única mulher: a paulista Carlota Pereira de Queiroz. Bertha Lutz, concorrendo pelo Distrito Federal (RJ), foi eleita primeira suplente.

Somente nos anos 60, em paralelo à luta dos negros americanos pelos direitos civis e aos movimentos contra a guerra do Vietnã, surgiu o novo feminismo, inspirado principalmente nos livros *O segundo sexo*, da escritora francesa Simone de Beauvoir, e *A mística feminina*, da norte-americana Betty Friedam. A insatisfação com o cotidiano limitado a que estavam aprisionadas as mulheres se tornou uma voz uníssona no mundo. Norte-americanas, francesas, inglesas e italianas ganharam as ruas, pelo direito político, pelo direito ao corpo, pelo direito a decidir. A luta pela liberdade ao aborto e contra o fim da violência no lar tornaram-se bandeiras universais.

Em 1975, a Organização das Nações Unidas institui o Ano Internacional da Mulher. No Brasil, estávamos sob o regime militar. Mesmo com as liberdades democráticas cerceadas, grupos de intelectuais, estudantes universitárias e donas de casa brasileiras fundaram o Centro da Mulher Brasileira (CMB) e o Centro de Desenvolvimento da Mulher Brasileira (CDMB), primeiras entidades do novo feminismo. Também surgiu ali o Movimento Feminino pela Anistia (MFA), unindo a luta pela redemocratização do país com a luta contra a discriminação específica de gênero. Mas é nas décadas de 1980 e 1990 que o movimento de mulheres ganha força. Entre 1994 e 1995, o movimento Articulação de Mulheres Brasileiras mobilizou centenas de brasileiras para redigir um documento reivindicatório para a IV Conferência Mundial das Nações Unidas sobre a Mulher, em Beijing.

Mas devemos lembrar que evoluímos pouco a pouco. Na década de 1930, tivemos duas deputadas federais. Na década de 1940, uma só. Na de 1950, três deputadas. Na de 60, outras duas. Nos anos 70, três. Nos anos 80, foram nove. Na eleição de 1990, ao todo, 25 deputadas federais. São números crescentes, mas ainda tímidos. Agora, na primeira década do século XXI temos oito senadoras – para o total de 81 cadeiras na Câmara Alta – e 44 deputadas federais – de 512 cadeiras na Câmara dos Deputados.

UM RELATO PESSOAL

Entrei no mercado de trabalho como estagiária na área criminal de uma instituição bancária. À época, não era comum uma mulher atuando nessa área. Aliás, até hoje, pouquíssimas são as criminalistas de renome. Entrar em uma delegacia era motivo certo para as inevitáveis "cantadas" e brincadeiras chulas. Cheguei a frequentar o Deops, ainda existente naquela época, pois os assaltos a banco eram considerados crimes contra a Segurança Nacional. Aqueles corredores emitiam gritos perdidos, homens extremamente violentos, com metralhadoras nas mãos. Era um ambiente ostensivamente hostil. Tive aprender a me defender sozinha naquele universo extremamente masculino.

Formei-me, contudo, querendo ser promotora pública. Mas logo percebi que para ser uma "paladina" do Direito, não precisava estar necessariamente no Ministério Público. Em 1986, montei meu primeiro escritório de advocacia e, em 1987, fui trabalhar em um grande escritório de advocacia criminal. Nesse mesmo ano fiz meu primeiro júri. Estava para dar à luz dali a duas semanas e defenderia um réu acusado de matar um ex-parceiro de delitos. Ele alegava que queria abandonar o mundo do crime, mas os ex-colegas não permitiam. Não foi difícil fazer uma comparação daquele que ia nascer com aquele que desejava "renascer" para a sociedade regrada. Para mim era um prazer usar a criatividade na advocacia. Aliás, já dizia Einstein que melhor que a inteligência é a imaginação.

Fiz vários outros júris, a grande maioria sem cobrar nada – o importante era praticar. Lembro-me muito de um julgamento no qual passei horas angustiada, esperando estagiários me localizarem a letra das músicas "Maria, Maria", de Milton Nascimento, e "Mulheres de Atenas" de Chico Buarque. Era o caso de uma mulher que havia matado o marido, depois de muito sofrer em suas mãos. As letras chegaram já na tréplica, a tempo de cantá-las no Tribunal. A ré, que tinha quatro filhos que precisavam dela, foi condenada, mas obteve o reconhecimento do homicídio privilegiado e, com atenuantes, cumpriria a pena em liberdade.

Desde aquela época comecei a perceber que não poderia, porque não seria honesto de minha parte, defender um homem acusado do assassinato de uma mulher. Hei de confessar que, até ali, pouco havia parado para pensar ou analisar a questão da discriminação da mulher, em termos maiores do que minhas experiências. Naquele mesmo ano, 1987, vi-me envolvida na Comissão da Mulher Advogada e passei a refletir melhor sobre a questão. Seguiu-se uma época intensa de minha vida particular e profissional – que envolveu uma separação e a montagem de meu segundo escritório com mais duas colegas, entre elas minha grande amiga Vilma Pasto.

Em 1993, foi-me indicado um cliente que estava com problemas de seguro. Vilma e eu havíamos acabado de assumir a sociedade e, então, só trabalhávamos na área criminal. Mas todo começo é difícil e, assim, para crescer, decidimos atuar também na área cível. Era o primeiro caso de Aids não atendido por um plano de saúde no Brasil. Aceitar aquela demanda – que nenhum colega ousara enfrentar – era um desafio. Estávamos nos insurgindo contra o *pacta sunt servanda* – e todos achavam uma loucura. Mas ganhamos a causa e conseguimos firmar jurisprudência nessa área.

O que nos ficou daquela experiência profissional foi uma visão totalmente contrária ao positivismo jurídico. O positivismo jurídico é tão tolo que não será verdadeiro advogado aquele que se contentar em somente pleitear dentro das leis. Paralelamente a isso, continuei a constatar a forte tendência machista dentro de nossa própria classe. Em verdade, ouso dizer que os profissionais do Direito talvez representem a categoria mais conservadora do mundo – até porque vivem de regras, mesmo sendo essas hipócritas, antigas ou sem sentido. Não falo do machismo manifestado apenas pelos homens. Falo do machismo até das próprias mulheres, que adotaram o *tailleur* como se ternos femininos fossem.

Em 1997, coordenando a campanha de um candidato vitorioso à presidência da OAB, fui eleita Conselheira Federal Suplente. Lá chegando, éramos pouquíssimas conselheiras. A impressão é que estávamos lá apenas para, digamos, enfeitar a sala, com 81 membros. Quanto a mim, talvez achassem que eu era demasiadamente jovem para estar ali. Com meus anéis, o esmalte azul, cabelos soltos e compridos, percebi o quanto minha figura agredia aqueles senhores, todos advogados conceituados e brilhantes, mas, como homens, incorrigivelmente conservadores.

Para adentrar no mercado de trabalho, galgando postos e posições de prestígio, muitas vezes a mulher se masculinizou, abriu mão de sua feminilidade, achando que assim estaria lutando em igualdade de condições com o homem. Nada mais equivocado. É preciso saber que somos diferentes, não desiguais. O conceito a ser combatido é o da desigualdade, nunca o da diferença. Este último, pelo contrário, deve ser exercido em sua plenitude. Pensando assim, fui em frente. Comecei a dar muitas palestras, nas quais chamava a atenção da categoria sobre a necessidade de abandonarmos o positivismo e agirmos para melhorar a sociedade. E, embora o meu jeito de ser engasgue muita gente ainda hoje, houve um visível reconhecimento de que desfraldávamos uma bandeira justa e exequível.

(Curiosamente, passei a encontrar um bom número de mulheres advogadas que, contentes, vinham contar que tinham abandonado o *tailleur*; outras, agradecidas, relatavam que haviam experimentado e adotado o esmalte azul; outras, ainda, que estavam usando dois ou três anéis...)

No ano de 2003, concorri à presidência da OAB/SP, cargo nunca antes ocupado por uma mulher. Primeiro, veio o espanto da parte dos colegas. Afinal, a realidade das Ordens dos Advogados do Brasil, em todos os estados, não diverge do cenário político: menos de 10% do colegiado feminino ocupa cargos representativos. Hoje, contudo, as mulheres representam 52% dos inscritos na OAB/Brasil. Peculiarmente, naquela eleição da OAB/SP, houve muito mais votantes do sexo feminino do que do masculino. Explica-se: 46% dos aptos a votar eram mulheres, pois 30% aproximadamente do colegiado estava inadimplente, sem direito ao voto. E desses 30% de inadimplentes, somente 3% eram mulheres. Talvez seja mesmo verdade que a mulher é mais pontual em suas obrigações...

Em busca dos votos, rodei quase todas as 216 subseções, da capital e do interior. Fiquei em 4º lugar, dos oito candidatos. Um sucesso relativo, em um mundo particularmente masculino. Contra minha candidatura, afinal, existia a constatação histórica de que a grande maioria das mulheres não vota em mulher. Os movimentos feministas não aceitam tal tese, pois preferem não assumir essa vergonhosa realidade. Mas a verdadeira transformação na ocupação dos espaços públicos somente virá quando a mulher passar a ser aliada de outra mulher. Não ter medo de ser suplantada pelo sucesso da outra. Não ter medo de ser ofuscada pelo brilho alheio. Existe lugar para todas nós. Ouso dizer que muito de nossa condição desconfortável frente aos homens é fruto de nossa própria culpa. Parece existir uma estranha desconfiança na relação das mulheres entre si.

Mulheres, por exemplo, não sabem manter o mesmo nível de cumplicidade que os homens estabelecem entre eles. Isso, historicamente, talvez seja herança das sociedades secretas, misteriosas irmandades – religiosas ou não – reservadas apenas aos indivíduos do sexo masculino. Ou quem sabe herança das hordas de caçadores e guerreiros ancestrais, exclusividade dos homens. Quanto à mulher, entregues apenas à paixão e à "cozinha", foram condicionadas a servir ao homem, seu provedor. E a rivalizar entre si.

Vivi isso na carne, não só nesse pleito, que abrange um universo extremamente conservador, de quase 140 mil eleitores, mas também no exercício diário da própria profissão. O preço a se pagar pela ousadia é muito alto? Talvez realmente seja. Para pagá-lo, algumas mulheres, por certo, terão de enfrentar o que consideram seu âmago, abrir mão de cartões de crédito. Mas a recompensa é bárbara, maravilhosa, inigualável, insuperável. Por isso, arrisque. Pratique, nada mais do que a sua cidadania, o seu direito de ser.

COMBATE AO RACISMO: COMPROMISSOS E AÇÕES PROPOSITIVAS

Duílio Duka de Souza

No Brasil, dentre as inúmeras entidades que têm compromisso com a luta contra o racismo na escola, destaca-se a ação da Apeoesp, sigla do Sindicato dos Professores do Ensino Oficial do Estado de São Paulo. Por meio da sua Secretaria de Políticas Sociais, a Apeoesp apresentou, na década de 1990, o registro mais marcante de sua história no campo das políticas permanentes, ao constituir um Coletivo Estadual Antirracismo, que, a cada ano, vem se organizando e crescendo na discussão sobre o combate ao racismo na educação, no trabalho e na sociedade.

As primeiras discussões na Apeoesp para organizar esta luta aconteceram em abril de 1991, no Congresso Estadual de Educação, no Anhembi, São Paulo. Naquela ocasião foi lançado, por uma Comissão Manifestante, composta por mim e outros trabalhadores e trabalhadoras em educação sindicalizados à Apeoesp e à Afuse – Sindicato dos Funcionários da Secretaria da Educação –, um "Manifesto sobre a questão racial", que dizia:

Nós, negros e negras, trabalhadores em Educação, por sentirmos a urgente necessidade de que o Sindicato da Educação – Apeoesp e Afuse assuma a nossa bandeira de luta para o resgate da cultura afro-brasileira, como princípio de emancipação do Negro-Cidadão, que sofre as consequências da Educação diferenciada, conclamamos a todos os trabalhadores negros, brancos e amarelos deste Congresso, do Estado de São Paulo e do Brasil a:

> 1) Assumir conosco o compromisso histórico de erradicar o analfabetismo que assola este país, cuja maioria afetada é de negros e pobres;
> 2) Resgatar os valores históricos culturais e humanos dos negros, através da formulação da nossa prática educativa/pedagógica na sala de aula e na sociedade;
> 3) Cumprir e exigir o cumprimento do Artigo 210 da Constituição Federal que diz: "Serão fixados conteúdos mínimos para o ensino fundamental, de maneira a assegurar formação básica comum e respeito aos valores culturais e artísticos, nacionais e regionais", bem como o parágrafo primeiro do Artigo 242 das Disposições Constitucionais Gerais que diz: "O ensino de História do Brasil levará em conta as contribuições das diferentes culturas e etnias para a formação do povo brasileiro";
> 4) Garantir no Sindicato da Educação – Apeoesp e Afuse, através de todas as reuniões de REs e CRs, o ponto de pauta sobre: "A questão do negro na sala de aula e na escola", estimulando e divulgando os subsídios para a discussão;
> 5) Repudiar todas as formas de discriminação racial existentes no mundo e principalmente o Sistema de Segregação – *apartheid* – na África do Sul;
> 6) Propor e organizar nas escolas, cidades e regiões; Encontros, Fóruns ou Semanas de Discussões sobre a questão do negro e da cultura afro-brasileira, com o objetivo de despertar a consciência dos alunos, da população como um todo e da comunidade negra em geral, para o compromisso da luta contra o preconceito, a discriminação e o racismo, ideologizados subjacentemente na sociedade brasileira pela linguagem do poder branco e opressor.
>
> *São Paulo – Anhembi – 5 de Abril de 1991.*
> *Congresso Estadual de Educação – Comissão Manifestante.*

As reuniões a que se refere o Manifesto, do qual sou um dos autores, são reuniões de Representantes de Escola (RE) e reuniões de Conselho de Representantes (CR). Foram muitas, e muito ricas, as discussões no interior da categoria dos professores; nos encontros organizados pelas subsedes do sindicato; nos encontros estaduais organizados pela Diretoria e o Coletivo Estadual Antirracismo Milton Santos; nas conferências e congressos da entidade; assim como, nos seminários, encontros, plenárias, conferências e congressos da Central Única dos Trabalhadores (CUT), da Confederação Nacional dos Trabalhadores em Educação (CNTE) e do Instituto Sindical Interamericano Pela Igualdade Racial (INSPIR), inclusive, com participação significativa nas Conferências Estadual (na Assembleia Legislativa de São Paulo); Nacional (na UERJ, Rio de Janeiro); das Américas (em Santiago, Chile) e Mundial (em Durban, África do Sul), sobre o tema "Contra o Racismo, a Discriminação Racial, a Xenofobia e Formas Correlatas de Intolerância", onde a Apeoesp, através do Coletivo Estadual Antirracismo "Milton Santos", não só contribuiu com os debates, como também adquiriu novos conhecimentos para uma política de ação afirmativa junto aos professores, a sociedade e ao governo.

Importante também o compromisso da Apeoesp com os professores, professoras e funcionárias da escola Caetano de Campos, no bairro da Consolação, próximo do centro da cidade de São Paulo, que haviam sido achincalhadas e discriminadas por um diretor de uma gestão passada da escola, ao tratá-las de "pretas da senzala" e "negras malditas", dentre outras práticas racistas. Ao ser procurado, o Coletivo Estadual Antirracismo acionou a Diretoria da Apeoesp, que prontamente contratou advogado competente que acionou administrativa e criminalmente o diretor daquela escola.

A CNTE E O COMBATE AO RACISMO

Outro exemplo de compromisso idêntico nessa luta é o da Confederação Nacional dos Trabalhadores em Educação (CNTE). Um dos principais objetivos da CNTE neste novo milênio, além da luta específica em defesa e promoção da educação pública de qualidade para todos e todas, é a luta para a prática e a vivência da plena cidadania, ou seja, a luta pela erradicação do racismo, da discriminação racial, da xenofobia e das formas conexas de intolerância no país; sobretudo por se tratar de uma confederação educacional.

Assim, no entender dos seus militantes, esse tema deverá estar mais presente no interior da entidade e ser mais articulado, intensivo, participativo e recíproco entre a CNTE e suas afiliadas. Como a Apeoesp, a CNTE também iniciou os debates sobre as questões raciais na década de 1990, realizando, até, o seu primeiro e grande Encontro Nacional Antirracismo, em 1995, em Curitiba, Paraná.

Para os trabalhadores em educação, é completamente visível a evolução dessa discussão, tanto no interior da entidade e no Coletivo Nacional Antirracismo Dalvane Lellis da CNTE, quanto junto aos vários fóruns que tratam a questão racial. Mas só isso não basta, avaliam. Querem mais. E corretamente querem colocar tal questão na ordem do dia, como prioridade de uma agenda nacional que tem discutido, entre outros assuntos, violência, exclusão, emancipação e cidadania.

Ainda que todos esses atores sociais apresentem um profundo interesse pela temática, é preciso que haja um maior envolvimento dos sindicatos da educação, discutindo ainda mais a política de ação afirmativa, analisando os reflexos estruturais discriminatórios nas várias unidades de trabalho, bem como elaborando estratégias, para os aspectos financeiro e funcional no campo da política permanente dessas entidades; necessárias para a organização da luta de combate ao racismo e promoção da cidadania.

Essa avaliação se faz necessária, não apenas pelo fato de discutir o racismo com base na ansiedade dos negros e negras, mas também pela imperativa necessidade de que negros e não negros, todos e todas, devem debater a questão, inserir-se nos coletivos e, sobretudo, transpor os fóruns e fazer com que seus argumentos façam parte da agenda da sociedade, principalmente para a efetiva aplicação da Convenção 111 da Organização Internacional do Trabalho (OIT), de 4 de junho de 1958, concernente à discriminação em matéria de emprego e profissão; promulgada no Brasil pelo Decreto nº 62.150, de 23 de janeiro de 1968 e, também, da Convenção Relativa à Luta Contra a Discriminação no Campo do Ensino, adotada pela Conferencia Geral da Organização das Nações Unidas (Unesco), em 15 de dezembro de 1960; promulgada no Brasil pelo Decreto nº 63.223, de 6 de dezembro de 1968.

Assumir essa conduta como princípio é, a meu ver, colocar a CNTE e os sindicatos a ela filiados em sintonia com a memória mundial sadia e saudável da III Conferência da ONU, realizada em Durban, África do Sul, em 2001, que aprovou a urgência de implementação, por parte dos Estados, de políticas públicas para a eliminação das desigualdades raciais e sociais, por meio da elaboração de programas com recursos adicionais para educação, saúde, habitação, água potável, entre outros, destinados aos afrodescendentes.

A discriminação racial praticada em nossa sociedade viola o direito à igualdade e, consequentemente, à cidadania. Dados da Pesquisa Nacional por Amostra de Domicílio (PNAD) nos mostram que a educação tem sido responsável pela exclusão de grande parcela da população negra que não se percebe cidadã, já que a política pedagógica não favorece a diversidade pluriétnica nas escolas públicas e os livros didáticos não são adequados à pluralidade racial, perpetuando o preconceito por meio de seus conteúdos.

É sabido que as múltiplas dificuldades que incidem nas atividades dos trabalhadores em educação, como sua incapacidade de lidar com a diversidade, os baixos salários, as precárias condições de trabalho e as deficiências da formação profissional, são decorrentes não só da estrutura social, mas também da própria organização do sistema de ensino. É inquestionável que mudanças nessa organização, aliadas a uma consciência política da função social da escola, podem contribuir para a elevação da qualidade do ensino e, consequentemente, da formação cultural dos alunos e dos próprios trabalhadores, uma das condições fundamentais para a consolidação da democracia econômica, política, social e racial.

Imbuídas desse espírito, a Apeoesp e a CNTE têm orientado e promovido debates no estado de São Paulo e em todo o Brasil, visando capacitar os professores e demais trabalhadores em educação e instrumentalizá-los para a superação das dificuldades, por meio de uma consciência democrática e internacional de gênero, raça e classe. Aumentar a autoestima, o domínio tecnológico e a participação política, ferramentas fundamentais para a vivência e prática da plena cidadania.

Por fim, não somente a Apeoesp e a CNTE, mas na verdade inúmeras entidades e segmentos do movimento negro, inclusive governos, desenvolvem trabalhos nessa linha. Um registro desnecessário, não fosse a limitação de espaço para descrevê-los a todos, porém, é oportuno para não cometermos injustiça.

A QUESTÃO DAS COTAS PARA AFRODESCENDENTES

Depois que a Universidade Estadual do Rio de Janeiro (UERJ) adotou o sistema de cotas para o ingresso dos candidatos em seus cursos, o Brasil todo se debruçou sobre o tema e se envolveu na discussão, numa polêmica criada principalmente por muitos daqueles – brancos da classe média ou rica – que sempre se beneficiaram de uma cota da ordem de 98% das vagas na universidade.

Creio ser oportuno discutirmos políticas de ação afirmativa para o país e, dentro dessas políticas, a questão das cotas para a população afro na universidade. Mas não só a questão das cotas ou o sistema em si, pura e simplesmente. Também não se trata de ser contra ou a favor tão somente, como nos debates acadêmicos, ou nas posições apriorísticas de alguns segmentos organizados do movimento negro no Brasil. É importante que vislumbremos as implicâncias e as consequências dessa realização e decisão política enquanto cidadãos e cidadãs conscientes do seu papel social de estudiosos e militantes. Mesmo porque o tema tem exigido uma atenção especial carregada de esforços em todos os sentidos, por parte dos diversos segmentos organizados da sociedade, em função ora dos segmentos afrodescendentes, ora da desconfiança ideológica naquilo que o governo ou a própria sociedade vem fazendo na tentativa de atender às históricas reivindicações do movimento negro no Brasil.

É possível enumerar quatro pontos principais para entendermos o porquê dessa desconfiança, pois aparecem como "armadilhas" no debate dessa questão: 1) Ausência de discussão; 2) Concessão ou ressalva; 3) Discussão e compreensão da democracia racial e do mito da democracia racial e, 4) Desigualdades raciais.

É importante lembrarmos aqui que o governo do ex-presidente Fernando Henrique Cardoso assumiu existir discriminação e racismo no nosso país, porém o Brasil possui um povo demasiadamente passivo e permissivo, quando não omisso e alheio a essa questão, fruto da ausência de uma discussão crítica, do ponto de vista histórico e, creio, propositadamente, para consolidar a ideologia do branqueamento. O acesso aos documentos, dados estatísticos e discussões era considerado como uma espécie de "concessão" por parte de quem detinha as informações, tal o "perigo" que sempre representava – e ainda representa – a inclusão dos negros na sociedade e o possível surgimento de uma classe média negra que pudesse disputar os espaços e o poder com as classes média e rica brancas.

Por isso é que podemos julgar de suma importância o fato de o ex-presidente ter assumido a existência do racismo em nosso país e, com isso, o movimento negro soube aproveitar e fazer, da década de 1990, o marco decisivo para buscar suas conquistas, seu reconhecimento, sua emancipação e sua cidadania. Existem hoje fartos estudos e documentos que mostram que as desigualdades raciais perpassam pelas desigualdades sociais. São visíveis e perceptíveis para os segmentos organizados, mas não o são, ainda, para a sociedade como um todo, que continua sofrendo as consequências de várias políticas governamentais do passado, embasadas no "mito da democracia racial" de Gilberto Freyre onde *qualquer pessoa que não fosse obviamente negra era considerada branca.*

Na perspectiva apresentada pelos quatro pontos e na busca de resposta para uma indagação resultante, pode-se identificar a origem das desigualdades raciais em duas esferas: a esfera da sociedade e a esfera de governos, concluindo-se que, quem cria as desigualdades raciais são de um lado: a *passividade, a permissividade* e o *naturalismo* na esfera da sociedade, e de outro lado: *a demagogia, a burocracia e o racismo*, na esfera de governos. Por isso, discutir as desigualdades raciais à luz da atual conjuntura e da forma como ela tem se dado, sem considerar os estudos e documentos existentes, significa fortalecer a tradição burocrática e ideológica do estado brasileiro assim como a conduta passiva, naturalizante e também preconceituosa e autoritária da nossa sociedade sobre o tema.

O debate sobre cotas tem que estar dentro de um projeto maior de sociedade. Uma sociedade democrática, pluralista e sem preconceitos. Para isso, há de se considerar duas questões fundamentais: 1) Adotar medidas compensatórias em um curto prazo, para atender as demandas imediatas no terreno do ensino superior, sabendo de antemão que não basta intervir apenas no final do ciclo educativo, nesse caso, o universitário, pois este não é um fim em si mesmo e; 2) Estabelecer medidas estruturais em um longo prazo, que se preocupem com a universalização da educação infantil, dando condições de permanência qualitativa durante toda a educação básica; com a universalização da saúde, da moradia, do lazer; com a igualdade de oportunidade para todos no mercado de trabalho garantindo emprego e salários dignos; enfim, com a plena cidadania.

Só assim será possível fazer do sistema de cotas uma medida transitória, capaz de superar os erros do passado e a "benevolência" de alguns políticos do presente, ditos defensores da igualdade de direitos e oportunidades dos afrodescendentes. Entretanto, é preciso considerar que políticas de ação afirmativa não se resumem tão somente a cotas. Também é preciso lembrar que a política de cotas não é consenso na sociedade brasileira, pois há o temor, de um segmento ou de outro, acompanhado de denúncias e um conceito torpe, de que a criação de cotas reforça o preconceito racial e significa, na prática, um racismo às avessas; um privilégio dos negros e negras perante os demais grupos da sociedade, ou ainda o fortalecimento da ideia de incapacidade dos afrodescendentes.

De uma sociedade com as características acima descritas, não se poderia mesmo esperar consenso em torno de um tema tão justo do ponto de vista histórico, mas tão complexo do ponto de vista social. Permitam-me enumerar ainda outras considerações que julgo importantes para nortear o debate sobre cotas:

> 1) Os negros e negras no Brasil passaram a ter acesso à escola somente a partir de 1930, assim mesmo de forma muito reduzida, conforme nos revelam os dados estatísticos do censo de 1950, em que de todos os alunos atendidos na escola primária, somente 4% era de negros. Na escola secundária, menos de 1%, e, somente cerca de 0,25% nas universidades. Antes disso, na República Velha e durante o período colonial, nem os negros libertos eram aceitos pelo sistema educacional e pela própria sociedade, o que causou sequelas comprometedoras na formação das gerações afrodescendentes.
> 2) O déficit educacional da população afrodescendente é fruto da dominação e do processo de exclusão a que foram submetidos os negros ao longo do tempo e precisa ser reparado para fazer justiça e promover a igualdade de oportunidades multirraciais, já que vivemos em um país democrático de direitos.

3) Não podemos aceitar uma sociedade ser democrática quando há a exclusão absoluta de mais de cinquenta milhões de pessoas, quase um terço da população do país. Onde há mais de trinta milhões de analfabetos funcionais que são aquelas pessoas que tiveram menos de quatro anos de estudos, mas que sabem ao menos escrever e ler o nome. E quase vinte milhões de analfabetos literais que são pessoas as quais não têm sequer o direito ao segredo, pois não leem nem escrevem e dependem dos outros para expressar algo tão sagrado e pessoal a seus entes queridos distantes. De toda a população brasileira, menos de 2% (3,48 milhões de estudantes) são universitários. Desses, aproximadamente 10% são negros, mas apenas 0,5% aproximadamente desses negros conseguem concluir o curso superior. É país que tem 54% de brancos e 45% de negros; onde 21% dos negros são analfabetos, contra 8,3% do brancos. Onde 21,7% dos brancos são analfabetos funcionais, contra 40,9% dos negros; e é dessa população negra (45%), praticamente a metade da população brasileira, que sai a esmagadora massa da população miserável deste país: 69%, que sofrem na pele os efeitos perversos da sua não cidadania.

4) Nosso país precisa criar formas próprias para combater suas desigualdades raciais. O modelo norte-americano, por exemplo, não cabe no Brasil, se olhado apenas sob o aspecto populacional quantitativo, haja vista que a população negra nos EUA é minoria, cerca de 13%, enquanto no Brasil, compõe praticamente a metade da população. E, também, se considerar que, em função dos fatores culturais, nos EUA a questão racial virou uma guerra civil, caso que no Brasil está longe de ocorrer sob esta ótica.

5) No entanto, vejo que podemos nos servir do exemplo do modelo dos EUA em relação a adoção das políticas de ação afirmativa implementadas há mais de quatro décadas, pelo então presidente John Kennedy, cujos resultados são visíveis, animadores e estimuladores para nós, brasileiros pois, nesse período de ação afirmativa na sociedade norte-americana, "a porcentagem dos afro-americanos entre 25 e 29 anos que se graduaram nas universidades aumentou de 5,4% (meados dos anos 60) para 15,4% (em 1995), triplicando e formando uma classe média negra na sociedade estadunidense. Na área da medicina, o ingresso das minorias passou de 2,2% em 1964, para 8,1% em 1995" (Revista *Isto É*).

Diante de tudo isso, resta-nos uma pergunta: Como superar as desigualdades raciais e sociais no Brasil? Arriscaria enumerar alguns ensaios de respostas, a partir do que aprendi com alguns dos meus mestres, responsáveis (mesmo sem saberem) pela minha formação militante, como Hélio Santos, Kabengele Munanga, Edson Lopes Cardoso, Miguel Arroyo, Isabel Aparecida dos Santos, Petronilha Beatriz Gonçalves e Silva, Ana Célia da Silva, Maria Aparecida da Silva Bento, Jaime Pinsky, Nilma Lino Gomes, Edna Roland, Ricardo Henriques e Hédio Silva Jr, dentre dezenas de outros. Assim:

> 1) No âmbito da educação, creio que é necessário a sua universalização em todos os níveis e a defesa da escola pública de qualidade para todos. A partir daí, focalizar os negros por meio de cotas para raça e gênero, enquanto medidas de longo e curto prazos;
> 2) Criar mecanismos de aferição dos resultados das políticas de cotas (exemplo: censo da população negra na escola e fora dela, avaliação de desempenho da população negra comparativamente aos não negros, número de graduados negros após um período estipulado, a fim de ver se o sistema avançou, o quanto avançou ou não etc.);
> 3) Levando-se em consideração que os negros são os mais pobres dos pobres – porém, quando se vai discutir políticas afirmativas isso é esquecido –, deve-se procurar garantir no orçamento da União, dos Estados, Distrito Federal e Municípios, recursos efetivos para as populações de menor renda;
> 4) Estudar a possibilidade de criação de uma referência de impacto social com o intuito de avaliar a implementação das políticas de ação afirmativa. Com isso, as políticas públicas para a educação, cultura, saúde, habitação, rede de esgotos, lazer, emprego, salário etc. têm que focalizar o negro em primeiro plano do objetivo; o que não significa abandonar o foco às contribuições dos não negros;
> 5) Promover distribuição de renda voltada para o combate à pobreza. Não basta criar fundos específicos. O importante é ter mecanismos universais de inclusão social;
> 6) Nunca separar as ações afirmativas de ações políticas gerais. É preciso sair do referencial do plano político de governo e se consolidar no referencial da política de estado para uma cultura social antidiscriminatória; assim, se o governo que estiver no poder sair, o outro que assumir dificilmente interromperá essa política;

> 7) Criar políticas para assegurar maior inserção do negro no mercado de trabalho e estabelecer regras de condutas mais enérgicas contra o racismo praticado na sociedade civil e militar.

Uma outra questão também nos persegue: Qual deve ser a ótica para atuar contra a discriminação racial e exigir, por meio de políticas de ação afirmativa, a justa reparação do crime de lesa-humanidade praticado pelo tráfico de negros da África e pelo sistema de escravidão no Brasil? Bebendo da mesma fonte para ensaiar respostas, entendo que o ponto de partida para a luta contra o racismo e a discriminação deve basear-se na ótica de que ninguém nasce racista. As pessoas nascem iguais e são portadoras dos mesmos direitos sociais, econômicos, políticos e culturais; são portadoras dos mesmos direitos humanos. Porém, tornam-se racistas nas famílias, na escola, na igreja, no trabalho, no contato com a mídia, enfim, em um processo de contaminação que atinge a toda a sociedade, onde quem tem pago com sangue, suor, lágrimas, humilhação e desprezo é a população afrodescendente, por estar alijada há séculos da propriedade dos meios de produção e da riqueza deste país que ela ajudou construir.

ÁFRICA: UM CONTINENTE QUE PRECISA SER VISTO E CONHECIDO

Faz-se necessário conhecermos, de verdade, o continente africano, por pelo menos três motivos básicos. Em primeiro lugar para sabermos que a história das relações étnicas e raciais na África data de muitos e muitos milênios, fruto que foi da invasão de impérios multiétnicos europeus há mais de dois mil anos e das relações comerciais entre a costa leste daquele continente, há três mil anos, com Arábia, Índia, China e Indonésia (ao contrário do que tem-se ensinado nas escolas, quando se privilegia apenas as grandes navegações europeias de descobrimento no entorno do continente no século XV e, a partir daí, o comércio de escravos para atender a demanda de mão de obra escrava nas colônias e territórios "descobertos" e dominados). Em segundo lugar, pelo fato de ter sido bem grande o contingente de negros trazidos pelo tráfico transatlântico de escravos da África para o Brasil e, em terceiro, exatamente para sabermos a origem desses negros, suas culturas, línguas, religiões, seus costumes econômicos e sociais, enfim, sua história.

Uma história que pouco se conhece, porque pouco se ensina, a não ser algumas referências degradantes a povos e países relegados ao atraso, ao subdesenvolvimento, à fome, à doença e à miséria; consequências de uma desumana colonização oficializada após a também desumana partilha da África, ocorrida na Conferência de Berlim, em 1884, onde participaram 13 países da Europa, mais os EUA e a Turquia. Essa desumana e arbitrária divisão do continente africano imposta pelas potências imperialistas causou enormes distorções nas estruturas socioeconômicas e culturais dos territórios dominados. A economia tradicional de subsistência, familiar ou comunitária, foi destruída, dando lugar aos cultivos destinados a atender exclusivamente às necessidades das grandes potências colonizadoras que, não satisfeitas, estimulavam os atritos entre diferentes etnias de africanos contra africanos e aproveitavam para destruir antigos reinos e fazer de seus povos, antes autossuficientes em alimentos, passarem a depender de produtos importados das metrópoles.

Vejo uma grande oportunidade para os professores – e, de resto, para todo o povo brasileiro, em especial os afrodescendentes – recuperarem o tempo perdido ou o tempo que não lhes foi garantido, através da Lei 10.639, de 9 de janeiro de 2003 (promulgada pelo presidente da República, que altera a Lei 9394, de 20 de dezembro de 1996, Diretrizes e Bases da Educação Nacional). Ela estabele a obrigatoriedade do ensino de História e Cultura Afro-Brasileira nas escolas públicas e privadas do ensino fundamental e médio de todo o país. O conteúdo programático dessa temática prevê o estudo da História da África e dos africanos, a luta dos negros no Brasil e sua contribuição na formação cultural, política e econômica da sociedade brasileira. Com isso, torna-se não só urgente, mas obrigatório, conhecer o continente africano, berço de mais de 45% da nossa etnia e da nossa cultura. Um continente que possui 53 países, em um território rico em minérios, fauna e flora na mais densa biodiversidade, com mais de 30,2 milhões km^2, não pode continuar sendo conhecido de África dos quatro "Ts": Tribo, Tarzan, Terreiro e Tambor.

Aqui entra a importância da função social e educativa das entidades, movimentos e governos. A Apeoesp e a CNTE, a exemplos de dezenas, talvez centenas, desses outros parceiros, vêm promovendo essa discussão e estimulando o estudo, a pesquisa e o aprimoramento dos professores e demais trabalhadores em educação, na luta contra o racismo, a discriminação, a xenofobia e a intolerância. Discutindo os conceitos de diversidade não só entre as etnias, mas também nos espaços, nos emblemas, insígnias e no poder, e reivindicando os direitos de igualdade de oportunidade para todos em geral e para os afrodescendentes em particular, politizando, sempre essas discussões do ponto de vista local e global, por entender que o racismo e a intolerância são universais e sua força destrói coisas belas por onde passam.

Recentemente vimos as intenções do governo norte-americano de George Bush em suas visitas ao Continente Africano. Com discurso de investir seus dólares para a erradicação da pobreza e da Aides naqueles países africanos, cuja situação é crítica e combater os conflitos étnicos raciais, o presidente dos EUA não conseguiu enganar aos mais atentos de que os seus olhos estavam voltados para o domínio ainda maior daquele território, em busca de novos mercados consumidores e da exploração de suas riquezas naturais e minerais, como o petróleo; para não ficar refém do Oriente Médio, numa reedição moderna da colonização do século XIX.

Por tudo isso, é preciso atualizar nossos conhecimentos, na condição de militantes e estudiosos; enquanto os governos precisam investir mais em pesquisa e aumentar o intercâmbio entre Brasil e África, entrelaçando as culturas, os costumes, as tradições, as línguas, as religiosidades, as ciências, as economias e as histórias; realizar cursos de formação e capacitação aos profissionais do ensino para o trabalho do conteúdo temático programado, conforme a Lei 10.639; buscando para isso, as parcerias necessárias junto às entidades sindicais, universidades, conselhos e ONGs credenciadas.

Embora seja uma Lei de apenas dois artigos, portanto, aparentemente tão pequena, sabemos que sua importância é imensurável, porque resgata valores históricos e culturais de um povo e de um continente, que sempre foram subjugados pelas "supremacias" norte-americana e europeia, a serviço de um sistema desumano e criminoso – o colonialismo.

A CONSCIÊNCIA E A CIDADANIA

Ter a consciência da necessidade de se ter consciência, para buscar conhecer os direitos e de exigir o direito de ter direito, e entender que essa consciência não se compra, não se vende, não se barganha nem se acha na rua, ao contrário, se constrói – este é o ponto mais alto da cidadania. Os sujeitos são construídos no mesmo ambiente em que vivem, convivem e produzem. Ser cidadão, ou cidadã, é poder ter condições de romper as barreiras da ignorância moral, espiritual e intelectual. É ter a capacidade de pensar e refletir a vida política, econômica, cultural e social em que vive, local e globalmente. Ser capaz de adquirir, e ter sempre presente em si, uma consciência histórica, democrática e internacional, cuja plataforma seja o direito de igualdade de oportunidade, a tolerância, a solidariedade, o respeito, a paz e a justiça.

A construção da consciência se dá na sensibilização e na capacidade de perceber e sentir na pele o que está acontecendo ao nosso redor. Entretanto, não podemos ficar apenas sentindo o frio à flor da pele e esquecer o calor que há dentro de nós. Nossa reação já será a manifestação de cidadania. As entidades e os movimentos, com suas ações propositivas, seja nos debates, nos atos públicos, ou nos documentos, buscam contribuir para o processo de formação da plena cidadania, mesmo com todas as dificuldades que a realidade lhes coloca. O grande desafio, porém, está ainda no chão da escola: romper com as bases do pensamento pedagógico clássico e a lógica do conformismo daqueles e daquelas que para tudo "não tem jeito", "não adianta", "sempre foi assim" etc., resultado de uma outra lógica puramente etapista, conteudista, linearista e eurocêntrica do sistema de ensino que materializam a discriminação, a exclusão, a dominação e elimina a identidade dos diferentes.

UM EXEMPLO PRÁTICO DA PERDA DE IDENTIDADE

> "Depois de tantos anos de abolição, em todos os cantos do país os negros eram vencidos, humilhados e subjugados. Diante de tantas mazelas, sobrevém o sentimento de vergonha e o desejo de ser igual ao branco, acarretando a perda progressiva de sua identidade"
> *(Dilson Peixoto)*

Tomando como exemplo o chão da escola nos dias de hoje, vemos que os funcionários e funcionárias – porque não são professores com canudo de faculdade, embora o sejam na vida cotidiana – sofrem diariamente discriminações de todos os lados: de alunos, de professores, de direção e de pais. Quando a escola resolve fazer uma festa, um almoço ou um jantar de confraternização, dificilmente os professores ou a direção vão para a cozinha lavar, cozinhar, arrumar e servir. Normalmente são os funcionários que fazem essa tarefa. E todos sabem que lavar, limpar, cozinhar nem sempre é um serviço leve, fácil, admirável. E por assim ser, quem o faz, na maioria das vezes, são pessoas que normalmente nem são percebidas pelas demais dentro da escola. Percebidas no sentido de terem uma identidade e serem respeitadas e admiradas. De serem referência para se seguir.

Esses funcionários na maioria negros e negras só serão percebidos, na certa, se deixarem de limpar uma sala da escola, ou de colocar o sal na merenda dos alunos, ou o açúcar no café dos professores. Rapidamente serão percebidos e mais uma vez desprezados, duplamente discriminados.

RECUPERANDO A IDENTIDADE

Na década de 1930, em Paris, na França, os estudantes negros Damas e Aimé Césaire (das Antilhas) e Senghor (da África) lançaram um Manifesto da Legítima Defesa, no qual denunciavam a exploração contra o povo negro e a dominação intelectual do branco. Aimé Césaire criou então a palavra *negritude* e a definiu como "uma revolução na linguagem e na literatura, que permitiria reverter o sentido pejorativo da palavra negro para dele extrair um sentido positivo". Surge, então, o "Movimento Negritude", contra o racismo e pelo desejo de recuperar o orgulho de ser negro. No Brasil, os principais adeptos desse Movimento Negritude foram os poetas Solano Trindade e Ascenso Ferreira que, junto com outros artistas, criaram o Centro de Cultura Afro-Brasileira, em Pernambuco, cujo objetivo era exaltar e promover a cultura e a intelectualidade negra. Solano Trindade fundou também em São Paulo, em Embu, a Cidade dos Artistas.

Creio que, do ponto de vista social, político, cultural e econômico, podemos considerar que as primeiras manifestações de negritude, neste espírito de luta e orgulho de ser negro, foram o Quilombo dos Palmares, com o nosso herói Zumbi, em Pernambuco/Alagoas no século XVII; a Revolta dos Malês na Bahia, na década de 1830, cujos membros foram perseguidos, torturados, assassinados ou forçados a voltar para a África; e a Revolta da Chibata, no Rio de Janeiro em 1910, protagonizada pelos marinheiros negros, liderados por João Cândido, que se rebelaram contra os maus-tratos e o trabalho de escravidão imposto pela Marinha Brasileira.

Nas últimas décadas, os grupos de Afoxé, na Bahia, entre eles Filhos de Gandhy, Ilê Aiyê e Olodum, buscaram e buscam recuperar a identidade e o orgulho do povo negro, na religião, no som, no balanço, no ritmo, nas cores, nos sorrisos e na beleza, estampando o dístico "Negro é Lindo, Negra é Linda" ou a identidade recuperada e assumida: "100% Negro, 100% Negra". Nesse universo contagiante, construiu-se um novo conceito para o trinômio cor/raça/etnia e para a própria negritude. Assim, temos a raça que ganhou uma cor. A cor que virou uma raça: a Raça Negra. Em um astral positivo, que expressa coragem, vigor, vontade, orgulho e muita autoestima.

A ESTRATÉGIA DO RACISMO NO PENSAMENTO PEDAGÓGICO CLÁSSICO

O mito da Democracia Racial ganhou várias vertentes e criou uma infinidade de classificações como "moreno", "mulato", "pardo" etc. para "miscigenar" ou embranquecer ainda mais a sociedade, ou, no limite, tornar mais tênue o sentimento e o orgulho do povo negro, buscando, dessa maneira, segundo Edmar Silva, (1999), "mais uma forma de desarticulação da possibilidade da população negra enxergar sua negritude e assumi-la", definitivamente, como afrodescendente.

A mídia fonográfica, eletrônica e televisiva tem se prestado muito para isso. Os programas infantis e humorísticos, imagens, ícones, as músicas, os enredos, até as modas, estão cotidiariamente nos nossos olhos, nos nossos ouvidos, nas nossas vidas. A escola que deveria ser um rico e democrático espaço para desconstruir esse *mito*, denunciando todas e quaisquer práticas discriminatórias, é na verdade, um espaço para reforçar e perpetuar ainda mais as manifestações racistas, pois a formação dos professores e dos funcionários é deficiente para tratar das diferenças raciais, culturais e regionais de si mesmos e dos alunos.

Assim, a escola discrimina os pobres, os pretos, os sujos, os ignorantes, os trabalhadores, enfim, os diferentes, e quase sempre trata os diferentes como desiguais. Há, no interior da escola, uma visão estereotipada das coisas e das pessoas. Os professores, que em tese, *são os que têm o saber*, acham que quem discrimina são os alunos ou os funcionários – sempre os outros. Mas, quando enfrentam uma situação de discriminação, *não sabem* o que fazer e acabam contribuindo com o processo de discriminação a que todos estamos submetidos.

Não raro, vemos práticas de racismo (preconceito ou discriminação) de professores na escola do tipo: "Não fale assim do coitado porque ele também é gente". Normalmente aquele "coitado" mencionado é um negro ou um pobre; ou ainda negro e pobre. As brincadeiras, as piadas, os apelidos, as insinuações, as comparações que fazem com os alunos e alunas ou colegas de trabalho e, ainda, as generalizações sem identificação, reforçam mais e mais o preconceito, a discriminação e o racismo dentro da escola e fora dela.

Sem mudar as bases do pensamento pedagógico clássico, nada mudará tão fácil e tão cedo. Dito de outra maneira, é preciso coragem para mexer na lógica estruturante do sistema de ensino e desconstruir as práticas pedagógicas niilistas e naturalizantes que existem dentro da escola. Para isso, não devemos ficar apenas esperando a ação do Estado ou do Governo. Diante desse enorme desafio, ainda há muito a ser feito. Porém, depende mais da vontade, do esforço e do empenho de cada um para que a nossa História não continue sendo uma História factual do passado; mas uma História cidadã, com uma ressignificação do passado no presente.

A escola precisa fazer, como dever de casa, o exercício da cidadania e acabar de vez com o preconceito tosco, o racismo disfarçado, a ideia burguesa de séculos passados que discrimina, exclui e mata. A escola precisa aprender urgentemente uma *nova lição*. A lição da História, a lição da Vida. Vida de histórias. Histórias de vida. Pois, lembrando a recomendação de Eduardo Galeano, "a história viva é o único lugar onde os povos podem colocar-se ante os desafios comuns, em pé de igualdade", vivendo e praticando sua cidadania.

REFERÊNCIAS BIBLIOGRÁFICAS

COSTA, Emília Viotti da. *Da Monarquia à República: momentos decisivos*. 3ª. ed. São Paulo: Brasiliense, 1985. 248 p.

GALEANO, Eduardo. "Direito dos povos e direito à vida", in: *América Latina 500 anos de Conquista*, São Paulo: Ícone Editora, 1987.

HENRIQUES, Ricardo. *Raça e Gênero nos Sistemas de Ensino: os limites das políticas universalistas na educação.* Brasília: Unesco, 2002.

MELLO, Kátia. "Muito além das cotas". In: Revista *Isto É*, edição 1766, 6 ago. 2003. p. 66-69. São Paulo.

PEIXOTO, Dilson. *Existe Racismo no Brasil?* Publicação do gabinete do vereador Dilson Peixoto, com a colaboração da Organização Djumbay - Cidadania com Identidade Racial. Recife-PE, s/d.

RELATÓRIO DO III ENCONTRO NACIONAL ANTIRRACISMO DOS TRABALHADORES E TRABALHADORAS EM EDUCAÇÃO DA CNTE. 30/11 e 1/12/2001. Brasília-DF.

SABÓIA, Gilberto Vergne, org. *Anais de seminários regionais preparatórios para a Conferência Mundial contra o racismo, discriminação racial, xenofobia e intolerância correlata.* Ministério da Justiça: Brasília, 2001.

SILVA, Edmar. *O que deveria ser o sonho de todos os brasileiros.* Texto avulso, 1999.

NEGROS - 500 ANOS DE SOFRIMENTO E RESISTÊNCIA NO BRASIL. Sindicalistas dos Metalúrgicos do ABC, Químicos do ABC, Costureiras do ABC, Gráficos do ABC, Bancários do ABC e Associação dos Metalúrgicos Aposentados do ABC.

TORO, Bernardo. *Precisamos de cidadãos do mundo.* Nova Escola. ed. 149, Jan./fev. 2002. São Paulo.

OS HISPANO-AMERICANOS E A CONSTRUÇÃO DA CIDADANIA

Sidney Antônio da Silva

Os movimentos migratórios apresentam-se atualmente como um fenômeno cada vez mais complexo, pois a decisão de uma pessoa para deixar o lugar onde ela nasceu e viveu grande parte de sua vida encontra uma variada gama de explicações, sejam elas de ordem econômica, política, cultural, religiosa, climáticas, entre outras de caráter mais particular. De qualquer forma, vale notar os limites das teorias que atribuem demasiada responsabilidade ao contexto socioeconômico ou à decisão pessoal dos indivíduos no processo migratório. O que se observa na verdade é um caminho de mão dupla, onde, por um lado, os migrantes veem na migração uma possibilidade de melhorar suas condições de vida via consumo e, por outro, sua força de trabalho é vendida no mercado de trabalho para complementar ou suprir lacunas não preenchidas pela mão de obra local, porém, muitas vezes em condições aviltantes e de supressão de direitos.

É neste contexto que nos propomos a analisar a questão da cidadania entre os hispano-americanos que residem no Brasil, tomando como exemplo o caso de São Paulo, por ser o lugar onde se concentra a maior parte deles. Além de São Paulo, eles se encontram também em outros centros urbanos do país, como é o caso de Porto Alegre e Caxias do Sul, no Rio Grande do Sul; Foz do Iguaçu e Curitiba, no Paraná; Florianópolis, Santa Catarina; Rio de Janeiro (RJ); Campo Grande e Corumbá, Mato Grosso do Sul; Manaus, Amazonas; Guajará-Mirim, Rondônia e outras áreas de fronteiras.

A partir dos dados coletados na Pastoral do Migrante em São Paulo, trataremos de compor, em primeiro lugar, um possível perfil desses imigrantes, destacando-se as diferenças e os desafios vivenciados por eles no seu cotidiano. Em segundo lugar, focalizaremos os limites do conceito de cidadania para situações específicas de imigrantes que vivem situações liminares, como é o caso dos "indocumentados". Finalmente, analisaremos o processo de recriação cultural como uma forma de exercício da cidadania, pois, enquanto produtores de bens culturais, eles são sujeitos sociais e, portanto, "cidadãos", embora a condição jurídica de muitos deles não lhes permita exercê-la de forma mais ampla.

PERFIL E PROBLEMÁTICA

Pode-se dizer que a presença hispano-americana no Brasil não constitui um fenômeno novo, mas tem se mantido com uma certa regularidade, mesmo a partir dos anos 30, quando a maioria dos países da região adotou políticas migratórias protecionistas. Tais medidas visavam, antes de tudo, proteger o mercado de mão de obra nacional, o qual começava a expandir-se com o emergente processo de industrialização em alguns países, como o Brasil, a Argentina, a Venezuela, entre outros.

No entanto, é a partir da década de 1970 que tal presença começa a ganhar relevância, em razão das transformações econômicas e dos regimes autoritários que se instauraram, em grande parte dos países da região. Além do Brasil, os militares tomaram o poder na Bolívia, em 1964, no Chile, em 1973, na Argentina, em 1976, entre outros. Mesmo sob um regime de exceção, o Brasil passou a ser o destino de milhares de hispano-americanos, particularmente do Chile, Argentina e Uruguai, os quais tentaram reconstruir suas vidas no anonimato que uma grande metrópole enseja, como é o caso de São Paulo. Se para os seus países de origem esses imigrantes eram vistos como possíveis ameaças à ordem estabelecida, para o país de destino esta percepção também não foi diferente. Assim, a atitude policialesca do Estado autoritário brasileiro institucionalizou-se com a aprovação do Estatuto do Estrangeiro, de 1980, o qual, via de regra, considerava o estrangeiro, sobretudo os oriundos de países vizinhos, uma possível ameaça à segurança nacional.

Se para os Estados autoritários tal ameaça poderia vir de fora, para o povo, no entanto, o maior inimigo estava sendo gestado no interior de cada país, mediante o crescente processo de concentração da terra e da renda, seja no meio rural ou urbano. Temos, desta forma, um cenário propício para o aumento das chamadas "migrações laborais", cuja característica principal é a circulação de mão de obra pouco qualificada, "indocumentada" ou clandestina, entre os países da região, direcionando-a para setores que exigem baixa especialização, como é o caso das confecções em São Paulo. A presença desses trabalhadores(as), sobretudo de bolivianos, paraguaios e peruanos, se intensificou a partir da década de 1980, e se consolidou durante os anos de 90. Segundo estimativas de alguns consulados na cidade existem oitenta mil bolivianos (legais e ilegais); quatro mil peruanos (legais e ilegais); quarenta mil chilenos; vinte mil paraguaios; dez mil uruguaios e 11.500 argentinos legalizados. Entretanto, é bom lembrar que as estimativas podem estar superestimadas ou subestimadas, como é o caso dos peruanos e argentinos, cuja presença na cidade aumentou em razão do agravamento da crise econômica nos respectivos países.

Esses imigrantes se caracterizam por ser em sua maioria jovens, numa faixa etária entre 15 e 35 anos, solteiros, com um nível de formação médio, do sexo masculino, embora a presença feminina tenha crescido consideravelmente nos últimos anos. Porém, importa lembrar que no interior de cada grupo existem diferenças, entre as quais vale citar o tempo de migração, o qual acaba por incidir na faixa etária dos imigrantes, a diversidade de ocupações, as especificidades étnicas e as estratégias de inserção na sociedade brasileira. No caso dos chilenos, argentinos e uruguaios, por exemplo, encontramos um número maior de pessoas que se enquadram na faixa etária dos 45 a 54 anos, por ser um fluxo migratório mais antigo e que não se renovou na mesma proporção de outros grupos, como é o caso dos bolivianos.

Com relação às ocupações profissionais, estas variam de um grupo para outro, como consequência de um nível maior de escolaridade existente, por exemplo, entre os argentinos, chilenos e uruguaios. Entre esses grupos predominam as profissões liberais, técnicas e outras relacionadas ao comércio e aos serviços. No entanto, é possível encontrar também um número expressivo de médicos entre os bolivianos, bem como costureiros entre os chilenos, ainda que em número menor. Importa ressaltar, contudo, que o nível de escolaridade não é garantia de um bom emprego no mercado de trabalho paulistano, uma vez que os empregos oferecidos aos imigrantes indocumentados são aqueles que se caracterizam por um alto grau de informalidade e exploração, como é o caso da costura.

Entretanto, há um elemento comum que nivela a todos os imigrantes, sejam eles qualificados ou não: os entraves jurídicos da documentação. Em Manaus, por exemplo, onde, segundo estimativas da Pastoral dos Migrantes, existem cerca de quarenta mil peruanos, o grande desafio enfrentado por eles é a ilegalidade. O mesmo se constata em Guajará-Mirim, onde segundo estimativas da mesma Pastoral existem pelo menos dez mil bolivianos, dentre os quais, 7.500 estariam indocumentados. Em Campo Grande o cenário se repete. Estimativas apontam para a existência de dez mil paraguaios, dos quais apenas 2.900 estariam legalizados.

Além de afetar o imigrante de forma direta, a indocumentação acaba incidindo também sobre sua família, particularmente seus filhos, que por não terem documentos são excluídos das escolas, situações essas constatadas em algumas cidades do Norte e Sul do país. Tal realidade vem contradizer, portanto, o direito à educação já garantido no artigo XXVI da Declaração Universal dos Direitos Humanos, no artigo 227 da Constituição Federal de 1988, e no Estatuto da Criança e do Adolescente de 1990, o qual prescreve a não discriminação entre criança ou adolescente brasileiro e estrangeiro, documentada ou não.

Outro problema que preocupa a todos é o crescente desemprego, especificamente entre os trabalhadores mais qualificados, sobretudo aqueles do setor industrial, os quais são obrigados a aceitar outras possibilidades de empregos, particularmente, no setor de serviços. Isso implica em uma perda de poder aquisitivo e, consequentemente, em uma reordenação das expectativas de futuro, em relação ao Brasil. A possibilidade do retorno ao país de origem passa a ser, portanto, uma delas. Para os menos qualificados, a única saída é a realização de alguma atividade no setor informal do mercado de trabalho, como a de camelôs nas cidades ou trabalhos braçais na zona rural, como é o caso de Rondônia.

Situação não menos dramática é a dos imigrantes detidos em presídios brasileiros. Além de não ter o apoio de seus familiares e das autoridades consulares dos seus respectivos países, eles não têm o direito de usufruir da liberdade condicional, após terem cumprido dois terços da pena, nos casos de crimes comuns. Diante desse quadro traçado, caberia perguntar quais seriam as possibilidades de exercício da cidadania que o Brasil oferece aos imigrantes, particularmente aos hispano-americanos?

A CIDADANIA "REGULADA"

O artigo primeiro da Constituição Federal de 1988 tem como princípios fundamentais a defesa da cidadania e a dignidade da pessoa humana. Tais princípios são ampliados no artigo terceiro, negando toda e qualquer forma de discriminação, e no artigo quarto, colocando os direitos humanos como parâmetro da ordem social. No entanto, o artigo segundo do Estatuto do Estrangeiro de 1980 (Lei 6.815) coloca como prioridade a segurança nacional, os interesses políticos, socioeconômicos e culturais do Brasil, bem como a defesa do trabalhador nacional. Esses princípios contraditam, portanto, com aqueles da Carta Magna e deveriam ser algo do passado autoritário do país. Porém, o que se constata é o contrário. A Lei 6.815, apesar de inconstitucional, continua regendo a permanência dos estrangeiros no Brasil, numa flagrante contradição com a defesa dos direitos da pessoa humana, direitos estes garantidos em várias Conferências Internacionais e, ultimamente, pelo Plano Nacional de Direitos Humanos de 1996, do governo brasileiro.

Esse anacronismo jurídico transforma-se, portanto, em um dos empecilhos que o estrangeiro encontra para conquistar sua cidadania, ou seja, poder desfrutar dos direitos e deveres que o exercício da mesma implica. Entretanto, defrontamos com uma situação peculiar que se poderia denominar de "cidadania tutelada ou regulada", aliás, cada vez mais presente no mundo globalizado, onde, conforme Octávio Ianni, "o exercício da própria cidadania, em âmbito local, nacional, regional e mundial, tem sido delimitado ou agilizado pelo jogo das forças que preponderam em escala global" (Ianni, 1996:04).

Nesse sentido, os imigrantes encontram-se numa situação de crescente vulnerabilidade, sujeitos aos mais variados tipos de violações dos seus direitos, pois nesta "fábrica global" o que conta são os interesses voltados à reprodução do capital em larga escala, não importando o lugar e as condições em que isso se dá. A realidade vivida pelos hispano-americanos em São Paulo, particularmente aqueles que trabalham no ramo da costura, pode ilustrar melhor este conflito de interesses. Uma das exigências para o recadastramento daqueles que foram anistiados em 1998 era a apresentação de uma carta que comprovasse os seus vínculos empregatícios. Porém, esta não foi fornecida aos empregados por grande parte dos seus empregadores, sejam eles regularizados ou não, pois esta carta poderia servir como um documento para reivindicações futuras de direitos trabalhistas não concedidos no presente. Vale lembrar que neste segmento do mercado de trabalho as regras que o dinamizam são antes as relações de parentesco, conterraneidade e fidelidade étnica, do que propriamente as regras do código trabalhista. Aliás, o que se observa no âmbito global é um crescente processo de "flexibilização" do mercado de trabalho formal, com consideráveis perdas de direitos já conquistados a duras penas pelos trabalhadores.

Tal realidade expressa na verdade a fase pela qual passa o capitalismo internacional, o qual é capaz de recriar e conviver com relações de trabalho tidas como "arcaicas" e, portanto, incompatíveis com os padrões "modernos". Trata-se da recriação do trabalho escravo no meio rural brasileiro, seja por dívida ou por peonagem, como constatou José de Souza Martins, na Amazônia brasileira. Nos centros urbanos a situação não é muito diferente. Trabalhadores hispano-americanos são obrigados a sujeitar-se a longas jornadas de trabalho, como é o caso dos(as) costureiros(as), em condições insalubres e sem nenhum direito garantido pelas leis trabalhistas. Desta forma, o capitalismo exclui para reincluir de outro modo, segundo suas próprias regras, ou seja, de forma precária e instável, e, portanto, marginal (Martins, 1997:20).

Se para o migrante interno a situação é desalentadora, o que dizer então dos imigrantes condenados a viver na clandestinidade por leis anacrônicas, como é o caso do Estatuto do Estrangeiro ainda vigente no Brasil? Em se tratando de situações liminares como esta, creio que a problemática dos imigrantes indocumentados deva ser tratada como uma questão de *direitos humanos,* "uma vez que estes não podem ser considerados apenas como meros sujeitos econômicos, vulneráveis às regras do mercado, mas, sobretudo, como sujeitos sociais" (Silva, 1998:28). No entanto, sempre é bom lembrar que os mesmos Estados Nacionais, defensores de tais direitos em conferências internacionais, são os primeiros a violá-los.

O cenário internacional confirma a crescente vulnerabilidade dos migrantes no mundo atual, a qual tende a acentuar-se em razão da impunidade às inúmeras violações dos seus direitos, cuja prática encontra justificativa ideológica na concepção cultural da desigualdade e inferioridade atribuída a eles. Nesse sentido, traços culturais ou étnicos passam a encobrir as desigualdades sociais, das quais são vítimas tanto os trabalhadores nacionais quanto os internacionais.

Em um contexto de integração de blocos econômicos de forma ainda incipiente, como é o caso do Mercosul, cabe perguntar que caminho tomará a questão dos direitos sociais e econômicos dos imigrantes que circulam por este espaço sociopolítico ampliado, denominado pela própria Constituição Brasileira no artigo 4º parágrafo único, de "Comunidade Latino-americana de Nações". A partir dessa perspectiva, as fronteiras geográficas e políticas deveriam "desaparecer" para dar lugar a uma maior circulação não só de bens e serviços especializados, mas também de oportunidades e bens culturais para toda a população. Aliás, a discussão sobre a possibilidade de unificação das aposentadorias dos trabalhadores(as) entre os países membros do referido tratado, como é o caso do acordo Brasil-Chile, parece caminhar nesta direção. No entanto, é sempre complicado falar em equiparação de direitos envolvendo nações com diferenças socioeconômicas tão díspares, como é o caso do Brasil e do Paraguai, por exemplo, uma vez que essas nações não asseguram uma aposentadoria digna à maioria de seus cidadãos.

Nesta perspectiva, para Gustavo Lins Ribeiro, já seria possível falar em uma "cidadania transnacional", alargando, assim, o conceito de Estado-Nação, o qual não estaria mais limitado a um território específico. Ao analisar o caso dos imigrantes brasileiros em São Francisco (USA), o autor constatou que o crescente número de brasileiros no exterior e o volume de remessas enviadas anualmente ao Brasil por eles, cerca de cinco bilhões de dólares, forçaram o governo brasileiro a tomar algumas iniciativas, entre elas, destaca-se, a possibilidade do emigrante participar no processo político do seu país através do voto (Ribeiro, 1998:17-18).

A proposta de Ribeiro apresenta-se, portanto, alentadora, na medida em que haja a contrapartida, ou seja, o governo brasileiro deveria dar também um melhor tratamento aos imigrantes residentes no Brasil, independentemente de sua condição jurídica. A bem da verdade, em um mundo cada vez mais restritivo à circulação de migrantes, tal discurso parece soar como uma voz no deserto para uma percepção mais desavisada, pois como seria possível garantir aos estrangeiros o direito ao trabalho, à moradia, à educação e à saúde, se estes são negados a uma expressiva maioria de brasileiros? Desta forma, a discussão de tais direitos deverão se fazer cada vez mais presentes nas agendas dos encontros internacionais, transformando-se em acordos multilaterais ou bilaterais. E para que isso deixe de ser apenas uma hipótese, a organização e a cobrança dos grupos de imigrantes assumem um papel fundamental.

Nesse sentido, a Pastoral do Migrante tem somado esforços com outras organizações afins para a aprovação de uma nova lei que venha a reger a situação dos estrangeiros no Brasil, a partir de um novo enfoque, ou seja, que o imigrante não seja visto mais como uma "ameaça" à "ordem interna", mas como alguém que virá contribuir para o desenvolvimento socioeconômico do país.

Entre as reivindicações estão o direito à expedição de uma carteira de identidade ou documento equivalente no ato do pedido de permanência no país e que seja reconhecido pelos órgãos públicos. Atualmente é expedido um protocolo que limita o exercício pleno da cidadania, pois com ele fica difícil alugar uma casa, abrir uma conta bancária, abrir firmas, seja como autônomos ou como pequenos empresários. Para tirar a carteira de trabalho é necessário apresentar uma declaração da Polícia Federal sobre o andamento do pedido de permanência.

Outra reivindicação que vem sendo reiterada há vários anos é o direito à escola para as crianças e adolescentes, sejam elas legais ou não, com o recebimento do histórico escolar na conclusão do curso. Como decorrência do direito a permanecer legalmente no país e exercer plenamente a cidadania, aparece a proposta da participação nas eleições, pelo menos em nível municipal, já que é o lugar onde eles vivenciam suas dificuldades mais elementares. Além disso, em um contexto de integração regional urge o automático reconhecimento de títulos acadêmicos obtidos no país de origem com a comprovada qualificação profissional e proficiência linguística.

E para aqueles que vivem em situações liminares, como é o caso dos presidiários e refugiados, seja concedido aos primeiros a liberdade condicional, após terem cumprido parte de suas penas. Isso seria uma forma de equiparar direitos já garantidos aos brasileiros pela Constituição Federal. Já no caso dos refugiados, que vivem situação semelhante a dos presos, quando negado o seu pedido de refúgio, lhes seja concedido um visto temporário, até que eles tenham condição de regularizar sua situação no país.

Vale registrar aqui uma importante conquista dos imigrantes em conjunto com várias organizações não governamentais, que foi a lei de anistia nº 9675 de 29 de junho de 1998, e regulamentada pelo decreto nº 2771, de 7 de setembro do mesmo ano. Tal lei propiciou uma oportunidade de regularização aos que se encontravam indocumentados no país, a maior parte deles hispano-americanos, sendo o grupo boliviano o mais numeroso com 14.006 anistiados. No entanto, segundo estimativa da Pastoral dos Migrantes, os resultados foram muito aquém do esperado.

As razões são múltiplas: o custo da documentação por pessoa, a falta de recursos para fazê-lo, em razão do não pagamento por parte dos empregadores, a não permissão destes para que seus empregados fornecessem o endereço de sua oficina de costura, temendo uma fiscalização posterior, a perspectiva de uma possível volta ao país de origem e o medo de se apresentarem à Polícia Federal, particularmente entre aqueles que foram autuados pela mesma anteriormente, tornando, assim, o processo ainda mais oneroso, em razão das multas acumuladas.

À parte o caráter humanitário e emancipador que as anistias propiciam àqueles que são destituídos de direitos, elas estariam, na verdade, revelando o caráter restritivo da política imigratória brasileira nos últimos vinte anos, a qual ainda vê com uma certa desconfiança o imigrante advindo dos países vizinhos, sobretudo daqueles mais pobres e com problemas políticos. Trata-se, portanto, de medidas paliativas que aliviam as tensões de uma dada conjuntura, porém, terminado o período de regularização, o problema da indocumentação tende a persistir, porque novos imigrantes já entraram no país e nele permanecem de forma irregular.

Tal contradição apresenta, na verdade, uma dupla face: do ponto de vista dos imigrantes, tal "crime" faz parte das suas estratégias de sobrevivência, e como tal, se insere dentro do direito fundamental à vida. Já do ponto de vista do mercado, a circulação de mão de obra indocumentada é parte constitutiva do seu processo de reprodução, não importando sua proveniência.

Importa dizer ainda que, se por um lado, os imigrantes são valorizados pelo mercado de trabalho enquanto mão de obra barata, por outro, eles são criminalizados pelas legislações cada vez mais restritivas por estarem invadindo as fronteiras e "roubando" os poucos postos de trabalhos disponíveis aos cidadãos do país receptor. Entretanto, é bom lembrar que eles são também produtores de bens simbólicos, contribuindo, assim, para tornar a dinâmica cultural local mais plural e enriquecedora. É o que veremos a seguir.

A REPRODUÇÃO CULTURAL

Se por um lado, no âmbito do jurídico e do econômico, os imigrantes hispano-americanos sofrem o cerceamento de direitos, em razão da condição liminar em que vivem, por outro, eles procuram ser sujeitos de sua própria reprodução cultural, conquistando espaços na sociedade local. Tais espaços são vitais para desencadear o processo de reconstrução de identidades, na medida em que o grupo se torna mais visível e, consequentemente, os conflitos com os brasileiros também começam a emergir.

É o que constatamos em São Paulo no bairro do Pari, região central da Cidade, onde existe uma praça que é frequentada particularmente pelos bolivianos e outros imigrantes todos os domingos à noite. Nesta praça são estabelecidas múltiplas relações, desde a contratação de mão de obra pelos oficinistas, até uma ampla oferta de produtos típicos do país de origem. Com o crescimento do afluxo de pessoas, vieram à tona também alguns problemas, ou seja, os moradores do bairro começaram a acusar os imigrantes de "sujos", "desorganizados" e "ébrios". Consequentemente, passaram a ser responsabilizados também pelo aumento da violência no bairro.

A reação política desses moradores foi a realização de um abaixo-assinado para retirá-los do local. A contrapartida foi também a mobilização dos imigrantes bolivianos na defesa deste espaço, sobretudo por parte dos comerciantes, pois o comércio ali estabelecido representa para os mesmos uma fonte de renda extra. O resultado dessa mobilização foi a criação da Cooperativa Padre Bento, com a finalidade de regulamentar as atividades desenvolvidas na praça, bem como cuidar da sua limpeza e dos possíveis excessos no consumo de bebidas alcoólicas. Entretanto, no rescaldo das negociações com a prefeitura, os imigrantes acabaram transferidos para outro espaço no mesmo bairro, o qual foi denominado por eles de Praça Kantuta, nome da flor símbolo da Bolívia.

Tal fato nos permite dizer que a xenofobia, tida como uma prática abominável e presente até então em contextos longínquos, como é o caso de alguns países da Europa, já começa a ganhar força entre nós. Aliás, a intolerância em relação aos migrantes nordestinos não é uma novidade no contexto paulistano, bem como atos de discriminação e violência contra outras minorias. Isso significa que a relação entre migração e criminalidade é feita de forma automática como uma decorrência da condição social desfavorável desses imigrantes, e por isso, devem ser responsabilizados pelos problemas existentes na sociedade, como o desemprego, os roubos, o tráfico de drogas, a degradação urbana entre outros. Portanto, a pobreza, expressão de um mecanismo perverso de exclusão social, passa a ser recoberta pela categoria de raça, assumindo, assim, as mais variadas formas de discriminação na atualidade. A partir desta lógica, as diversidades étnicas e culturais passam a ser combatidas e as desigualdades sociais naturalizadas.

Se por um lado o processo de globalização dos mercados expõe as desigualdades sociais no âmbito do global, por outro instiga a emergência e a afirmação das diferenças culturais no âmbito do local. É o que se observa no âmbito da Pastoral do Migrante, cuja prática pastoral procura incluir a todos em uma única categoria, a de latino-americano, numa tentativa de congregar a todos em torno de objetivos comuns. No entanto, o que se observa no caso específico de São Paulo é a reivindicação de identidades particulares, que emergem em vários momentos. Um deles é o Dia Latino-americano celebrado uma vez por mês na Igreja N. Sra. da Paz (Glicério) e também em outros locais do Brasil. Neste dia os vários grupos de imigrantes se reúnem para a celebração de uma missa em castelhano, e após a mesma é realizado um almoço com comidas e danças típicas, porém, de um país específico que o prepara.

Outro momento em que as particularidades de cada país vêm à tona é a Festa Internacional dos Migrantes, um show folclórico realizado no mês de junho, por ser o mês em que se comemora no Brasil o dia do Migrante, dia 24. Desta festa participam grupos de música e dança latino-americanos, europeus, africanos entre outros.

Além desse momento festivo, temos as festas patronais (celebração das padroeiras e padroeiros) e pátrias, como momentos específicos de reafirmação das identidades. Com relação às primeiras, cada grupo tem a sua data específica para celebrá-las, começando em julho com os chilenos, cuja padroeira, *la Virgen*

Del Carmen (dia 16), é festejada no último domingo do mês com a presença de outros imigrantes latinos. Vale dizer que esta festa reproduz práticas culturais do santuário de La Virgen de la Tirana, localizado no norte do Chile.

No mês de agosto é a vez dos bolivianos homenagearem suas padroeiras, a Virgem de Copacabana (dia 5), a padroeira nacional, a qual coincide com a festa pátria no dia 6, e a Virgem de Urkupiña (dia15), a padroeira de Cochabamba. Em todas essas festas são veiculados elementos culturais típicos de cada região, entre eles, uma variedade de danças, comidas e tradições pré-colombianas, como a do *Presterío*, que consiste na escolha de um novo festeiro (*preste*) a cada ano para organizar a festa.

Finalizado o ciclo de festas bolivianas, o qual abarca todo o mês de agosto, os peruanos começam a celebrar os seus padroeiros, Santa Rosa de Lima, no mês de agosto e o *Senhor de los Milagros*, no mês de outubro. Nessas festas, além da parte religiosa propriamente dita (missa), também são veiculados elementos da cultura material, ritmos musicais e pratos típicos. Cabe, pois, aos paraguaios concluírem o ciclo de festas religiosas realizadas no âmbito da Pastoral, no dia 8 de dezembro, com a festa de N. Sra. de Caacupê, a padroeira nacional, seguindo o mesmo esquema já descrito anteriormente.

Além dessa variedade de festas religiosas existem outras realizadas fora do espaço eclesiástico, entre elas destacamos a comemoração da independência chilena, realizada uma semana depois da data oficial, o dia 18 de setembro, denominada por eles de *18 chico*, ou seja um "18 menor". Entre os bolivianos é tradição comemorar o dia da mãe boliviana, cuja data não coincide com a de outros países, pois na Bolívia esta festa é celebrada no dia 27 de maio, em homenagem às mulheres que lutaram pela independência daquele país.

A bem da verdade, todas essas manifestações culturais são uma tentativa de diálogo das várias minorias hispano-americanas com a sociedade brasileira em busca do reconhecimento de suas diferenças, pois na configuração do mosaico étnico-cultural brasileiro elas ainda continuam relegadas a um segundo plano, ou simplesmente ignoradas, tal como os seus direitos sociais e políticos.

CONSIDERAÇÕES FINAIS

As reflexões realizadas neste trabalho sobre a problemática da cidadania entre os hispano-americanos no Brasil, sugerem, por conseguinte, algumas considerações finais. Em primeiro lugar, esta crescente presença vem questionar a ideia de que a imigração é um fato do passado e que o Brasil tem se mostrado aberto à vinda de novos imigrantes. Na verdade, a política imigratória adotada no país nos últimos vinte anos revela o contrário. Trata-se de uma política altamente restritiva, e por sua vez discriminadora, porque ao privilegiar uma minoria de imigrantes especializados, e a transferência de recursos financeiros e tecnológicos para setores específicos, acaba por excluir aqueles que vêm preencher lacunas de setores menos especializados, como é o caso das confecções.

Tal política tem criado uma situação peculiar no Brasil, ou seja, a figura do imigrante indocumentado ou clandestino, cuja situação de ilegalidade é resolvida para aqueles que se enquadram nas exigências do Estatuto dos Estrangeiros, ou é amenizada de vez em quando com a concessão de anistias. No entanto, a burocracia na expedição de documentos tem diluído os efeitos positivos dos processos de anistiamento, pois o outorgamento de um protocolo ao anistiado não garante ao mesmo o exercício pleno de sua cidadania, configurando, assim, o que denominamos de "cidadania regulada". As consequências para os imigrantes e suas famílias são profundamente negativas, tornando-os cada vez mais vulneráveis às mais variadas formas de violações de seus direitos. E nesta crescente escalada de violações vale citar a parte mais vulnerável de todas elas, a criança migrante impedida de frequentar a escola e ter acesso a serviços básicos por não ter documento.

É nesse contexto específico que apontamos os limites da categoria cidadania e optamos pela de direitos humanos, uma vez que a primeira não dá conta de situações que ultrapassam o âmbito das orientações jurídicas locais e, como tal, devem ser tratadas a partir dos princípios humanitários amplamente veiculados nas conferências internacionais.

E para que tais princípios deixem de ser apenas uma carta de boas intenções, a pressão dos grupos de imigrantes tem tido um papel fundamental. Isso significa que os direitos não são concessões, mas conquistas. Porém, é bom lembrar que a mera aprovação de uma lei não significa uma melhora imediata na vida dos imigrantes mais pobres, pois estes, como a maioria dos brasileiros, estão sujeitos à lógica globalizante e excludente do capital, e o que é pior ainda, acabam sendo responsabilizados pelo aumento do desemprego e da violência.

Essa falsa percepção do problema tem contribuído para a emergência de atitudes discriminatórias e até xenófobas, em relação aos estrangeiros nos mais variados contextos, pois as diferenças culturais e étnicas passam a ser vistas como uma ameaça à ordem estabelecida, enquanto as desigualdades sociais são naturalizadas. Nessa perspectiva o perigo vem de fora e, como tal, deve ser eliminado mediante legislações cada vez mais restritivas e punitivas. Assim sendo, a questão migratória na sua multiplicidade de aspectos é reduzida simplesmente a um caso de polícia. Aliás, no Brasil não é mera coincidência que o órgão responsável por esta questão é exatamente a Polícia Federal.

Se do ponto de vista sociojurídico o imigrante hispano-americano tem a sua cidadania "regulada", o mesmo não se pode dizer do ponto de vista cultural. Isso porque a cultura numa situação adversa, como a vivida por grande parte deles, passa a ser um espaço de reconstrução identitária para os diferentes grupos de imigrantes, em vista de uma maior visibilidade e veiculação de uma nova imagem de si mesmos. É o que observamos nos vários contextos citados neste trabalho, particularmente o trabalho realizado pela Pastoral do Migrante, que procura ser uma mediação entre os interesses dos vários grupos e a sociedade brasileira. No entanto, essa mediação não é neutra, e isso implica em um processo de negociação de regras para a realização de suas práticas festivas naquele espaço, aferindo-lhes uma nova identidade, que é a de serem latino-americanos, antes de serem bolivianos, paraguaios, peruanos, entre outros.

Contudo, o que se vê é a explicitação das diferenças e, não raras vezes, de forma exacerbada, contrapondo-se, assim, a tudo o que é nivelador, desagregador e discriminador, produzido pelo mundo urbano moderno. Assim, no espaço da festa vão se construindo as bases da almejada cidadania, independentemente de sua condição jurídica, porque as exigências do vivido extrapolam toda e qualquer forma de normatização e controle.

REFERÊNCIAS BIBLIOGRÁFICAS

ARAVENA, Verônica. *Trajetória da Imigração chilena no Brasil.* Tese de Doutorado, Departamento de Sociologia da USP, São Paulo, 2000.

BONASSI, Margherita. *Canta América sem Fronteiras: imigrantes latino-americanos no Brasil.* São Paulo: Edições Loyola, 2000.

CENSO DEMOGRÁFICO 1991, Migração: resultados da amostra. Rio de Janeiro, IBGE, 1996.

GRAEME, Hugo. "Migrações Internacionais não documentadas: uma tendência global crescente". In *Travessia-Revista do Migrante*, Nº 30, janeiro-abril de 1998, pp. 05-12.

IANNI, Octavio. "Globalização e Diversidade". In: *Migrações Internacionais, herança XX, agenda XXI*, Campinas, FNUAP, São Paulo, Oficina Editorial, 1996, pp. 1-15.

MARTINS, José de Souza. *Exclusão Social e a Nova Desigualdade.* São Paulo, Paulus, 1997.

NOSOTROS, *Boletim da Pastoral dos Migrantes Latino-americanos.* São Paulo, Serviço Pastoral dos Migrantes, 1996.

RIBEIRO, Gustavo Lins. Goiânia, Califórnia. Vulnerabilidade, ambiguidade e cidadania Transnacional. In *Série Antropológica*, 235, UNB, Brasília, 1998.

SILVA, Sidney A. da. *Costurando Sonhos. Trajetória de um grupo de imigrantes bolivianos em São Paulo.* São Paulo, Ed. Paulinas, 1997.

______________. "Hispano-americanos em São Paulo: alcance e limites de um processo de integração" In: *Travessia* – Revista do Migrante, nº 33, jan/abril, 1999, pp. 24-32.

______________. Virgem/Mãe/Terra: Festas e tradições bolivianas na metrópole. São Paulo, Hucitec/FAPESP, 2003.

VAI-VEM, Boletim da Pastoral dos Migrantes, São Paulo, Serviço Pastoral dos Migrantes, 2000.

JUSTIÇA PARA CRIANÇAS E JOVENS

Rubens Naves

A depender da idade do observador, não parecem muito distantes aqueles anos que, pouco depois do tumultuado fim da década de 1960 do século passado, plena de som e fúria (mas também de sonho), foram marcados por um profundo silêncio. Um manto pesaroso se abateu sobre as democracias caladas na América Latina, sobre as notícias e as praças, sobre as prisões e os exílios. Foram anos de retrocesso democrático, arrocho salarial, concentração de renda, censura e arbítrio, bem como da eliminação sistemática dos avanços sociais que tinham sido tão duramente acumulados desde o final do Estado Novo – fato que coincidiu com a derrocada do fascismo na Europa e o final da II Guerra Mundial.

A autonomia sindical, o direito de associação, a liberdade de expressão, o método Paulo Freire de educação, a pluralidade partidária, tudo que expressasse participação comunitária ou decisão majoritária foi proibido, revogado ou diluído. Evidentemente, a situação da infância e da adolescência brasileiras, subjugadas por uma herança secular de abandono e descaso, quando não de prepotência e ódio, só viria a piorar dentro de tal quadro.

De fato, apesar do que era afirmado nos discursos oficiais, as imagens da pobreza e marginalização das crianças brasileiras, correndo mundo, denunciavam a falência do modelo autoritário como forma de resolução dos graves problemas sociais da Nação. Como em outros setores da vida nacional, a tentativa dos governos autocráticos de dar uma resposta a esse desafio social acabou por gerar uma política que era como o espelho do pensamento autoritário como um todo.

Todas as pessoas com menos de 18 anos estavam enquadradas na categoria jurídica de "menores de idade", a qual implicava, menos que em uma discriminação etária, principalmente na ausência de reconhecimento de suas capacidades, de seus direitos e de suas peculiaridades. Diante da "incapacidade" deste menor caberia ao Estado, de forma paternalista e assistencialista, a tarefa de tutelá-lo. A expressão jurídica dessa tutela era o Código de Menores. Este código previa a figura do "menor carente", expressão preconceituosa pela qual se designava a criança ou jovem pobre e em situação de risco. Essas crianças e jovens, que segundo esta doutrina estavam necessitadas da tutela das autoridades, eram, na prática, *objetos da intervenção estatal* que, com muita frequência, traduzia-se em intimidações e punições de toda ordem, em geral a cargo da polícia. Muitos podem ter esquecido, mas era essa a "proteção" das crianças antes do surgimento do Estatuto da Criança e do Adolescente (ECA), em 1990.

As implicações de não reconhecer, nem na letra da lei nem na prática das ruas, a plena cidadania das crianças e jovens, eram terríveis. Os "menores carentes", longe de serem entendidos como sintomas expostos de uma situação criada pela própria sociedade, e pela qual não podiam ter a menor responsabilidade, eram encarados como alvos de medidas judiciais "corretivas". Essas ações eram amparadas pela chamada Doutrina da Situação Irregular, um monstrengo jurídico que transformava as vítimas em culpadas de sua própria situação.

Na prática, o Código de Menores não passava de um instrumento de controle social dirigido contra as próprias vítimas das omissões, descasos e agressões da família, da sociedade e do aparato estatal. Não é de espantar que qualquer caso de infração penal atribuído a menores fosse objeto de decisão judicial. A prisão cautelar de adolescentes era defendida como uma medida socialmente salutar – e largamente aplicada. Internar crianças e jovens em instituições de correção, onde não raro ocorriam abusos, também era corriqueiro, já que o internamento era determinado sem definição de prazo ou condições, bastando para isso a caracterização, pelas autoridades, de "manifesta incapacidade dos pais para mantê-los".

O CÓDIGO DE MENORES

Com sua primeira redação datada de 1927, reformada em 1979, o Código de Menores que vigorava antes do Estatuto era uma expressão, no âmbito da cidadania de crianças e jovens, do regime social dos governos autoritários que se sucederam ao Ato Institucional Nº 5, de dezembro de 1968. Dentro da visão hierárquica e autocrática do regime militar imposto pelo AI-5, o Código reforçava a figura do juiz como elemento plenipotenciário, apto a decidir sozinho o destino e as medidas aplicáveis aos jovens e às crianças, particularmente as que se encontravam em situações de grande risco social.

A chamada Doutrina da Situação Irregular alcançava todos os jovens e crianças brasileiras que não se adequassem ao "figurino" do pensamento oficial de uma infância e adolescência enquadradas. E todo aquele que estivesse nessa situação "irregular" poderia ser levado perante um juiz que, sozinho, decidia tudo aquilo que atualmente o Estatuto recomenda que seja decidido nos Conselhos Tutelares, com as devidas salvaguardas legais. Bastava uma denúncia para deflagrar o arresto policial e a decisão por rito sumário nas cortes do Juizado. As decisões eram inquestionáveis, irrevogáveis na prática e, em sua grande maioria, de caráter punitivo, sendo a mais comum a internação, muitas vezes decidida em questão de minutos, sem prazo determinado nem salvaguardas especiais que levassem em conta a idade e as peculiaridades de desenvolvimentos dos internados.

Na prática desenvolvia-se um sistema de "orfanatos" que muitas vezes não passavam de "presídios juvenis" mal disfarçados. Essas instituições foram articuladas, pelo Código de 1979, na Fundação Nacional do Bem-Estar do Menor, Funabem, órgão federal que se expressava, em cada estado, por meio das Febems (mais tarde repassadas à responsabilidade dos executivos estaduais). O sentido de todo o sistema era repressor, em conformidade com o regime que o desenvolveu. O "bem-estar" da infância e da adolescência era objeto da intervenção estatal, que ocorria de cima para baixo, e não em função de direitos inalienáveis reconhecidos nas crianças e jovens. Em outras palavras: os jovens e as crianças não tinham direitos, e sim o dever de se submeterem às paternais decisões de um Estado assistencialista e severo, que não admitia questionamentos de seu poder.

Evidentemente, entre outras ausências gritantes naquele sistema de meia-cidadania para crianças e jovens, incluía-se qualquer forma de participação da sociedade civil no debate, na criação de soluções e na gestão de um novo futuro para a infância e juventude brasileiras. Era um tempo em que nada poderia limitar os poderes autoritários das autoridades policiais, judiciárias e administrativas. Mas esse tempo estava com seus dias contados. Contra ele, e em defesa dos mais indefesos de nossos cidadãos, a consciência cívica e a coragem lúcida da Nação em breve haveriam de levantar.

O COMBATE PELA CIDADANIA: O MOVIMENTO SOCIAL GERA O ECA

Quando os resultados sociais do chamado "milagre econômico" dos anos 70 começaram a cobrar seu preço em estagnação e inflação, as bases do autoritarismo entraram em processo de desintegração. Por um curto período, o país registrou taxas de crescimento anual de até 12%, mas à custa de um irresponsável endividamento externo, um cruel arrocho salarial, obras tão faraônicas quanto questionáveis e o silenciamento de qualquer voz discordante. A desigualdade de renda acentuou-se ainda mais e, com ela, criou-se um abismo social separando uma minoria abastada de grande parte da população vivendo miseravelmente.

Na brecha aberta pelos primeiros sintomas de falência do modelo autoritário, no início dos anos 80, o movimento democrático renasceu. As lutas que se seguiram iriam varrer, gradativamente, o autoritarismo da vida pública brasileira, abrindo perspectivas em todas as áreas. A oposição contra a repressão política rapidamente ampliou-se para o combate contra toda forma de repressão social abarcando, como não podia deixar de ser, a escandalosa situação em que se encontrava a maioria da infância brasileira. Eram os anos em que a mídia destacava, simultaneamente, tanto uma explosão de crimes cometidos por jovens e até crianças, gerando intensas polêmicas sobre as raízes e soluções do problema, quanto os frequentes abusos, espancamentos e outros atos de violência de que eram vítimas os assim chamados "meninos de rua".

Ao longo da década de 1980, a maioria dos movimentos sociais viria a incluir em suas pautas de prioridades a chaga social representada por milhões de crianças desassistidas. Especialistas, entre os quais contavam-se pedagogos, jornalistas, psicólogos, escritores, lideranças empresariais, advogados e juízes, intelectuais e artistas, formaram um amplo movimento social em defesa dos direitos das crianças e dos jovens. Foi de suas práticas, de seus estudos, de suas experiências e viagens, de suas teses e lutas, defendidas em sucessivos encontros em universidades e organizações de classe, que nasceram as propostas embrionárias do que viria a ser o futuro Estatuto da Criança e do Adolescente.

Ao longo da década da redemocratização, principalmente após a desativação dos órgãos de repressão, o movimento em defesa da infância e juventude se deu em duas frentes simultâneas. De um lado, nas primeiras experiências práticas de fazer valer os direitos das crianças, especialmente por meio de denúncias públicas, em geral feitas por intermédio da imprensa mais engajada, e de tentativas de organizar ações e instituições de defesa da infância e juventude, a exemplo do Movimento Nacional dos Meninos e Meninas de Rua.

Os debates e encontros que foram organizados para denunciar o assassinato metódico de crianças e jovens, e para combater as brutalidades a que os jovens infratores eram submetidos nas instituições supostamente criadas para recuperá-los, as discussões para escolher os melhores métodos de ação, a análise de experiências e documentos internacionais como a Convenção Internacional dos Direitos da

Criança, as Regras de Beijin, as Regras Mínimas das Nações Unidas para Jovens Privados de Liberdade, a Convenção 138 da Organização Internacional do Trabalho, tudo isso foi se somando em ideias que convergiriam na elaboração do Estatuto da Criança e do Adolescente.

A crescente pressão política, exercida sobre parlamentares e membros do Poder Executivo pelas mobilizações em favor das crianças, por reportagens corajosas, pelo prestígio das figuras públicas que endossavam aquela luta e,até, por uma parcela significativa de empresários sensibilizados, como aqueles reunidos em torno do Pensamento Nacional das Bases Empresariais (PNBE), fizeram com que a proposta de uma lei específica sobre direitos da infância e juventude fosse, pouco a pouco, ganhando corpo no meio político e na opinião pública.

Nesse amplo movimento instituidor de cidadania para a infância e adolescência brasileiras, cabem alguns destaques, como:

> 1) O processo de convocação da Assembleia Constituinte e de elaboração da Constituição de 1988, que permitiu uma grande mobilização social ao redor dos temas candentes da recentíssima democracia brasileira, entre os quais o de conferir a cidadania de fato a todos os brasileiros, inclusive os menores de 18 anos;
> 2) A pressão para que o Brasil ratificasse a Convenção Internacional dos Direitos da Criança, que reforçou a noção de direitos inerentes à condição infantil, deu oportunidade a seus defensores brasileiros de se unirem em favor da aprovação de um texto normativo, experimentou formas de mobilização e evidenciou a importância de uma afirmação legislativa e constitucional para a vigência da cidadania de nossas crianças;
> 3) O engajamento no leque democrático de um setor da sociedade brasileira que, historicamente, mantivera-se afastado das mobilizações em defesa dos direitos humanos – o mundo empresarial brasileiro. Neste sentido, um papel relevante foi desempenhado pelo núcleo de lideranças que, em breve, iriam se unir na Fundação Abrinq pelos Direitos da Criança e do Adolescente.

No início de 1989, essas lideranças estão entre os signatários de um dos primeiros documentos empresariais sobre cidadania e direitos de crianças e jovens, intitulado "Movimento em Defesa dos Direitos da Criança". Nesse mesmo ano, os fabricantes de brinquedos instituem dentro da Abrinq a Diretoria de Defesa dos Direitos da Criança, núcleo da futura Fundação Abrinq. Desde o início, outras categorias de empresários também estiveram envolvidas nas atividades. Em dezembro de 1989, a Diretoria de Defesa realizou sua primeira ação "político-comunicativa", instituindo o Prêmio Criança às melhores iniciativas no campo da promoção dos direitos da infância e juventude.

Em 15 de março de 1990, era criada a Fundação Abrinq pelos Direitos da Criança e do Adolescente. Seu Conselho Consultivo foi um espelho do movimento social pela cidadania das crianças e jovens: havia profissionais liberais, artistas e intelectuais para apoiar a mobilização empresarial. Imediatamente, a recém-criada Fundação articulou as indústrias de brinquedos para imprimirem, nas embalagens de seus produtos, mensagens sobre os Direitos da Criança e publicou a Declaração Universal dos Direitos da Criança.

Em 14 de julho de 1990, os anos de esforço e engajamento dos que lutavam pela cidadania das nossas futuras gerações foram recompensados: era promulgada a Lei 8.069/90, o Estatuto da Criança e do Adolescente. Ele trouxe, para o direito brasileiro, o melhor da legislação internacional em termos de defesa da cidadania da população infanto-juvenil. Uma "Passeata das Crianças" comemorou o feito. Cabe a nós, agora, analisá-lo em suas consequências sociais e políticas.

A PAISAGEM REVOLUCIONADA

É preciso dizer, em primeiro lugar, que o Estatuto da Criança e do Adolescente teve, antes de sua promulgação, um importante antecedente: o Artigo 227 da Constituição Federal de 1988. De fato, como reflexo das lutas democráticas que já mencionamos, os constituintes, ao definirem os direitos da criança e do adolescente, refletiram, no texto, a influência do debate internacional que levaria as Nações Unidas ao consenso da Convenção Internacional dos Direitos da Criança. O Artigo 227 e a Convenção compartilham, essencialmente, a mesma visão sobre o que cabe, por direito natural, às novas gerações.

Nas palavras textuais de nossa Carta Magna, "é dever da família, da sociedade e do Estado assegurar à criança e ao adolescente, com absoluta prioridade, o direito à vida, à saúde, à alimentação, à educação, ao lazer, à profissionalização, à cultura, à dignidade, ao respeito, à liberdade e à convivência familiar e comunitária, além de colocá-los a salvo de toda forma de negligência, discriminação, exploração, violência, crueldade e opressão". É praticamente a essência do Estatuto da Criança e do Adolescente. Este, por sua vez, pode ser visto como a explicitação de todas as consequências do que já havia sido desenhado, em linhas gerais, no Artigo 227.

O fundamental, do qual decorre tudo o mais, é que a concepção do que é, juridicamente, uma criança e um adolescente, mudou radicalmente. O que se depreende do Artigo 227, e se diz com todas as letras no Estatuto, é que a criança e o adolescente são *sujeitos de direitos, pessoas em condição peculiar de desenvolvimento* e que devem receber cuidados com *prioridade absoluta*. Essas três definições não mudaram apenas o tratamento legal, mas instituíram novas práticas e tipos de instituições para garantir de fato, e a mando da lei, a cidadania infanto-juvenil. Em primeiro lugar, se as crianças e os adolescentes são sujeitos de direitos, isto é, têm *a priori*, por sua própria condição, direitos inalienáveis. Esses direitos podem, por um lado, ser exigidos com base na lei e, por outro, levar aqueles que os violam por desrespeito ou omissão a responderem em juízo por seus atos.

Nessa concepção, uma criança ou adolescente, mesmo se estiver em situação de risco ou pertencer a uma família pobre, não pode mais ser encarado como um ser *carente*, cuja suposta carência o Estado ou seus prepostos devem atender. Uma criança ou adolescente passava a ser um portador de direitos – como o é todo cidadão – cujo atendimento, por parte do Estado, da família e da sociedade, não é favor ou exceção, mas obrigação. Essa é a chave do Estatuto e das práticas cidadãs que ele fundamenta.

Mas há mais. Visto que a segunda colocação do Estatuto, ao definir crianças e adolescentes como pessoas em condição peculiar de desenvolvimento equivale a dizer que, além de portadores de todos os direitos da cidadania, as crianças e adolescentes adquirem uma série de direitos especiais. Não se trata de privilégio, mas de algo que aparece como imediatamente justo a qualquer um que se debruce sobre a questão já que, devido às características de seu desenvolvimento físico e mental, os mais jovens ainda não têm consciência desses inalienáveis direitos, nem têm como defendê-los ou exigi-los e são incapazes, por si mesmos, de prover à própria subsistência sem danos irreparáveis a seu desenvolvimento como pessoas e cidadãos.

Por fim, o Estatuto diz que as crianças e adolescentes devem ser objetos de cuidados com *prioridade absoluta*, expressão que evidencia a amplitude da vitória política do movimento em defesa dos direitos da infância e adolescência. De fato, foram os defensores da cidadania infanto-juvenil os primeiros a conceber a *prioridade absoluta* como a tradução, em termos práticos, da convicção de que as novas gerações são a promessa e a garantia do futuro de seus povos e de toda a humanidade. É uma questão de ética dar-lhes a primazia, a decorrência natural de assumir de forma madura e serena as responsabilidades da vida adulta, tanto para as sociedades quanto para os indivíduos.

Essas novas concepções, como foi dito, não implicaram apenas em reformulações jurídicas, como a instituição de garantias processuais na administração da justiça juvenil, mas em consequências muito práticas para as formas de atendimento. Primeiramente, o Estatuto determinou a instituição dos Conselhos de Direitos da Criança e do Adolescente nos três níveis de governo (União, Estado, Município) e de Conselhos Tutelares nas esferas locais, inserindo um forte elemento de participação social e comunitária nas formas de gestão e nas políticas que garantem cidadania à infância e adolescência.

CONSELHOS DE DIREITOS E TUTELARES

A existência dos Conselhos de Direitos das Crianças e Adolescentes (CMDCA) e dos Conselhos Tutelares (CT) no texto do Estatuto da Criança e do Adolescente deriva diretamente de um dos mais importantes conceitos da Constituição de 1988: a ideia de que a participação democrática da sociedade civil no cotidiano das decisões de governo é não apenas desejável, mas crucial. Dessa ideia fundadora nasceram diversos tipos de Conselhos que fazem parte, hoje, da vida democrática brasileira: os Conselhos de Saúde, de Assistência Social, de Orçamentos Participativos que são, em essência, espaços políticos onde a sociedade civil delibera, juntamente com o poder público, os rumos de seu próprio desenvolvimento.

No campo da cidadania da infância e da adolescência, o Estatuto distinguiu dois tipos de Conselhos. Os Conselhos de Direitos da Criança e do Adolescente, segundo a lei, devem ser instituídos no âmbito federal, estadual e nos municípios. Sua atribuição específica é decidir quais serão as políticas públicas que o Poder Executivo vai destinar às crianças e jovens do país, dos estados, das cidades. Em outras palavras: se a Prefeitura de São Paulo, por exemplo, resolve criar um novo programa de creches, pela lei, antes de implantar a ideia, ela deveria levá-la, debatê-la e aprová-la no Conselho Municipal de Direitos da Criança e do Adolescente. Complementarmente, se uma organização da sociedade civil têm uma nova proposta para beneficiar os jovens e as crianças, ela pode levá-la ao Conselho para que, caso aprovada, venha a ser transformada em uma política oficial em prol das novas gerações.

Esse funcionamento leva imediatamente à questão da composição desses Conselhos de Direitos. Em harmonia com o espírito da Constituição Federal e com o ECA, esses órgãos constituem-se como comissões paritárias entre

Estado e Sociedade Civil. Os membros do Conselho são indicados por meio de um processo de escolha no qual organizações da Sociedade Civil focadas na implementação dos direitos infanto-juvenis (ONGs, sindicatos, associações e outras), reunidas, de preferência, em fóruns permanentes de Defesa dos Direitos da Criança e do Adolescente, indicam seus representantes para o Conselho. O Poder Executivo, por sua vez, também tem obrigação legal de indicar igual número de membros. Essa composição por igual estabelece a estrutura básica dos Conselhos de Direitos.

As atribuições específicas dos Conselhos de Direitos da Criança e do Adolescente, segundo a lei, são:

> 1) Definir diretrizes para formulação e implementação da política pública de atendimento à criança e ao adolescente;
> 2) Participar do planejamento municipal, contribuindo para a definição de metas a serem atingidas;
> 3) Receber e analisar projetos a serem executados por entidades governamentais e não governamentais;
> 4) Controlar o emprego dos recursos do fundo da infância e da adolescência;
> 5) Fiscalizar a implementação da política pública de atendimento à criança e ao adolescente.

Já os Conselhos Tutelares são órgãos de fiscalização, acompanhamento e garantia do cumprimento dos direitos da infância e adolescência. Em outras palavras, se um pai não encontra vaga para seu filho na escola pública, ele não deve se dirigir ao Conselho de Direitos local, mas ao Conselho Tutelar, que mobilizará as autoridades locais para que aquela omissão ou violação de direito básico seja sanada. São compostos por cinco membros indicados pelo Conselho de Direitos da cidade.

Suas atribuições específicas são de atuar pela preservação dos direitos das crianças e jovens quando estes são violados ou não cumpridos por ação ou omissão do Estado e da Sociedade, dos pais ou responsáveis, e dos próprios adolescentes. Nesses casos os Conselhos Tutelares podem decidir-se pela aplicação das medidas de proteção previstas no Estatuto, já que seus membros gozam de proteção legal e suas decisões têm força judicial, só podendo ser revistas por um tribunal.

Entre as medidas de proteção que podem ser aplicadas pelos conselheiros tutelares estão:

> 1) O encaminhamento da criança ou jovem aos pais ou responsáveis, mediante termo de responsabilidade;
> 2) Orientação, apoio e acompanhamento temporários;
> 3) Matrícula e frequência obrigatória em estabelecimento de ensino fundamental;
> 4) Inclusão em programa comunitário ou oficial de auxílio à família, à criança e ao adolescente;
> 5) Requisição, junto aos órgãos públicos competentes, de tratamento médico, psicológico ou psiquiátrico, em regime hospitalar ou ambulatorial;
> 6) Inclusão em programa oficial ou comunitário de auxílio, orientação e tratamento a alcoólatras e toxicômanos;
> 7) Abrigo em entidade, por tempo determinado, salvaguardados os direitos fundamentais de toda criança e jovem e sua condição peculiar de desenvolvimento.

Mas, além de criar o modelo de participação comunitária dos Conselhos, o ECA levou à criação de instituições novas ou a reconceituações das antigas, processo que incluiu abrigos, creches, pré-escolas, centros educacionais para adolescentes e para aplicação de medidas socioeducativas para jovens em conflito com a lei. O Estatuto foi também base para inúmeros programas e projetos inovadores de atendimento, como os que surgiram na Fundação Abrinq. Essas novas instituições e ações materializaram os direitos do Estatuto, fazendo com que seus avanços chegassem a seus destinatários na forma de benefícios reais.

De forma geral, o Estado brasileiro agora tem obrigações muito mais sérias em relação à cidadania na infância e juventude. O ECA assegurou os direitos de todas as crianças e adolescentes sem discriminação de qualquer tipo. A nova lei garante proteção especial ao segmento considerado pessoal e socialmente mais vulnerável. Nos casos de infrações, os jovens podem ser beneficiados com o perdão ou a determinação de medidas socioeducativas, muito mais eficazes que o aprisionamento, que ficou restrito ao flagrante delito e à ordem expressa e fundamentada de um juiz (mandado).

Por outro lado, o internamento só pode ser aplicado a autores de delitos graves, e ainda assim sob os princípios de brevidade, excepcionalidade e respeito à sua condição peculiar de desenvolvimento. Além disso, ficou garantida a defesa por advogado, bem como a punição de abusos de pais, de autoridades e de responsáveis por crianças e adolescentes. As obrigações legais do Estado ainda incluem a oferta de políticas sociais básicas, de serviços de proteção e defesa das crianças e adolescentes vitimizados e de proteção jurídico-social, devendo todas as decisões contarem com a participação da sociedade civil organizada em órgãos colegiados (Conselhos de Direitos e Tutelares)

O cumprimento desses direitos cidadãos é hoje fiscalizado e garantido por um grande leque de agentes sociais, que vão de promotores de justiça a organizações da sociedade civil, da imprensa a movimentos de defesa das crianças, de parlamentares engajados a simples cidadãos conscientes. Como resultado geral, podemos dizer que o arbítrio da sociedade adulta sobre os mais jovens diminuiu muito desde 1990, embora não seja possível afirmar que o Estatuto tenha plena vigência, visto que, até meados de 2004, muitos municípios brasileiros sequer tinham seus conselhos instalados e funcionando.

A DISTÂNCIA ENTRE A LEI E A RUA

Passada quase uma década e meia da conquista do Estatuto, em que pé se encontra a cidadania de nossas crianças e adolescentes? Infelizmente, e apesar de representarem o maior grupo etário da população, com 61 milhões de indivíduos com menos de 18 anos, enormes contingentes desses jovens brasileiros ainda vivem em condições que lhes roubam o que por lei deveria ser inalienável: a dignidade, a cidadania, a dimensão de sua própria humanidade.

Segundo o *Relatório da Situação da Infância e da Adolescência no Brasil* de 2003 do Unicef, 45% de nossa infância e juventude vive na pobreza, em famílias cuja renda *per capita* é de meio salário mínimo. Quando as mães dessas crianças e jovens têm menos de quatro anos de estudos, a possibilidade de seus filhos continuarem pobres é sete vezes maior. Há 29 milhões de crianças negras do Brasil, mais que as populações do Peru e Uruguai juntas. Elas têm duas vezes mais chances de serem pobres que as brancas. Se tiverem algum tipo de deficiência, a probabilidade de chegarem analfabetas aos 17 anos é quatro vezes maior. E, segundo o Censo 2000 do IBGE, temos cerca de três milhões de crianças e adolescentes com pelo menos uma deficiência. E mais: apesar do trabalho antes dos 16 anos ser ilegal (a não ser como aprendiz a partir dos 14) quase 9% da população entre dez a 15 anos de idade é forçada a trabalhar por sua condição socioeconômica.

A educação também apresenta lacunas sérias. Apesar da ampliação de seu acesso, o analfabetismo funcional campeia entre crianças e adolescentes, pela precária educação nos primeiros anos de vida. O atraso escolar dos mais velhos poderia ser menor se os pequenos fossem à escola. Sabe-se que é especialmente entre quatro e seis anos que o estímulo cognitivo e a interação social são decisivos para o desenvolvimento do ser humano. Mas hoje, quase 39% das crianças dessa faixa etária não têm essa chance. Dos sete aos 14 anos, 5,5% não vão às aulas. Dos 12 aos 17 anos, o percentual quase triplica, indo a 14,5%, soma daqueles que nunca foram à escola com os que a abandonaram ainda pequenos. A falta de vagas ou de escolas em muitas cidades, o ensino precário e a pressão para trabalhar cedo conspiram contra o desenvolvimento educacional de crianças e adolescentes pobres.

Cabe, é verdade, reconhecer que muitos indicadores sociais melhoraram. Saímos, por assim dizer, do patamar do escândalo no que diz respeito à educação e mortalidade infantil. Mas o que foi feito está muito aquém do mínimo necessário para efetivamente dignificar a infância e juventude brasileiras. Todos sabem que, no atual contexto mundial, a educação é a chave para libertar a imensa maioria de nosso povo da escassez material, da ausência de perspectivas sociais e do colonialismo político-cultural. Só uma elevação consistente da quantidade e qualidade da educação dará início ao processo de ruptura com nosso passado de exploração e miséria, impedindo que se torne nosso futuro.

Por isso, é importante a análise da década e meia que nos separa da promulgação do Estatuto. Ela mostra o que foi feito em prol da cidadania de nossas crianças, e onde ainda temos de nos esforçar para eliminar a distância entre a letra da lei e a verdade das ruas. No lado positivo da moeda, podemos ver que os Conselhos de Direitos e Tutelares, previstos no texto legal como instrumentos de garantia para as políticas promotoras da cidadania infanto-juvenil, existem de fato na esfera federal e estadual, e em muitas cidades. A Justiça também já se adequou às novas exigências e responsabilidades previstas no Estatuto. Por outro lado, a sociedade civil se mantém ativa na luta pela efetivação dos direitos das crianças e jovens, alimentando o movimento em sua defesa.

É principalmente este movimento que tornou a educação o centro do debate sobre a promoção da cidadania, o que mostra que já não é necessário focar o trabalho em aspectos emergenciais (riscos sérios, extermínios etc.). Nesse sentido foi muito importante o crescimento, em todo o Brasil, da ideia e da aplicação dos programas de renda mínima, que usam inteligentemente a promoção familiar para alcançar metas socioeducativas. Outros pontos favoráveis estão na participação cada vez mais ativa dos municípios em programas que beneficiam seus jovens cidadãos, na pressão da opinião pública contra o trabalho infantil, no continuado apoio empresarial a essas políticas através do Terceiro Setor, no crescimento da capacitação do corpo técnico encarregado de promover os direitos infantis, e da mídia que, de forma geral, se tornou uma aliada do Estatuto. Tanto que as tentativas de manipular fatos criminais para obter apoio popular e fazer retroceder a legislação, embora ainda sejam ameaçadoras, não vingaram. O Estatuto não só segue em pleno vigor, como influenciou a criação de legislações semelhantes em mais de 15 países da América Latina.

Entretanto, essas conquistas não podem empanar a consciência do que falta realizar para que a afirmação de que nossas crianças e jovens são cidadãos brasileiros seja remotamente verdadeira. Entre as mazelas que saltam aos olhos existe, em primeiro lugar, um imenso contingente de crianças e jovens que ainda vivem nas ruas, sem nenhuma assistência, à mercê de toda forma de exploração, até da prostituição infantil e do tráfico de drogas. O abuso policial e a repressão seguem sendo uma realidade e instituições que já deveriam estar extintas pelo Estatuto, como as Febems – herdadas da obsoleta Política Nacional de Bem-Estar do Menor –, subsistem como denúncias vivas da falta de vontade política de muitos governos estaduais de encontrar uma solução digna e inteligente para a chaga da infância abandonada.

Essas questões que afetam essencialmente as crianças e os adolescentes em situação de risco ou em conflito com a lei se agravam ainda mais diante da persistência de comportamentos assistencialistas ou punitivo-repressivos na esfera da Justiça e da frequente inexistência de uma Defensoria Pública capaz de efetivar o exercício das garantias processuais a que os adolescentes têm direito.

Como pano de fundo para analisarmos a situação da cidadania de crianças e adolescentes brasileiros, podemos visualizar a política econômica e a dependência financeira do país, contingenciando recursos, adiando programas sociais e limitando os existentes, mesmo quando são criativos e promissores, a dimensões menores que seu potencial. Pela mesma razão, a divisão de recursos entre Estados, Municípios e União para sua execução é um impasse e causa de atrasos e desentendimentos.

Em função disso tudo, a cidadania das crianças e adolescentes brasileiros ainda não é uma prática geral, não é uma realidade difundida, e nem mesmo consensual. Se é assim nas grandes cidades, é ainda pior nos rincões distantes e em áreas rurais, onde agravam-se as dificuldades econômicas, o clientelismo político e a desinformação, de um lado, e exatamente nesta medida, o desrespeito à dignidade das crianças e dos jovens, do outro. O Brasil é um país imenso, e seus problemas têm a mesma dimensão. Mas o conhecimento da estrada que resta a percorrer não pode servir para acentuar sentimentos de impotência, caso em que a função desse saber estaria invertida, mas sim para nos fazer ver o que deve ser feito, e nos estimular a criar soluções para o Brasil que cerca de duas décadas. Para quem está decidido a não cruzar os braços, a verdadeira questão que se coloca, é esta: o que fazer?

O QUE FAZER: PROPOSTA DE AÇÃO

Hoje a proteção e promoção da cidadania de crianças e adolescentes é um parâmetro ético e legal valorizado. A melhoria da qualidade de vida da infância e da juventude é uma das metas mais citadas em programas de governo, nas ações de instituições de atendimento, bem como um dos investimentos mais comuns entre empresas engajadas em promoção social.

Mas grandes dúvidas aparecem sobre o que e como fazer para ampliar de fato o número de crianças inclusas no círculo da cidadania. Afinal, como saber se uma ação pretendida é a melhor para as crianças? Alguns princípios gerais podem ajudar nessa definição. O primeiro é afirmar que o compromisso com a qualidade de vida das crianças é uma meta que deveria ser assumida por governos (em qualquer âmbito, da cidade ao país), empresas, instituições e cidadãos. E para começar, que todos deveriam tomar a decisão de cumprir à risca o Estatuto da Criança e do Adolescente.

Essa simples decisão já estabelece uma diferença com a cultura do descaso que admite leis que "pegam" e que "não pegam", como se obedecê-las fosse questão de opção. Seguir a lei é um bom começo para quem deseja praticar a própria cidadania e promover a dos mais jovens. Como podemos exigir dos mais jovens a obediência quando seus direitos são violados sistematicamente pelos diversos segmentos da sociedade? Isso fere o princípio da reciprocidade, fundamento essencial do Estado de Direito.

Dado esse primeiro passo, cabe perceber que em todas as comunidades e em cada município existem escolas, instituições assistenciais e projetos em andamento. Contatar esta rede de apoio à infância, defender, discutir e, se houver chances, financiar suas ações é ir além das palavras e pôr a cidadania, por assim dizer, na rua. A participação nos Conselhos de Direitos e Tutelares, o interesse por sua atuação e o apoio a suas iniciativas fazem parte da mesma visão.

Empresas podem colocar suas especificidades técnicas a serviço da causa da infância (de modo que empresas de ônibus possam oferecer, por exemplo, transporte escolar, e convênios médicos doem consultas, só para citar dois exemplos). Assim, as ações em que se engajarem serão mais eficazes e autênticas. O voluntariado, em todos os níveis, é outra forma de materializar a promoção da cidadania de nossas crianças. Hoje os voluntários representam uma força importante das causas sociais brasileiras e um forte vínculo entre a sociedade civil e o sonho da dignidade para todos.

Por outro lado, quem premia ou reconhece o valor dos voluntários que se mobilizam em defesa das crianças e jovens também apoia a promoção da cidadania infantil. Creches, escolas e instituições de atendimento à infância podem ser beneficiadas pela solidariedade voluntária, que pode ir da doação de poucas horas semanais às tarefas de direção de Organizações Não Governamentais voltadas para a defesa dos direitos e o atendimento à criança e adolescente.

É preciso lembrar que cada vez que um cidadão, uma instituição, uma empresa ou uma autoridade pública declara seu apoio ou compromisso à causa da cidadania de crianças e jovens, este exemplo influencia outros indivíduos e instituições. O leque em que pode se expressar a variedade desse apoio é imenso: pode ir de uma modesta contribuição financeira mensal a uma militância ininterrupta em favor da infância e juventude. Para aqueles que desejam participar, ou seja, influir no rumo que a sociedade toma, o primeiro passo é sempre a tomada de consciência, não apenas em um sentido teórico ou técnico, mas imediato: é preciso conhecer nosso entorno social mais próximo, a rua, o bairro e a cidade em que vivemos, as organizações que aí atuam, os problemas que enfrentam, o número de creches e escolas públicas (em geral insuficientes, mal equipadas, mal dirigidas e sem apoios), as igrejas e associações de bairro, os órgãos públicos e as ações não governamentais. Informação, como se sabe, é uma arma: pode ser usada para muitos fins, inclusas as boas causas. Informar-se com dados dos órgãos públicos e com lideranças locais é sempre uma necessidade para quem deseja agir em favor das crianças que, em geral, não expressam suas necessidades com clareza.

Outro ponto crucial para a promoção da cidadania das novas gerações é a ação planejada. Nossa época já não permite boas intenções plenas de emotividade mas carentes de objetividade, de metas claras e alcançáveis, enfim, de um agir sensato, consequente e, principalmente, realizador. Ter um objetivo claro, digamos, construir uma creche para crianças de certa comunidade, oferece recompensas em todos os níveis. A principal é que, quando o almejado é alcançado, transmite-se a quem se mexe pela defesa da cidadania infantil a sensação de que é de fato possível fazer algo de real pelas crianças e jovens, de que arregaçando as mangas "dá para resolver" e, principalmente, a sensação mais essencial para a perpetuação da própria ação em favor da cidadania infantil: a da vitória.

Um movimento como esse, vale lembrar, funciona em parceria. O isolamento dos que lutam pelos mesmos ideais deve ser rompido, pois só favorece os inimigos da cidadania. Instituições, órgãos públicos, ONGs, voluntários, cidadãos conscientes e profissionais engajados devem estabelecer laços e redes, de modo a fazer ecoar suas ações e suas necessidades, de modo a amplificar suas vozes e fortalecer todas as suas ações. Um dos primeiros passos para quem deseja de fato colaborar com a emancipação de nossa infância é conhecer quem pensa igual. No caso da creche do nosso exemplo, as parcerias podem resolver problemas que vão do terreno para a construção (que a Prefeitura local pode ceder) até o programa de educação pré-escolar (a cargo de professores voluntários ou de instituições da região).

Subjacente a todas essas iniciativas está, evidentemente, um dos maiores obstáculos à plena execução dos programas de promoção da cidadania infanto-juvenil, se não for o maior: o dinheiro. Como financiar os projetos é sempre uma das grandes "pedras" no caminho de quem deseja partir para a ação. Portanto, que ninguém subestime o peso da própria contribuição financeira, por mais modesta que possa ser, por mais individual ou isolada que possa se sentir. Mais importante que o valor é a regularidade, que determina, por sua vez, a regularidade dos programas assim financiados. É melhor que quem contribui opte por uma quantia menor, mas que possa ser oferecida com periodicidade certa, do que por uma grande doação, mas irregular. No caso de instituições ou empresas, o planejamento do desembolso é ainda mais essencial. Mas cabe lembrar que além da contribuição em si, as empresas podem criar programas de geração de recursos para ações em defesa dos jovens cidadãos.

Opções não faltam, desde envolver os funcionários em campanhas de arrecadação, até criar linhas de produtos especiais para reverter suas vendas para as metas sociais ou destinar parte dos lucros a esse fim. O público pode ser informado da destinação desses recursos, de modo que a ação implique também em aspectos de pedagogia cidadã. O fato é que a criatividade solidária pode encontrar infinitos caminhos para se expressar, desde que haja real vontade para tanto.

Cabe também uma palavra sobre o Terceiro Setor, onde fundações, institutos e organizações não governamentais dos mais diversos tipos unem-se em prol dos jovens cidadãos, num variadíssimo leque de ações e programas. No caso da Fundação Abrinq, suas principais ações se sustentam no tripé "divulgação de boas experiências/influência em políticas públicas/atuação em rede" [para uma análise mais detalhada sobre a cidadania no Terceiro Setor, sugiro a leitura do artigo "Novas possibilidades para o exercício da cidadania" de Rubens Naves, do livro *História da cidadania*, Editora Contexto].

Mas as possibilidades de levar respeito, dignidade e vida para as crianças e adolescentes de nosso país não terminam aí. Jornalistas e profissionais da comunicação têm em mãos instrumentos inestimáveis para isso. A comunicação é uma das chaves para tornar a sociedade brasileira mais sensível ao apelo de seus mais jovens cidadãos. E ela não se esgota apenas nas mídias tradicionais. As imensas estruturas de *marketing* e propaganda de nossa sociedade podem abrir espaços, ao lado das suas mensagens comerciais, para outros conteúdos, usando para isso embalagens, *outdoors*, logotipos, anúncios de rádio e TV, publicidade impressa, folhetos, papéis de carta, *sites* na Internet e todos os tipos de recursos publicitários que empresas e órgãos públicos empregam normalmente para o anúncio de seus produtos e serviços. Para isso é essencial sensibilizar profissionais e agências de propaganda para as causas da infância, mesmo porque tais apoios, pela repercussão que dão às ações, devem ser considerados estratégicos. Além disso, existem veículos de comunicação interna nas empresas que também podem ser usadas para finalidades de sensibilização e conscientização junto aos mais variados grupos de profissionais.

Todas essas possibilidades de atuação, mesmo que viessem – todas – a ocorrerem, e em grande escala, ainda assim não seriam capazes de resolver o problema global da infância e juventude brasileiras. A atuação do Poder Público, cumprindo suas obrigações constitucionais, é uma exigência inegociável da sociedade civil. Nenhuma ação de entidades sociais, por mais ampla e eficaz que seja, pode substituir o estado em seus deveres legais. É por conta dessa percepção – de que apenas o poder público tem capacidade de escala e orçamento suficiente para promover mudanças de fato estruturais, que inúmeras organizações da sociedade civil, como a Fundação Abrinq, investem atualmente na tática de criar mecanismos para influenciar as políticas públicas.

Isso pode se dar por meio da participação em órgãos encarregados da legislação, como o Conselho Nacional dos Direitos da Criança e do Adolescente (Conanda), ou por meio de programas que atuem diretamente sobre as gestões do Poder Executivo, como o Programa Prefeito Amigo da Criança. Este programa articula-se como interlocutor junto ao poder municipal, ajudando prefeitos e secretários a definir prioridades orçamentárias condizentes com um mapeamento prévio das necessidades locais. A integração de ações governamentais emanadas nas diferentes esferas de governo da federação é essencial para a execução de políticas públicas consistentes.

Sobre a responsabilidade do poder público na defesa dos direitos de crianças e adolescentes, não é possível tergiversar. Entretanto, a ação de todos esses agentes da cidadania adquire sentido na ótica da exemplaridade. A demonstração da eficácia de ideias criativas, financeiramente sustentáveis, pode ter grande influência na opinião pública e sobre o governo, levando à sua disseminação. Esta tem sido a perspectiva daqueles que buscam tornar a cidadania da criança brasileira algo mais que palavras em uma Constituição. É hora, portanto, de conhecer alguns exemplos concretos desta postura.

ALGUNS EXEMPLOS ESTIMULANTES

A Fundação Abrinq nos serve como exemplo concreto de ação em defesa da cidadania dos mais novos. O exame da história de sua criação revela que ela reúne características de voluntariado em prol da infância e juventude, de engajamento empresarial e de reunião de competências técnicas. De fato, os empresários que a fundaram agiram, enquanto indivíduos, como voluntários; enquanto articuladores sociais obtiveram o apoio de empresas do setor de brinquedos; posteriormente de todo o mundo empresarial, trazendo para a execução dos programas um conjunto de técnicos formado no movimento que levara à aprovação do Estatuto da Criança e do Adolescente. Sua evolução contínua por uma década e meia é a prova do quanto pode se expandir uma ideia legítima, desde que apoiada por planejamento consistente, persistência política e metas claras.

Essa fundação mobiliza, hoje, empresas, organizações não governamentais, entidades de atendimento às crianças e adolescentes, governo e a população em geral, em inúmeras ações que resultam em melhorias efetivas na qualidade de vida de crianças e jovens, especialmente os menos favorecidos. Os beneficiados diretamente com programas e projetos chegavam, em 2003, a quase um milhão de jovens. Para obter este resultado, a Fundação Abrinq optou por funcionar como um instrumento de articulação da mobilização, unindo de um lado setores que têm disponibilidades e vontade política de beneficiar a infância e a juventude e, de outro, os que têm mais necessidade desses benefícios.

Entre alguns exemplos de ações representativas desta operação articuladora, citamos o Programa Crer para Ver, que sustenta técnica e financeiramente projetos educacionais voltados ao incremento da qualidade da rede escolar pública; o já comentado Programa Prefeito Amigo da Criança, que apoia gestões municipais na implantação de políticas públicas de proteção integral a crianças e adolescentes; e o Programa Empresa Amiga da Criança, que engaja empresas para uma atuação social em favor dos mais jovens, em especial na prevenção e erradicação do trabalho infantil.

Essa forma de funcionamento, fundamentada na articulação de parcerias, permite à Fundação favorecer o atendimento de um número total de beneficiários muito maior do que seria possível em ações de financiamento e administração direta. Por isso, pensando sempre na ampliação do total de atendimentos de qualidade, a Fundação Abrinq dá grande atenção à reprodutibilidade de suas experiências, isto é, a manuais e documentos que registrem e sistematizem conceitos e mecânicas das ações, de modo a compartilhar conhecimento e obter a disseminação das iniciativas em prol da infância.

São apenas alguns casos, mostrando o envolvimento de empresas, instituições, governos, cidadãos. Poderíamos citar muitos outros, de diversas organizações, nas quais o denominador comum, como nestes, é o implemento e a prática da cidadania em favor das crianças e jovens. Mas o mais importante, para além da exibição de uma variedade de exemplos, é a constatação da vitalidade, multiplicidade e criatividade do movimento pela promoção dos direitos infantis. Essas iniciativas, algumas das quais apontadas aqui, devem ter valor exemplar, especialmente para o Poder Público, que nelas pode encontrar inspiração, experiência nos erros e acertos e pessoas capacitadas para replicar boas iniciativas na escala necessária aos imensos problemas sociais brasileiros.

De forma alguma podemos cair na tentação de substituir o Estado em seus deveres. Mas o fato é que experiências como a da Fundação Abrinq apontam, pela eloquência de sua própria realidade, para um outro Brasil. Um país sem crianças ou jovens despojados de cidadania. Uma utopia, dirão alguns. Um objetivo a ser perseguido a cada dia, fazendo valer, de fato, o que um dia fizemos inscrever em nossa mais importante Lei: que crianças e adolescentes sejam *prioridade absoluta* do Estado, da sociedade e das famílias. O caminho sem dúvida é longo. Não se salda uma dívida social do tamanho da nossa em menos de duas décadas. Mas, sem dúvida, com o Estatuto da Criança e do Adolescente, o marco legal foi estabelecido. E isso não é pouco. É o ponto de partida de que precisávamos para seguir adiante.

INFORMAÇÃO AMBIENTAL E PRÁTICA DE CIDADANIA

Vanderlei Canhos,
Dora Ann Canhos
e Sidnei de Souza

A situação socioambiental neste início de século XXI pode ser caracterizada pela combinação de processos acelerados de destruição de ecossistemas primários com a crescente conscientização sobre a necessidade de esforços que conduzam a políticas de desenvolvimento sustentável. Concomitantemente, estão ocorrendo grandes avanços em tecnologia de informação e comunicação de dados.

Além de aspectos relacionados ao desenvolvimento de *softwares* para a análise, síntese e vizualização de dados, avanços significativos estão ocorrendo na definição de padrões e protocolos que possibilitam a interoperabilidade entre sistemas de informação. Esses avanços estão possibilitando a integração de diferentes tipos de dados de fontes distribuídas em tempo real, fundamentais para a consolidação da infraestrutura global de informação ambiental. Essa infraestrutura global de dados, associada ao emprego de novas ferramentas de modelagem, está permitindo a construção de cenários que permitem avaliar, por exemplo, o impacto do aquecimento global na taxa de risco de extinção de espécies biológicas.

Conciliar o desenvolvimento socioeconômico com a preservação ambiental não é uma tarefa trivial. Cada vez mais o desenvolvimento de políticas e estratégias adequadas para o desenvolvimento sustentável, com base informatizada, dependerá da integração de dados disponível em fontes dispersas de informação em tempo real. É crescente a demanda por respostas rápidas para a solução de problemas associados à liberação de organismos transgênicos no meio ambiente, à contenção de espécies invasoras e pragas agrícolas e à prevenção de doenças endêmicas e desastres climáticos. Em geral, são questões que requerem o acesso a uma ampla gama de dados ambientais e ferramentas adequadas para a análise e visualização de modelos e cenários de impacto socioambiental.

A QUESTÃO AMBIENTAL

O meio ambiente é a base natural sobre a qual se estruturam as sociedades humanas. O desenvolvimento socioeconômico requer, portanto, uma condição harmônica de relacionamento de seres humanos com o meio ambiente. Os conflitos socioambientais em geral são conflitos gerados pela disputa de acesso e posse de recursos naturais como os recursos hídricos, petróleo, produtos extrativistas, incluindo recursos florestais e pesqueiros, ou disputas pelos serviços gerados pelo meio ambiente, como qualidade da água e do ar.

Em função da crescente utilização não sustentável dos recursos naturais, agravada por uma maior demanda em função de aumento populacional, a destruição ambiental e os conflitos socioambientais tendem a aumentar. A situação pode ser amenizada, e até mesmo resolvida, por meio do emprego e apropriação de avanços científicos e tecnológicos e pela adoção de políticas e estratégias adequadas que conduzam a uma maior sustentabilidade ambiental.

É no campo da política e mediante a ação política na esfera pública que se dá o exercício da cidadania e o convívio democrático, elementos fundamentais no equacionamento dos conflitos socioambientais. É nessa esfera de análise e equacionamento dos conflitos socioambientais que a educação ambiental, voltada para a formação da cidadania, passa a ter importância fundamental. E é também nessa esfera que informação de qualidade – disponível, compreensível e acessível – é essencial.

Qualidade ambiental e cidadania estão intimamente relacionadas. A administração e o gerenciamento de problemas ambientais envolvem questões complexas e conflituosas que requerem cada vez mais a ação cidadã informada.

Ao mesmo tempo em que o patrimônio natural, como bem coletivo, não pode ser destruído e deve estar disponível para todos, historicamente tem-se a apropriação de recursos naturais por indivíduos ou setores da sociedade. A informação científica de qualidade, acessível e disponível em linguagem adequada passa a ter um importante papel de balizador ou mediador dos conflitos e na formulação de políticas públicas mais adequadas. O desenvolvimento científico e tecnológico e a disseminação dos produtos gerados podem também contribuir para uma maior mitigação dos impactos que alguns processos já estabelecidos causam ao meio ambiente.

Incorporar as informações e o conhecimento sobre os avanços científicos e tecnológicos no dia a dia do cidadão comum é tarefa de muitos, escolas, instituições de pesquisa, instituições governamentais e não governamentais. Uma sociedade sustentável pressupõe uma sociedade informada, na qual os vários segmentos produzem e têm acesso à informação qualificada, utilizando-a nos processos de formulação e decisão política.

AGENDA POLÍTICA E A IMPLEMENTAÇÃO DE CONVENÇÕES E TRATADOS INTERNACIONAIS

A necessidade de ações coordenadas internacionais para a conservação ambiental foi definida em 1987, no pioneiro manifesto *Nosso futuro comum*, preparado pela Comissão Mundial sobre Ambiente e Desenvolvimento, presidida por Gro Brundtland. Neste documento, definiu-se como desenvolvimento sustentável aquele que atende "às necessidades do presente sem comprometer a capacidade das gerações futuras para atender às suas necessidades". A assinatura do Protocolo de Montreal sobre Substâncias que Desgastam a Camada de Ozônio, no mesmo ano, pode ser considerado um marco de sucesso no desenvolvimento de ações coordenadas de salvaguarda ambiental. A ideia de conservação ambiental associada ao desenvolvimento sustentável inspirou outras reuniões internacionais importantes, a exemplo da Cúpula da Terra (Eco-92), no Rio de Janeiro em 1992, e da Cúpula Mundial sobre Desenvolvimento Sustentável (Rio+10), em Johannesburgo, dez anos mais tarde.

A reunião Rio+10 não teve os resultados esperados pelo Brasil. Ao invés de um plano de implementação com metas e objetivos claros, foram acordados compromissos globais bastante genéricos. De positivo, tem-se a mudança de enfoque para a agenda social e de desenvolvimento, particularmente em questões como erradicação de pobreza, saneamento e saúde. Aparentemente, ao mesmo tempo em que os países procuram buscar formas de conciliar o crescimento econômico, a luta contra a pobreza e o desenvolvimento do terceiro mundo com a preservação ambiental do planeta, também procuram manter os padrões de consumo em vez de repensar os modelos de desenvolvimento vigentes.

Passam a entender a divisão da sociedade entre ricos e pobres como uma ameaça à prosperidade, segurança e estabilidade mundiais, reconhecendo que "a erradicação da pobreza, a proteção e a gestão dos recursos naturais para o desenvolvimento econômico e social são os principais objetivos e as exigências essenciais do desenvolvimento sustentável". E de acordo com Fábio Feldmann, assessor da Presidência da República do Brasil na Rio+10, "o mais importante resultado que emerge da Cúpula de Johannesburgo não é o Plano de Implementação, mas a constatação de que, em um quadro de crescente exclusão social e degradação ambiental planetárias, são necessárias profundas mudanças no sistema vigente de governança global."

Em que pesem as diversas reuniões, acordos e tratados ambientais celebrados entre nações, com apoio de organismos internacionais, os sinais mais concretos de reversão de tendências estão surgindo de organizações não governamentais, governos locais, setor privado e mesmo de indivíduos. Apesar da relevância das Convenções e Tratados Internacionais na mudança de paradigma de se encarar a questão ambiental como um problema global, os principais acordos ambientais internacionais hoje estão estanques devido à resistência das grandes economias – como o Protocolo de Quioto, com a não adesão dos Estados Unidos – ou por falta de condições de financiamento dos organismos internacionais.

O Estado do Mundo 2003 destaca que, apesar da perda de biodiversidade e aumento de doenças, sinais de reversão de algumas tendências vêm do terceiro setor, de governos locais e do setor privado. Em meio a estatísticas catastróficas, como a acelerada extinção de espécies e o aumento do número de casos de doenças relacionadas a insetos vetores e a más condições sanitárias, as mudanças positivas são reconhecidas pelos autores do relatório como a "capacidade humana de responder rapidamente às ameaças sociais e ambientais sem precedentes".

Dentre as tendências positivas, o relatório destaca o elevado crescimento no uso de energias renováveis contra um pequeno aumento no consumo de combustíveis fósseis. Outro sinal positivo ressaltado é o aumento na reciclagem de alguns materiais nobres. Iniciativas de redução da miséria em comunidades de países em desenvolvimento, resultantes de novos sistemas de microfinanciamentos, ajudaram no estabelecimento de pequenos negócios de reciclagem, coleta ou substituição de práticas degradantes do meio ambiente. Ainda entre os casos de sucesso, destaca-se a redução no uso de substâncias prejudiciais ao ozônio estratosférico na redução do ritmo de crescimento do buraco da camada de ozônio sobre a Antártica.

Dentre os pontos negativos, o relatório destaca que doenças transmitidas por insetos estão proliferando com fôlego redobrado, sobretudo se associadas à pobreza e mudanças climáticas, como a malária e a dengue. As más condições sanitárias, a falta d'água potável e a contaminação dos alimentos, ar e água também resultam numa tendência negativa persistente, roubando a vida de milhares de indivíduos. A perda da biodiversidade é mais outra tendência negativa reconfirmada. Atividades humanas, desmatamentos e destruição de *habitat* nativo elevaram o ritmo de extinção de espécies muito acima do que seria considerado natural.

TERCEIRO SETOR E CIDADANIA AMBIENTAL

A resolução dos problemas e o planejamento de um futuro sustentável exigem, além de competência local, a articulação entre os diferentes segmentos da sociedade (nos planos local, regional e internacional). Assim, a evolução para um cenário de maior equidade e justiça social passa necessariamente por um processo de socialização da informação e do conhecimento.

O terceiro setor surge na década de 1990 como portador de uma nova promessa: a renovação do espaço público, o resgate da solidariedade e da cidadania, a humanização do capitalismo (cidadania empresarial), a conservação do meio ambiente e a superação da pobreza. Naquela década, houve uma transição da ação social assistencialista para uma cidadania ativa. Pode-se definir o terceiro setor como sendo o conjunto de iniciativas provenientes da sociedade, voltadas à produção de bens públicos. Tem como papel fazer frente aos problemas sociais mais prementes do país.

Representa uma mudança no papel do Estado e do Mercado e na forma de participação do cidadão na esfera pública. Rompe a dicotomia entre o público e o privado e é fruto da democratização da sociedade brasileira (maior maturidade e consciência cidadã) e do desenvolvimento da sociedade civil organizada.

O terceiro setor tem um papel cada vez mais importante na solução de problemas ambientais causados pelo governo e pelo mercado. O grande desafio é situar a ação além da boa intenção. A tese chave é que a compreensão e internalização dos conceitos fundamentais dessa temática irão contribuir para uma considerável melhora na qualidade de vida da população e do seu ambiente. Internalizar esses princípios e conceitos implica ainda mudanças significativas nos valores e nos estilos de vida das sociedades atuais. Daí a importância da educação, da informação e da conscientização pública, que, aliadas a instrumentos econômicos, jurídicos e a políticas públicas adequadas, têm a missão de alterar comportamentos e promover mudanças substantivas de valores e atitudes.

Dada a complexidade dos conflitos ambientais emergentes, como a liberação de organismos transgênicos no meio ambiente e o acesso a recursos genéticos para fins comerciais, as atividades de organizações do terceiro setor atuantes na esfera ambiental deverão ser cada vez mais pautadas no acesso à informação para a tomada de decisão, com base em evidências técnico-científicas. Nesta área existe uma necessidade enorme de consolidação de organizações *nicho-orientadas,* capazes de servirem de interface entre a comunidade científica e outras comunidades.

O foco da discussão na política ambiental vem sendo sempre o desenvolvimento de instituições nacionais e internacionais apropriadas. A justificativa para isso não poderia ser mais clara. Como aponta, com argumentação muito coerente, o relatório *Ecossistemas e bem-estar humano*, produzido por uma equipe mundial para a Avaliação de Ecossistemas do Milênio, em 2003, "atingir o desenvolvimento sustentável requer instituições efetivas e eficientes que possam prover mecanismos por meio dos quais os conceitos de liberdade, justiça, equidade, capacitação básica e paridade governem o acesso e o uso dos serviços de ecossistemas".

Historicamente, tem-se a exclusão das populações locais do processo de implantação e consolidação de unidades de conservação no país. O acesso ao conhecimento científico é importante, mas é apenas uma ferramenta a ser utilizada. É fundamental que haja uma forte participação das comunidades locais, trocando o seu conhecimento e a sua experiência com os especialistas técnicos. O envolvimento da comunidade e a melhoria de sua condição de vida são elementos fundamentais para o sucesso de um projeto que se sustente, pois existe uma relação muito forte entre a pobreza e a degradação ambiental. Assim, associado a um plano de manejo ambiental, são necessárias soluções sustentáveis do ponto de vista econômico e social com a contribuição do conhecimento local.

O senso de responsabilidade ecológica é parte de uma nova tendência que concilia teoria e prática, posicionando a cidadania ambiental como um dos pilares da sustentabilidade. No livro *Citizenship and the Environment* ("A cidadania e o ambiente"), Andrew Dobson aborda o papel das responsabilidades associadas à cidadania e traz argumentos em favor do conceito de "cidadão ecológico", enfatizando o alcance das responsabilidades cívicas na abordagem de desafios ambientais.

No Brasil, existem exemplos concretos que merecem destaque. Talvez um dos mais importantes é Mamirauá, a primeira reserva de desenvolvimento sustentável no Brasil. A Sociedade Civil Mamirauá (SCM) é uma organização não governamental sem fins lucrativos, criada em 1990, com o objetivo fundamental de captar recursos e administrar as atividades de implantação da Reserva de Desenvolvimento Sustentável Mamirauá (RDSM). O processo de implantação da Reserva contou com forte participação popular e o que era apenas um "projeto" se transformou no Instituto de Desenvolvimento Sustentável Mamirauá, destinado à conservação da biodiversidade das florestas alagadas da Amazônia por intermédio do uso sustentado e participativo de seus recursos naturais renováveis.

Outro exemplo é a implementação do programa denominado "Plantas do Nordeste", cujo slogan é "plantas nativas para o povo local". Trata-se de um exemplo muito interessante de pesquisa científica colaborativa, aliada à pesquisa de campo com comunidades locais. O programa tem produtos de pesquisa botânica como o *check-list* das Plantas do Nordeste e a Flora da Bahia, mas tem também estudos etnobotânicos com plantas da medicina popular, o projeto Farmácia Viva com um manual sobre hortas medicinais, um guia de campo de leguminosas da caatinga desenvolvido junto com as comunidades locais e um projeto de manejo sustentado da vegetação lenhosa da caatinga, com ênfase na produção de lenha para uso doméstico das comunidades nordestinas, que também está sendo desenvolvido de forma colaborativa com as comunidades locais. Esses são apenas alguns exemplos que comprovam a importância do conhecimento científico articulado com a realidade e o conhecimento local.

Outras instituições do terceiro setor estão trabalhando diretamente com a comunidade científica para auxiliar no processo de organização e disseminação da informação. A Fundação Biodiversitas, por exemplo, em parceria com o Ministério do Meio Ambiente, Ibama, Sociedade Brasileira de Zoologia, Conservation International do Brasil e Instituto Terra Brasilis foi responsável pela revisão da lista das espécies da fauna brasileira ameaçadas de extinção. A lista tem por objetivo informar e alertar a sociedade sobre a perda real ou iminente dos nossos recursos biológicos e influenciar o desenho das políticas públicas e privadas de ocupação e uso do solo, a definição e priorização de estratégias de conservação e o estabelecimento de medidas que visem reverter o quadro de ameaça às espécies.

O Centro de Referência em Informação Ambiental tem como meta e estratégia a disseminação de informação científica como ferramenta na organização da própria comunidade científica e tecnológica do país, e pretende, por meio de sua atuação, contribuir diretamente para a conservação e utilização racional da biodiversidade no Brasil. Trata-se de um centro com uma equipe altamente especializada no desenvolvimento de sistemas e ferramentas na área de informática para biodiversidade que espera, com o seu trabalho, tornar a informação científica mais útil, utilizável e acessível aos diferentes segmentos organizados da nossa sociedade.

Outra iniciativa que também merece destaque é o programa Biota/Fapesp, o Instituto Virtual da Biodiversidade, fruto da articulação da comunidade científica de São Paulo. Participam do programa mais de quinhentos pesquisadores e um número equivalente de alunos. Envolve praticamente todos os institutos de pesquisas e universidades públicas do estado, além de organizações não governamentais.

O programa tem por objetivo inventariar e caracterizar a biodiversidade do estado de São Paulo, definindo os mecanismos para sua conservação, potencial econômico e uso sustentável. Esse programa está estruturando um sistema de informação de acesso público e gratuito na Internet que poderá servir de infraestrutura para qualquer estudo ou ação prática. A meta é a consolidação da base de conhecimento da biodiversidade paulista, permitindo o acesso contínuo a dados primários de distribuição de espécies biológicas. O programa traz uma nova abordagem para pesquisa ecológica, associada à construção da infraestrutura de informação e a aplicação de métodos inovadores para análise, síntese e visualização de dados georreferenciados. Apesar de ainda estar relativamente distante das comunidades locais, acredita-se que a estruturação e manutenção de um sistema público de informação na Internet, construído pela comunidade científica em base colaborativa, tenha um efeito multiplicador significativo e passe a influenciar os processos de tomada de decisão e a elaboração de políticas públicas no Estado de São Paulo.

ACESSO À INFORMAÇÃO

Apesar dos avanços decorrentes da implementação da Convenção sobre a Diversidade Biológica e dos esforços do governo e da sociedade civil, a base de conhecimento sobre a diversidade biológica brasileira é incipiente e desagregada. As informações existentes estão dispersas e via de regra, inacessíveis. Temos uma enorme quantidade de dados em bibliotecas tradicionais (papel) ou em bases de dados digitais não integradas. Temos um volume enorme de informações associadas a amostras (espécimes) de material biológico depositadas em herbários e coleções zoológicas no país e no exterior.

Estima-se que as coleções de história natural distribuídas pelo mundo contêm mais de 2,5 bilhões de espécimes. Cada espécime representa a evidência física de ocorrência do organismo no passado, e fornece informação desde a presença histórica e geográfica, a detalhes morfológicos e ecológicos. Quando bem documentados, os registros de observações, como os gerados por levantamentos de fauna e flora e estudos de impacto ambiental, podem também representar uma valiosa fonte de dados.

Modelos centralizados e acesso controlado à informação estão perdendo espaço e relevância com o surgimento de redes distribuídas e integradas, que permitem o controle da disponibilização dos dados na fonte. Tecnicamente é possível integrar dados de uma miríade de provedores de informações, incluindo bibliotecas digitais, museus de história natural, centros de recursos biológicos, institutos de previsão meteorológica e fontes de dados socioeconômicos. A mudança de paradigma resultante dos avanços em tecnologia de informação e comunicação, associados à globalização de ciência e tecnologia, deve mudar radicalmente a forma da gestão do conhecimento ambiental nesta década.

O projeto internacional para o estabelecimento de uma Infraestrutura Global de Informação sobre Biodiversidade (Global Biodiversity Information Facility – GBIF) iniciado em 2001, conta com a adesão de 41 países e 25 organizações internacionais. Essa iniciativa tem como principal objetivo viabilizar o acesso eletrônico a dados científicos primários, permitindo o seu uso por formuladores de políticas, cientistas e público em geral. Esses dados são registros documentados de ocorrências de espécies que podem estar associados a amostras de espécimes em coleções de história natural. Esses dados, quando correlacionados com informações climáticas e geográficas, auxiliam na análise de questões científicas importantes e são fundamentais para a formulação de políticas e estratégias de conservação ambiental.

A implementação do GBIF está conduzindo à consolidação de uma rede interoperável de bases de dados e o aprimoramento de ferramentas computacionais. Desenvolvimentos de curto prazo têm como alvo a consolidação da infraestrutura de dados sobre as amostras depositadas em museus de história natural e de herbários. Os desenvolvimentos de médio prazo se concentrarão na expansão do conteúdo e na melhoria dos mecanismos de buscas e ferramentas que permitam combinar dados de fontes diversas. No longo prazo, o GBIF proverá um portal que permitirá a integração de dados moleculares, genéticos e ecológicos, com dados sobre biodiversidade e ecossistemas. Este sistema facilitará o acesso em tempo real à informação de grande valor científico e de utilidade social. Os avanços em biologia comparativa, associados à universalização do uso da Internet pela sociedade em geral, contribuirão para a consolidação de um portal eletrônico sobre a enciclopédia da vida no planeta.

O DESAFIO MAIOR

Aos moldes do que ocorre nos países desenvolvidos, o terceiro setor no Brasil deverá ter um papel de destaque no desenvolvimento de mecanismos catalisadores de participação cidadã nas questões sócioambientais, estimulando o envolvimento da sociedade na contínua revisão de políticas públicas e na exploração das oportunidades que se oferecem ao país no uso sustentado do seu patrimônio natural. É fundamental que esses mecanismos assegurem que a maioria dos brasileiros possam desfrutar dos benefícios da apropriação dos recursos naturais, através da construção e consolidação de um novo modelo de desenvolvimento econômico.

O aumento substancial da capacidade computacional está permitindo que enormes quantidades de dados de pesquisas financiadas com recursos públicos sejam compartilhados e utilizados. Os desenvolvimentos tecnológicos estão permitindo uma maior troca e integração de dados por meio de sistemas de informação, promovendo a consolidação de um novo arcabouço de colaboração internacional. Por sua vez, o intercâmbio otimizado de dados, informações e conhecimento contribuirão decisivamente para avanços em pesquisa e inovação na área ambiental. O estímulo ao acesso amplo e aberto a dados conduzirá à melhoria da qualidade e produtividade de sistemas de ciência e tecnologia da escala global.

Restrições técnicas, legais e culturais existem e devem ser superadas. Os desafios são grandes, mas as oportunidades são ainda maiores. Recentemente, na reunião "Ciência, Tecnologia e Inovação no Século XXI", organizada pela Organização para a Cooperação e Desenvolvimento Econômico (OCDE), os ministros de países-membros da organização reconheceram o valor do compartilhamento de dados de pesquisa financiados com recursos públicos. A coordenação de esforços (nacionais e internacionais), visando a ampliação do acesso a dados de pesquisas financiadas com recursos públicos, é fundamental.

Transformar a informação e o conhecimento científico em infraestrutura para a tomada de decisão e formulação de políticas públicas é um enorme desafio para a comunidade científica e para os gestores públicos. Transformar esta mesma informação em infraestrutura para a participação cidadã é um desafio ainda maior, mas, se bem-sucedido, será um instrumento fundamental capaz de influir nos processos culturais vigentes.

REFERÊNCIAS BIBLIOGRÁFICAS

CANHOS, Vanderlei. Perez. "Informática para Biodiversidade: padrões, protocolos e ferramentas". In *Ciência e Cultura*. 55(2): 45-47, 2003.

DOBSON, Andrew. *Citizenship and the Environment*. Oxford, 2004.

PEIXOTO, Ariane Luna (org.). *Coleções Biológicas de Apoio ao Inventário, Uso Sustentável e Conservação da Biodiversidade*. Rio de Janeiro: Instituto de Pesquisas Jardim Botânico do Rio de Janeiro, 2003.

SCHROEDER, Peter. "Digital Research Data as Floating Capital of the Global System". In *Promise and Practice in Data Sharing*. OECD, 2003.

ECOSYSTEMS AND HUMAN WELL-BEING: A FRAMEWORK FOR ASSESSMENT. Millenium Assessment Report, 2003

ESTADO DO MUNDO 2003. Instituto Woldwatch. (http://www.wwiuma.org.br)

FALCONER, Andrés Pablo. "A promessa do Terceiro Setor: Um estudo sobre a construção do papel das organizações sem fins lucrativos e do seu campo de gestão". Centro de Estudos em Administração do Terceiro Setor. São Paulo: Universidade de São Paulo, 1999.

RIBEIRO, Wagner da Costa (org.). *Patrimônio Ambiental Brasileiro*. São Paulo: Editora da Universidade de São Paulo/ Imprensa Oficial do Estado de São Paulo, 2003.

SEN, Amatya. *Por que é necessário preservar a coruja pintada. Folha de S.Paulo*, Caderno Mais, 14/3/2004.

REID, W. *Bridging the Science Policy Divide*. PLoS Biology. 2(2):169-171, 2004.

DIREITO AO TRABALHO: DA OBRIGAÇÃO À CONSEQUÊNCIA

Marcio Pochmann

O trabalho tem sido visto, século após século, como obrigação humana. Já na antiga Grécia, o trabalho apresentava duplo sentido: o pejorativo, por um lado considerado uma condenação à busca pela sobrevivência humana e, por outro, o sublime, identificado pela política na organização e administração da sociedade humana.

De modo geral, o trabalho com sentido pejorativo é que tem ganhado maior destaque na sociedade. Não é por acaso, também, que o termo trabalho, em latim (*tripalium*) refere-se a uma espécie de canga utilizada por animais que puxam o arado ou até mesmo a um instrumento de tortura. Com a evolução das sociedades, todavia, o homem foi libertando-se gradualmente do trabalho vinculado à obrigação pela sobrevivência. Durante as sociedades agrárias, por exemplo, o trabalho voltado ao financiamento da sobrevivência acompanhava o ser humano da criança ao envelhecimento. Para a maior parte da população, não havia sequer outra possibilidade de viver sem o trabalho de sentido pejorativo, estando, portanto, condenada ao trabalho pela necessidade da sobrevivência.

Mas, na passagem para as sociedades urbanas e industriais, surgiram as primeiras medidas emancipatórias da condição de trabalho pela sobrevivência a determinadas faixas etárias das classes trabalhadoras. A proibição do trabalho para crianças e adolescentes e ainda para idosos permitiu a pontual libertação do trabalho.

Para isso, no entanto, esforços consideráveis foram feitos para viabilizar a construção de fundos públicos direcionados ao financiamento da inatividade de crianças e adolescentes, por meio da garantia de serviços (saúde, transporte e educação públicos), bens (alimentação, saneamento e moradia) e renda (bolsa para estudo e subsídios), sempre que necessários para a elevação da escolaridade. Aos idosos coube o sistema de aposentadoria e pensão, acompanhado de serviços de cuidados especiais de saúde, lazer e convivência.

Atualmente, quando se consolida a passagem para as chamadas sociedades do conhecimento, constitui-se um erro histórico enfatizar o trabalho como uma obrigação, posto que o seu exercício deverá cada vez mais ser transformado em uma consequência das decisões pregressas. A postergação do ingresso no mercado de trabalho dos jovens e a redução do tempo de trabalho dos adultos, em combinação com a maior ênfase do ciclo educacional e formação profissional, constituem os novos desafios do trabalho não mais como obrigação.

No Brasil, que ainda permanece preso ao passado, sem ter completado a fase inicial de libertação das faixas etárias mais precoces do trabalho para a sobrevivência, vive-se uma profunda desordem no trabalho. Ao mesmo tempo, parece se insistir na afirmação de políticas ultrapassadas de rebaixamento salarial que tanto condena adolescentes e jovens ao ingresso precoce no mercado de trabalho como exige maior jornada de trabalho dos adultos.

Em função disso, torna-se interessante considerar medidas de políticas públicas que possam romper com o atraso, abrindo um novo diálogo com o futuro próximo. Após explorar brevemente alguns dos elementos desviantes do Brasil em relação ao mundo desenvolvido, busca-se, na última parte do presente texto, apresentar rapidamente a inédita e inovadora experiência paulistana de política de inclusão social de ruptura – em perspectiva – com a condenação ao trabalho. Apesar de sua breve existência temporal, os resultados já mensurados em São Paulo apontam para a possibilidade de sustentação do trabalho não mais tão somente no sentido pejorativo, conforme metas em curso nas nações mais desenvolvidas.

VIDA, TRABALHO E SOCIEDADE

O desenvolvimento humano está inexoravelmente associado ao trabalho, especialmente na sua forma ontológica, que representa a capacidade do homem transformar a si próprio e a natureza. Mas também, e principalmente, o trabalho na sua forma histórica tem sido mais visado como condição de financiamento da sobrevivência humana, nem sempre associado ao desenvolvimento humano[1].

É claro que o trabalho não representa uma condição homogênea para toda a sociedade, alternando distintas situações do seu exercício ou não exercício. Para alguns poucos segmentos populacionais, a vida nem sempre dependeu do trabalho, uma vez que a concentração da propriedade, do dinheiro e do poder permitiu viver à margem da condição do trabalho como uma obrigação comum a todos.

A combinação da evolução das bases materiais da produção com o avanço histórico das lutas sociais e políticas permitiu que o conjunto das classes trabalhadoras atingisse um padrão de vida mais civilizado, em que a regulação pública do trabalho possibilitou a redução do grau de exploração econômica. Em pleno limiar do século XXI, quando o curso de uma revolução tecnológica eleva ainda mais o potencial material da produção, o homem tem diante de si a oportunidade histórica de libertar-se mais rapidamente da dependência do trabalho para a sobrevivência, abrindo espaço cada vez maior para o trabalho de sentido ontológico. Essa oportunidade, aliás, vem sendo aproveitada, em grande medida, pelas nações desenvolvidas que dialogam com o futuro, diante da ênfase na educação para toda a vida e da postergação do ingresso de jovens no mercado de trabalho em função do compromisso pela ampliação da escolaridade e formação ocupacional[2].

TRABALHO E SOCIEDADE

Nas antigas sociedades agrárias, por exemplo, a criança de cinco a seis anos de idade já estava envolvida precocemente nas lidas domésticas e agropastoris, permanecendo comprometida com o trabalho voltado ao financiamento da sobrevivência até a proximidade da morte. Nesse contexto, a vida estava prisioneira da condição de trabalho pela sobrevivência, com a ausência de interveniência pública e sem manifestação do sentido ontológico para o trabalho. A obrigação do trabalho pela sobrevivência implicava jornada de trabalho de 112 horas semanais em praticamente quase todos os 365 dias no ano. Em síntese, a jornada anual de trabalho chegava a atingir quatro mil horas.

Durante a transição das sociedades agrárias para sociedades urbanas e industriais, surgiram as primeiras de intervenções públicas direcionadas à emancipação da criança, adolescentes, deficientes e idosos da condição de trabalho pela sobrevivência. Por intermédio da proibição do trabalho para a faixa de até 15 anos de idade tornou-se possível envolver, sobretudo aos filhos das classes trabalhadoras, com a educação e maior convivência familiar, o que resultou, em contrapartida, a postergação do ingresso no mercado de trabalho.

Simultaneamente, a regulação pública do trabalho implicou definição de jornadas máximas de trabalho semanais (48 horas, com descanso dominical), acrescida de férias e feriados. Dessa forma, a quantidade de trabalho para a sobrevivência foi gradualmente reduzida para 276 dias no ano, com jornadas anuais de trabalho em torno de duas mil horas por ano.

Tudo isso se tornou realidade na medida em que foi possível combinar o predomínio da lógica capitalista pela elevação da produtividade com as lutas sociais pela redução do tempo de trabalho, no qual as políticas públicas direcionadas à construção de fundos públicos tiveram papel fundamental[3]. Por meio das reformas tributárias e sociais foi possível, por um lado, capturar parcelas da renda dos ricos e, por outro, redistribuir os recursos públicos direcionados ao financiamento da inatividade de crianças, adolescentes, deficientes e idosos.

Também mostrou ser fundamental a universalização da oferta de serviços públicos, como transporte, lazer, esporte, saúde e escola, acompanhada do pagamento de benefícios monetários (bolsa de estudo, pensão e aposentadoria) necessário à equalização do padrão de vida anteriormente somente assegurado às classes dominantes. Assim, a condição de filho ou de avós das classes trabalhadoras permitiu ascender ao estágio do financiamento público da inatividade, o que possibilitou a emancipação temporária do perverso funcionamento do mercado de trabalho.

Neste início do século XXI consolida-se uma nova transição das sociedades industriais para as sociedades do conhecimento, capaz de impulsionar maior possibilidade de liberação do homem da obrigação do trabalho pela sobrevivência. De um lado, ganha cada vez maior presença a possibilidade efetiva de jornadas semanais de trabalho de 25 horas no período anual de 200 dias, ou seja, cerca de mil horas de trabalho ao ano[4].

De outro lado, torna-se mais efetiva a postergação do ingresso dos jovens no mercado de trabalho. Atualmente, constata-se que a presença de pessoas de 15 a 24 anos de idade no mercado de trabalho é residual, representando tão somente um a cada dez jovens ativos para o trabalho nos países desenvolvidos.

Assim, parcela significativa dos jovens persegue o ciclo educacional mais longo, buscando preparar-se mais para ocupar as melhores oportunidades de trabalho e renda na sociedade do conhecimento. Os filhos dos estratos mais ricos da população já optam pelo ingresso no mercado de trabalho após terem concluído o ensino universitário, quando não a pós-graduação, uma vez que dispõem de condições próprias para financiar a inatividade por mais tempo.

A universalização do tempo da inatividade requer o fortalecimento das políticas públicas, com ampliação dos fundos públicos direcionados ao financiamento de condições adequadas aos jovens poderem elevar a escolaridade e a formação ocupacional. Tudo isso, é claro, contemporâneo às exigências de uma nova sociedade em que o conhecimento se torna cada vez mais o elemento decisivo na trajetória ocupacional que permite reduzir drasticamente o trabalho pela sobrevivência.

Nesse sentido, o trabalho torna-se uma consequência resultante da trajetória pregressa da educação e formação ocupacional. O que não significa dizer que a educação e a formação profissional são os determinantes do nível ocupacional de um país, mas as possibilidades de romper com o sentido do trabalho como condenação.

VIDA E TRABALHO

No século XX, a esperança de vida ao nascer aumentou consideravelmente. Em cem anos, a expectativa média do brasileiro simplesmente dobrou, passando de 33,4 anos para 63,5 anos, para o homem, e de 34,6 anos para 70,9 anos, no caso da mulher.

Para as próximas três décadas é bem provável que a expectativa média de vida do brasileiro alcance a casa dos oitenta anos de idade, igualando-se ao que hoje já é realidade na maioria dos países desenvolvidos. No Japão, França, Austrália, entre outros países com esperança de vida ao nascer superior atualmente aos oitenta anos, torna-se possível superar a barreira dos 110 anos nas próximas décadas.

Ao se combinar a ampliação da expectativa média de vida com a redução do tempo de trabalho, conforme tratado anteriormente, nota-se uma menor relação da vida com o trabalho para sobrevivência. Nas sociedades agrárias, viver era fundamentalmente trabalhar pela sobrevivência, uma vez que a carga de trabalho consumia quase 70% de todo o tempo da vida humana.

Nas sociedades industriais, com toda a regulação do tempo de trabalho, acompanhada da elevação da expectativa média de vida, o trabalho passou a comprometer não mais do que 45% do tempo de vida humana[5]. Nesses termos, não parece absurdo acreditar que a transição para a sociedade pós-industrial permitirá tanto a expansão ainda maior da expectativa média de vida como a redução do tempo de trabalho para a sobrevivência, equivalendo a cerca de 20% de todo o tempo de vida humana.

Todavia, a perda de importância relativa do trabalho pela sobrevivência em relação ao tempo total de vida não significou, necessariamente, a ampliação do tempo livre, gasto autonomamente pelas classes trabalhadoras. Ao contrário, a urbanização das atividades econômicas e o aumento das distâncias entre a moradia e o local de trabalho fizeram com que o tempo livre se tornasse prisioneiro do tempo de não trabalho, comprometido indiretamente com o exercício burocrático do atendimento da sobrevivência própria e da família. Ou seja, o tempo gasto e não pago no deslocamento de casa ao trabalho e vice-versa, na realização das compras de bens e serviços para a sobrevivência, no pagamento de contas, entre outras atividades que não representam tempo livre, a ser gasto autonomamente.

A despeito disso, houve drásticas alterações na composição do tempo de vida, apontando para distintas possibilidades de exercício do trabalho e do não trabalho. A educação e as atividades de cidadania e comunitárias apresentam-se como oportunidades de regulação pública fundamental nesses novos tempos em que a carga de trabalho pela vida pode ser diminuída significativamente[6].

TRABALHO E EDUCAÇÃO

A natureza das transformações no modo de produção capitalista a partir do final do século XX influencia decisivamente o papel que a educação e a formação profissional possuem na inserção e trajetória ocupacional ao longo da vida útil das pessoas. No âmbito da sociedade do conhecimento, a transição do sistema educacional para o mundo do trabalho e o processo de educação para toda a vida passam a assumir grande relevância na geração de novas oportunidades de trabalho, não mais como uma obrigação e sim como consequência direta de decisões tomadas previamente.

Isso porque, na sociedade do conhecimento, a preparação para o trabalho tende a ser cada vez mais decisiva, tendo a educação e a formação papel central na vida humana. Assim, o tempo de formação para o ingresso no mercado de trabalho necessita ser ampliado, enquanto a educação e a formação ocupacional transformam-se em algo continuado ao longo da vida útil das classes trabalhadoras.

Durante a passagem para as sociedades pós-industriais, a educação geral e a formação continuada buscam alcançar a transdisciplinariedade do conhecimento, possibilitando a contínua transferência tecnológica, numa sincronia direta entre o sistema educacional e o mundo do trabalho. O resgate do sistema educacional e da formação ocupacional rompe com a concepção tradicional de estar concentrada e restrita tão somente na fase etária mais precoce.

Assim como o conjunto dos direitos sociais resultaram de efetiva identidade com a evolução do desenvolvimento das bases materiais das atividades produtivas e do estágio de lutas políticas[7], todo o processo educacional dos dias de hoje necessita ser drasticamente modificado. Nesses termos, a educação geral exige maior tempo tanto na fase precoce da vida como ao longo da maturidade humana, uma vez que a aprendizagem teórica e prática torna-se contínua, potencializando as oportunidades de exercício do conhecimento a partir da redução do tempo de trabalho para a sobrevivência.

DESORDEM DO TRABALHO NO BRASIL

O trabalho valorizado não é algo difundido no Brasil. De passado colonial e sustentado pela escravidão, o trabalho serve de obrigação para a sobrevivência para a maior parte da população. Poucas famílias desfrutam do trabalho como consequência de sua posição de poder e riqueza. Somente com a industrialização nacional, a partir da Revolução de 30, que o Brasil começou – sem terminar ainda – o caminho da valorização do trabalho, coibindo o ingresso precoce no mercado de trabalho de crianças e adolescentes e facilitando a inatividade de idosos por meio da aposentadoria e da pensão a deficientes e dispensados do trabalho.

Esse movimento de estruturação do trabalho valorizado vem sendo frustrado desde o último governo militar, no início da década de 1980, quando o país abandonou seu projeto de industrialização. Com o avanço do ciclo de financeirização da riqueza a partir de então, a política social e econômica ficou aprisionada pelo interesse de não mais do que 15 mil famílias ricas[8].

A desordem do trabalho tomou conta do país. Conquistas históricas em termos de proteção e valorização do trabalho forma esterilizadas, o que tem condenado crescentes parcelas da população ao trabalho como obrigação pela sobrevivência.

CRISE DE PROJETO DE DESENVOLVIMENTO

O Brasil vive uma profunda crise de projetos de desenvolvimento. Embora tenha sido capaz de historicamente aproveitar relativamente bem as poucas brechas que teve para avançar suas bases materiais, o país demonstrou nas duas últimas décadas enorme incapacidade de desfazer-se do câncer da financeirização da riqueza que asfixia a produção e o trabalho desde a década de 1980.

Durante a Grande Depressão Econômica do último terço do século XIX (1870 – 1890), o Brasil aproveitou uma oportunidade singular para constituir as principais bases fundantes do ciclo de rápida expansão da economia cafeeira. Para isso teve de romper com o trabalho escravo, em 1888, ao mesmo tempo em que implantou o regime político republicano (1889). Como consequência, o ritmo de expansão da economia brasileira entre 1890 e 1920 foi 8% superior ao da economia norte-americana.

Em outra brecha histórica, como na Depressão Econômica de 1929, novamente o Brasil foi capaz de recompor seu projeto de desenvolvimento, interrompendo o antigo modelo econômico agrário-exportador. Diversos países se mostraram incapazes de superar os laços com o passado, amargando situações de estagnação produtiva.

Mas o Brasil, ao consagrar o caminho da industrialização, abandonou a condição de uma grande fazenda produtora de bens primários para se transformar, em apenas cinco décadas, na oitava economia industrial do mundo. Foi entre 1930 e 1980, a economia que mais cresceu no planeta.

Todavia, desde a década de 1970, quando uma nova depressão atingiu a economia internacional, o país passou a desperdiçar oportunidades históricas. Por força disso, vem registrando, desde 1981, ritmo de expansão da produção econômica abaixo de 2% como média anual: inferior à expansão da População Economicamente Ativa. Outros países demonstraram capacidade suficiente para ingressar em uma nova onda de crescimento econômico, como Botswana (7,5%), China (7,3%), Coreia do Sul (7,3%), Singapura (7,0%), Tailândia (5,9%), Índia (5,6%), Irlanda (5,5%), Paquistão (5,1%), Uganda (4,9%), Indonésia (4,5%) e Chile (4,4%).

Na ausência de um projeto de desenvolvimento nacional, o ciclo da financeirização da riqueza saiu fortalecido, tendo como principal sustentáculo do seu financiamento e legitimação política o próprio Estado. Os indicadores da exclusão social são potencializados diante do crescente desemprego, da pobreza e da desigualdade social.

CONCENTRAÇÃO INTENSIFICADA DA RENDA

Diante do aprofundamento do ciclo de financeirização da riqueza, a lógica de contínua transferência da renda dos pobres para os ricos ganhou maior dimensão. A sustentabilidade das operações financeiras encontra-se associada à concentração da renda gerada, seja da transferência do setor produtivo, especialmente da renda do trabalho, seja da compressão do gasto social para sustentar o superávit primário nas contas públicas.

Durante a década de 1990, por exemplo, o rendimento do trabalho perdeu nove pontos percentuais de sua participação relativa no total da renda nacional, enquanto a carga tributária bruta foi elevada simultaneamente em dez pontos percentuais. Esse acréscimo na participação do Estado no total do excedente econômico resultou fundamentalmente do esvaziamento da renda das classes trabalhadoras, não resultando em maior alocação no gasto social, mas no atendimento dos serviços do endividamento público. Em 2003, por exemplo, quase 10% do Produto Interno Bruto foram transferidos para o pagamento de juros no mercado financeiro. Enquanto a renda do trabalho representava 50% de toda a renda nacional em 1980, atualmente mal alcançou, em 2002, apenas 36%.

Não há como negar que o achatamento da renda do trabalho vincula-se diretamente à exigência de mais trabalho para a sobrevivência. De um lado, são crianças, adolescentes e jovens ingressando mais cedo no mercado de trabalho e, de outro, são deficientes, doentes e idosos preocupados em não abandonarem o mercado de trabalho, contribuindo ainda mais para o desemprego de muitos e a subocupação de parcela crescente dos adultos ativos.

MÁ DISTRIBUIÇÃO DO TEMPO DE TRABALHO

A quantidade de trabalho necessária para a sobrevivência no Brasil distribui-se muito desigualmente. Em uma ponta tem crescido significativamente a quantidade de pessoas com jornada zero de trabalho, uma vez que o desemprego passou de 1,8 milhão de trabalhadores desocupados, em 1989, para oito milhões, em 2002.

Em outra ponta, aumentou substancialmente a quantidade de trabalhadores com jornada acima da oficial. Em 2002, por exemplo, 31 milhões de brasileiros estavam ocupados com jornadas semanais acima de 44 horas. O avanço das horas extras no Brasil representa o desperdício de sete milhões de postos de trabalho.

Também tem contribuído para à má distribuição do tempo de trabalho a presença precoce de crianças, adolescentes e jovens no mercado de trabalho. Atualmente são quase cinco milhões a mais de pessoas no mercado de trabalho, buscando alguma remuneração para compensar o rebaixamento salarial das famílias. No mesmo sentido, impressiona constatar que 3,2 milhões de brasileiros possuem duplo ou triplo trabalho, enquanto quase seis milhões de aposentados e pensionistas não abandonam o mercado de trabalho.

Esse excesso de brasileiros dispersos desigualmente ao longo de uma distribuição concentrada do tempo de trabalho para a sobrevivência compromete as oportunidades de o trabalho deixar de ser uma obrigação. Para que o trabalho assuma a condição de consequência, como na perspectiva da sociedade do conhecimento, torna-se fundamental o redesenho do projeto de desenvolvimento nacional, simultaneamente com a renovação do conjunto das políticas públicas sociais e trabalhistas.

SAÍDA NACIONAL, ESPAÇO LOCAL

As oportunidades de o Brasil constituir um novo projeto de desenvolvimento dependem de uma decisão nacional, com a construção de mecanismos de gestões públicas necessários à fundamentação do trabalho não mais como obrigação e sim como consequência do curso das opções realizadas no plano local. A abordagem tradicional da política pública no país enfatiza a proteção de parcela do trabalho assalariado formal, orientando o gasto público para ações, em geral, de naturezas clientelistas e paternalistas, responsáveis pela condenação da população pauperizada ao trabalho como obrigação pela sobrevivência. Diferentemente disso, a implantação da estratégia paulistana de inclusão social fundamentou-se em uma concepção inédita e em ações inovadoras desde 2001.

Ao promover um verdadeiro choque redistributivo, capaz de oferecer à população mais pobre a oportunidade de, temporariamente, libertar-se da condição de prisioneiro do curtíssimo prazo pela sobrevivência, abriu a possibilidade para a emancipação social, política e econômica. Nesses termos, ainda que restrita ao plano local, encontra-se em curso um conjunto de experiências que apontam na perspectiva do trabalho como consequência, que se distancia muito da visão ultrapassada de trabalho como obrigação (condenação ao trabalho pela sobrevivência).

A cidade de São Paulo possuía em 2000, por exemplo, quase um milhão de desempregados e 589 mil famílias que viviam abaixo da linha de pobreza extrema. Desse total, 330 mil famílias, mais de 2/3 do total da população pobre e desempregada, têm sido beneficiadas, direta e indiretamente, pelo conjunto da estratégia paulistana de inclusão social.

Por representar uma das mais completas e amplas ações de políticas públicas sociais e trabalhistas articuladas e integradas em marcha no país, envolvendo uma quantia acumulada próxima de um trilhão de reais, a estratégia paulistana de inclusão social destoa da maior parte das experiências adotadas no Brasil. O conjunto dessa estratégia encontra-se dividido em nove programas sociais que se articulam e integram-se entre si em torno de três eixos-chave: (a) a redistribuição de renda; (b) a emancipação social, política e econômica; e (c) o apoio ao desenvolvimento local[9].

CHOQUE DISTRIBUTIVO

O choque redistributivo entre as famílias de pobreza extrema representa uma potente porta de entrada da estratégia paulistana de inclusão social. Por intermédio de quatro programas de transferência de renda procura-se atender a distintas condições de pobreza, tendo segmentos etários específicos tratamentos diferenciados. Dessa forma, a população mais excluída, que se encontra prisioneira da estratégia de sobrevivência de curto prazo, é preferencialmente a mais beneficiada. Sem a complementação da renda, esse segmento social dificilmente teria condição de abandonar a já consolidada obrigação do trabalho pela sobrevivência, que compromete a maior parte do tempo de vida.

Ao garantir temporariamente a complementação de renda assegura-se o ingresso do segmento mais excluído da população na estratégia de emancipação social, política e econômica. No caso das famílias de baixa renda, com dependentes de zero a 15 anos de idade, há o programa Renda Familiar Mínima, enquanto para jovens de baixa renda e desempregados, com idade entre 16 e 29 anos, existe o programa Bolsa Trabalho. Esses dois programas estão vinculados diretamente à educação, na medida em que garantem temporariamente a transferência de renda associados à ampliação da escolaridade e ao envolvimento com atividades comunitárias, o que resulta na postergação possível do ingresso no mercado de trabalho e na melhor preparação para o trabalho como consequência.

O programa Bolsa Trabalho ainda se propõe a atender jovens de baixa renda e com maior escolaridade, por intermédio de cursos pré-vestibulares gratuitos (Bolsa Trabalho Cursinho), integrado ao processo de disponibilização de bolsas de estudos em universidades privadas (contrapartida à redução do imposto municipal sobre serviços – ISS) e em universidades públicas (Bolsa Empreendedor, para projetos de pesquisa selecionados a partir do Fórum das Universidades). Outra possibilidade do programa Bolsa Trabalho é a formação no local de trabalho, seja na fase de conclusão dos ensinos médio ou universitário (Bolsa Trabalho estágio), seja na condição de recém-formado (Bolsa Trabalho Emprego).

Para as faixas etárias acima de vinte anos existem os programas de garantia de renda associada à reinserção no mercado de trabalho com alternativas de geração de trabalho e renda. Destacam-se o programa Operação Trabalho, que se direciona aos desempregados de longa duração e de baixa renda na faixa etária de 21 e 39 anos de idade, e o programa Começar de Novo, que se destina aos desempregados de baixa renda com quarenta anos e mais de idade. Ambos visam combinar a complementação temporária de renda com a formação para a geração de trabalho e renda assalariada, autônoma, empreendedora e em atividades comunitárias.

No caso do desemprego de longa duração, deve-se considerar que o programa Operação Trabalho distingue-se por oferecer benefício de renda para quem participa de atividades de formação teórica e aprendizagem prática, assim como oferece o pagamento de vale-transporte associado à qualificação para a procura por trabalho. Também deve ser ressaltado que o programa Começar de Novo também se destaca na garantia de formação no local de trabalho para recém-contratados com quarenta anos e mais de idade, bem como financia tanto o pagamento de gastos com transportes na procura por trabalho como a formação no local de trabalho (Começar de Novo Emprego).

EDUCAÇÃO E CIDADANIA

A partir da garantia de renda e de uma capacitação em atividades comunitárias, busca-se valorizar o protagonismo, o pertencimento e o empoderamento social dos segmentos pauperizados da população. Ao mesmo tempo, o esforço do poder público municipal direciona-se também ao oferecimento de condições próximas das verificadas somente nas classes de renda média e alta, que podem financiar a formação de seus filhos por mais tempo, permitindo que ingressem no mercado de trabalho suficientemente preparados para ocuparem as melhores vagas disponíveis.

Dessa forma, todo o beneficiário que ingressa simultaneamente no segundo eixo programático da estratégia de inclusão social, cujo objetivo é alcançar a emancipação social, política e econômica, depende fortemente da educação e da cidadania. Assim, para famílias do programa renda mínima busca-se difundir conhecimentos básicos (alfabetização, economia doméstica e orçamentária, saúde e higiene, entre outros), enquanto para os beneficiários dos demais programas redistributivos existe a possibilidade da escolha de formação específica, após a passagem pelo módulo básico de dois meses de conhecimento geral (ética, cidadania e cultura política e econômica).

Os módulos específicos compreendem o período de quatro a dez meses, possíveis nas áreas de aprendizagem em empreendedorismo coletivo e individual (programa Oportunidade Solidária), em capacitação profissional para o trabalho assalariado ou autônomo (programa Capacitação Ocupacional e de Aprendizagem em Atividades de Utilidade Coletiva) e em atividades comunitárias (agentes comunitários de lazer, de meio ambiente, de transporte, entre outros). No caso dos beneficiários que precisam de apoio financeiro para montagem do negócio, compra de equipamentos, vestimenta, entre outros, existe a Central de Crédito Popular São Paulo Confia, cujo papel é o de conceder empréstimos a partir de taxa de juros compatíveis com a capacidade de pagamento do tomador.

HORIZONTE DA EMANCIPAÇÃO

Na perspectiva da estratégia de inclusão social que é a de oferecer uma porta de saída, capaz de viabilizar a emancipação social, política e econômica da população excluída, ganham importância os programas de apoio ao desenvolvimento local, especialmente nas regiões em que se encontram os beneficiários dos programas redistributivos. O objetivo é procurar transformar os locais de moradia e de possível exercício de trabalho, diante da possibilidade da reorganização geográfica das atividades produtivas e de novas formas de reinserção no mercado de trabalho. Ao mesmo tempo, também faz parte o apoio à reestruturação empresarial, com forte ênfase no desenvolvimento das cadeias produtivas intensivas de mão de obra e geradoras de negócios, capazes de absorverem maior parcela de beneficiários dos programas sociais e trabalhistas de redistribuição de renda e de educação e cidadania.

De um lado, o programa São Paulo Inclui possui uma rede de intermediação de trabalho e de negócios que se originaram a partir da passagem dos beneficiários pelos programas redistributivos e emancipatórios. A articulação com o setor produtivo é fundamental, além da operacionalização de uma rede de disponibilização de vagas para que possam ser encaminhados os beneficiários capacitados para uma atividade empreendedora, assalariada, autônoma e comunitária.

De outro lado, o programa Desenvolvimento Local trata de articular e integrar o conjunto de atores relevantes da cidade com os beneficiários da estratégia paulistana de inclusão social. Por intermédio dos Fóruns de Desenvolvimento Setorial busca-se envolver, na forma tripartite, atores empresariais, trabalhadores e universidades para ampliação de setores produtivos como têxtil, móveis, cargas, entre outros. Com a capacitação ocupacional técnica e gerencial dos negócios, elevam-se os padrões de competitividade e incorporam-se novas tecnologias, estimulando a contratação de beneficiários dos programas sociais.

Da mesma forma, os Fóruns de Desenvolvimento Local preocupam-se com o envolvimento da sociedade civil organizada nas mais distintas regiões geográficas da cidade, valorizando o empoderamento dos segmentos excluídos em torno da constituição de uma agenda popular de desenvolvimento local. A partir disso, a Prefeitura Municipal passa a incorporar na agenda governamental, a gestão das propostas definidas especialmente pelos fóruns locais.

ALGUNS RESULTADOS

Em função da larga cobertura e de toda sua complexidade referente à estratégia de inclusão social, que entre 2001 e 2003 atingiu quase 15% da população paulistana, houve sempre uma forte ênfase na gestão da informação, monitoramento e avaliação. Tudo se iniciou com a realização de um Atlas da exclusão social que compreendeu os 96 distritos administrativos da cidade de São Paulo, capaz de estabelecer a hierarquia de implementação dos programa sociais.

Também o estabelecimento de um cadastramento único e de multiuso desde abril de 2001 possibilitou a construção de um banco de dados suficiente para integrar os programas de garantia de renda do município de São Paulo, do Estado de São Paulo (Renda Cidadã) e do governo federal (antigos bolsa escola, bolsa alimentação, cartão alimentação, agente jovem, entre outros). Da mesma forma foi possível integrar o conjunto de ações municipais de atendimento de saúde (dependência química), de educação (baixa escolaridade), transporte (serviços a clientes), assistência (população de risco, morador de rua), habitação (moradia), entre outras.

Além de viabilizar a queda no chamado custo meio atinente à aplicação dos programas sociais para menos de 8% do total dos recursos aplicados (no Brasil, em média o custo meio representa entre 1/3 e 50%), houve a centralização das ações de inclusão social no espaço territorial. Em função disso, a adoção de metodologia compatível foi possível monitorar e avaliar sistematicamente a efetividade, eficiência e eficácia das metas sociais.

Partiu-se da hipótese de que o dinheiro bem gasto operacionalmente pelo governo incentiva a geração de renda maior do que a quantidade inicialmente investida. Isso porque o gasto público estimula a demanda de parte do setor privado e o consumo dos trabalhadores, alimentando o ciclo da produção e, por consequência, o nível de ocupação e renda.

Nesse sentido, constata-se que parcela importante do gasto público termina retornando ao governo por meio da arrecadação tributária, já que a maior geração de renda amplia a base fiscal. Assim, os programas redistributivos, ao estimularem a emancipação social, política e econômica da população-alvo, produzem retorno dos investimentos realizados.

As áreas mais atingidas direta e indiretamente pelo conjunto da estratégia de inclusão social na cidade de São Paulo foram a assistência, a saúde, a segurança pública e a educação. Nota-se que a garantia de renda em valor considerável para um conjunto expressivo da população excluída resulta em efeitos diretos e indiretos nas áreas de hospitais e medicamentos, especialmente nas doenças vinculadas à subnutrição, da educação, sobretudo com a diminuição da repetência e evasão escolar e da segurança pública, com a queda na taxa de mortes violentas, entre outras. Em síntese, percebe-se a presença de importantes retornos em termos da contenção de gastos e da elevação na receita pública ante à ação preventiva decorre da estratégia de inclusão social verificada na cidade de São Paulo[10].

Conforme pesquisa realizada em 2002, foi possível constatar que, do total de recursos aplicados pelo conjunto da estratégia de inclusão social, cerca de 20% retornam ao governo municipal. Uma parte ocorre na forma de arrecadação adicional promovida pelo incentivo do choque redistributivo que repercute nas atividades econômicas locais, e outra, via redução relativa dos gastos nas áreas da saúde, educação, trabalho, segurança e assistência.

Tudo isso sem contabilizar ainda que um jovem beneficiado pelo programa bolsa-trabalho termina sendo receptor de uma garantia de quase 180 reais mensais acrescida de aprendizagem teórica e prática em atividades comunitária e solidária, o que favorece seu protagonismo e pertencimento na localidade em que vive. O contrário disso, com consequências não apenas de custos maiores, transcorre pela forma que opera a Febem, com despesa média de quase 1,4 mil reais mensais, somente em atividades de repreensão à violência e sem alternativa à vista de inclusão social.

Também pode-se ressaltar que o padrão de gestão pública perseguido pela estratégia de inclusão social para as famílias de baixa renda, que associa garantia temporária de renda com a elevação da escolaridade e ao exercício da aprendizagem teórica e prática em atividades comunitárias e solidárias, valoriza a cidadania, o protagonismo e o pertencimento. Nesses termos, foi possível constatar, por exemplo, a queda na taxa de homicídio da cidade de São Paulo, sobretudo no conjunto dos distritos administrativos atendidos por maior tempo pelos programas sociais e trabalhistas[11]. Cabe ressaltar também os efeitos financeiros advindos dos programas emancipatórios e de apoio ao desenvolvimento local. Como se sabe, dentro da estratégia paulistana de inclusão social há a perspectiva da emancipação econômica, política e social da população beneficiada.

Toda vez que alguém que passou pelos programas redistributivos terminou conseguindo viabilizar uma atividade de geração de trabalho e renda, resultou em uma economia de recursos considerável para o poder público municipal. Assim, considerando-se os resultados da capacitação efetuada pela incubação de empreendimentos autogestionários e nas atividades assalariadas e autônomas, bem como pelo conjunto de microcréditos realizado pelo Central de Crédito São Paulo Confia (Banco do Povo da Cidade de São Paulo) e pelas ações de desenvolvimento local, foi possível aliviar o peso do desemprego e da queda no nível de rendimento dos ocupados.

De acordo com metodologias tradicionalmente utilizadas foi possível medir a interferência das políticas públicas, especialmente no que diz respeito à garantia de renda, capacitação ocupacional e apoio ao desenvolvimento local. Apesar do ambiente macroeconômico desfavorável à ocupação e aos rendimentos reais dos ocupados, foi possível constatar também, a partir da aplicação da estratégia de inclusão social da Prefeitura de São Paulo, efeitos importantes sobre o desemprego e o poder de compra dos salários[12].

Conforme pesquisa realizada pela SDTS, observa-se que o desemprego foi 8,5% inferior ao que seria sem a aplicação dos nove programas sociais. Da mesma forma, constata-se que o rendimento dos ocupados seria, em média, 5% inferior ao efetivamente registrado sem a presença da estratégia de inclusão social. Ao mesmo tempo, verificou-se uma queda tanto na evasão escolar e na reprovação, com simultânea elevação na taxa de aprovação escolar. Isso foi mais intenso em regiões atendidas pelos programas sociais, conforme dados primários da Secretaria Municipal de Educação[13].

Por fim, constatou-se uma maior percepção a respeito do exercício da cidadania de parte da população beneficada, considerando-se o comprometimento da estratégia de inclusão social com a emancipação social, política e econômica da população-alvo. Dessa forma, caminhou-se na conformação de uma etapa fundamental no processo de construção dos direitos compartilhados, representando uma conquista democrática importante em que os pobres deixam de ser mera massa de manobra do velho clientelismo e assistencialismo eleitoral para transformar-se em atores de novas trajetórias de cidadania[14].

De acordo com pesquisa realizada com agentes econômicos locais foi observado o efeito dos programas sociais, especialmente os redistributivos, no estímulo aos micros e pequenos empreendimentos. Também os programas de capacitação, de microcrédito e de reorganização social e local, por meio dos fóruns de desenvolvimento, tiveram ênfase na promoção de atividades de geração de trabalho e renda.

OPORTUNIDADE HISTÓRICA

Por muito tempo no Brasil, a população excluída tem sido recorrentemente usada como uma espécie de massa de manobra pelas elites dirigentes, não interessando, portanto, a adoção de políticas públicas capazes de romper com o circuito da dependência, do clientelismo e do paternalismo político. A estratégia de inclusão social do município de São Paulo partiu do pressuposto de que sem a emancipação política, social e econômica da população excluída, todo o avanço seria contido, sobretudo quando é perseguida, no plano local, a perspectiva do trabalho como consequência de decisões públicas e privadas pretéritas.

Por isso, interessou apresentar brevemente a estratégia paulistana de inclusão social, especialmente no que diz respeito aos impactos constatados na população-alvo. A autonomia dos beneficiados para manifestar-se, assim como a inclusão nos fóruns de desenvolvimento local, era um desafio a ser enfrentado, com vistas a alcançar a condição de emancipação social, política e econômica.

O muito que foi feito até o momento parece ser enobrecedor, entretanto, somente sua continuidade e extensão nos planos estadual e federal poderão consistir em uma etapa superior em termos de enfrentamento do processo de exclusão social, que tem como concepção a busca do trabalho como consequência. É nesse sentido que o trabalho pode passar a ser menos uma obrigação a que praticamente toda a população pauperizada está condenada, para transformar-se em uma consequência de um novo projeto de desenvolvimento nacional, bem como de um novo padrão de política pública compromissada com a emancipação social, política e econômica.

Em pleno limiar da sociedade do conhecimento, o Brasil tem diante de si uma oportunidade histórica singular para avançar na conformação de uma nação justa, democrática e menos desigual. O abandono da concepção conservadora e ultrapassada do trabalho como obrigação pela sobrevivência constitui parte fundamental de uma nova realidade que a transição para a sociedade pós-industrial permite atingir. A estratégia paulistana de inclusão social ousa comprometer, com responsabilidade, com uma nova perspectiva do trabalho como consequência, em que o poder público tem papel predominante.

NOTAS

1 Sobre os sentidos do trabalho ver:
ARENDT, Hannah. *A condição humana.* 7ª ed. Rio de Janeiro: Forense, 1995;
MARX, Karl. *O capital. Livro primeiro*, vol. I, Cap. I. São Paulo: Difel, 1984;
ANTUNES, Ricardo. *Os sentidos do trabalho.* São Paulo: Boitempo, 1999;
BOISSONNAT, Jean. *Horizontes do trabalho e do emprego.* São Paulo: ltr, , 1998.

2 A respeito disso, ver:
SANTOS, Boaventura de Souza. *A crítica à razão indolente.* São Paulo: Cortez, 2000;
DUSSEL, Enrique. *Ética da libertação.* Petrópolis, Vozes, 2000;
DUSSEL, Enrique. *Filosofia da libertação.* São Paulo: Paulus, 1995.

3 Sobre a lógica capitalista, lutas sociais pela redução do tempo de trabalho e direitos sociais ver:
DAL ROSS, S. "A teoria do tempo do trabalho".
In Revista *Sociedade e Estado.* vol. XI, núm. 2 (jul-dez, 295-320), Rio de Janeiro: Relume-Numará, 1996;
santos, Boaventura de Souza. op cit, 2000

4 Apenas para conhecimento, a Holanda possui jornada média anual inferior a 1.400 horas, enquanto no Brasil chega próximo de 2,1 mil horas ano.

5 Sobre a construção dos tempos do trabalho das sociedades tradicionais para as sociedades capitalistas ver:
MARX, Karl. *O Capital.* vol. I. São Paulo: Abril, 1982;
WEBER, Max. *Ética protestante e o espírito do capitalismo.* São Paulo: Pioneira, 2001;
THOMPSON, *Edward Palmer. Costumes em comum.* São Paulo. Cia. das Letras, 1998.

6 Var mais em:
GORZ, André. *Métamorphoses du travail.* Paris: Galilée, 1988;
OFFE, Klaus. *Trabalho e sociedade.* Rio de Janeiro: Tempos Brasileiros, 1989.

7 Sobre as condições de avanço dos direitos sociais ver:
PINSKY, Jaime & PINSKY, Carla. *História da cidadania.* São Paulo: Contexto, 2003;
POCHMANN, Márcio. *Políticas do trabalho e de garantia de renda no capitalismo em mudança.* São Paulo: LTr, 1995.

8 Ver mais em:
AMORIM, Ricardo & POCHMANN, Márcio. *Atlas da exclusão social.* São Paulo: Cortez, 2003;
CAMPOS, André et alii. *Os ricos no Brasil.* São Paulo: Cortez, 2004.

9 Para maiores detalhes ver:
POCHMANN, Márcio. *Outra cidade é possível.* São Paulo: Cortez, 2003 e *Desenvolvimento, Trabalho e Solidariedade.* São Paulo: Cortez, 2002.

10 Ver mais em:
OLIVEIRA, Carlos Alonso. 2004. *Políticas de combate à pobreza no município de São Paulo.* Brasília: UNDP, 2004.

11 Entre 2001 e 2003, no conjunto dos distritos administrativos atingidos pela estratégia de inclusão social, a taxa de homicídio por cem mil habitantes caiu 21,8%, enquanto nas demais a redução foi de 10,8%.

12 Três são os impactos identificados no funcionamento do mercado de trabalho, a partir da implementação dos programas sociais. Inicialmente, o efeito inatividade que decorre tanto da absorção de maior renda pelas famílias como da diminuição da pressão da chamada mão de obra secundária no mercado de trabalho (crianças, jovens, mulher com dependentes pequenos, pessoas de mais idade, entre outras). Assim, a taxa de inatividade (relação entre a população inativa e a população em idade ativa), tende a ser maior para determinadas faixas etárias quanto maior for o acréscimo na renda familiar. Em segundo lugar, o efeito rendimento que resulta da menor pressão na concorrência entre os trabalhadores para os mesmos postos de trabalho existentes. Diante da permanência de um mesmo nível de ocupação e de custo de vida, a presença de programas adequados de garantia de renda pôde evitar a queda do rendimento médio real e, por consequência, amenizar a concorrência entre os trabalhadores ocupados e desempregados. Nessa circunstância, sem a presença de programas de garantia de renda, tenderia a haver maior quantidade de pessoas ingressando no mercado de trabalho e diante do mesmo nível de ocupação, a concorrência aumentaria mais, depreciando o rendimento médio real dos ocupados. Em terceiro lugar, pode-se

constatar o efeito ocupação gerado pela ampliação da renda e, por consequência, do consumo, quando na presença de programas adequados de garantia de renda. Nesse sentido, o impulso ao consumo adicional, especialmente nas camadas mais pobres da população, que possuem menos propensão à poupança, ajuda a ampliar o nível de produção e em contrapartida, o volume de ocupados.

13 No período de 2001 e 2003, a taxa de evasão cai quase 50% nos distritos administrativos atendidos pelos programas sociais da PMSP.

14 Para uma discussão mais detalhada e profunda a respeito da concepção de direitos entre a população atingida pelos programas sociais no município de São Paulo ver:
CAMPOS, *A. Pobreza e direitos na cidade de São Paulo: a experiência da Secretaria do Desenvolvimento, Trabalho e Solidariedade*. São Paulo: FFLCH/USP, 2004. (Tese de Doutorado)

PRÁTICAS CIDADÃS PARA UMA NOVA CIDADE

Cândido Malta

Em um texto hoje considerado clássico, *A metrópole e a vida mental*, o cientista social alemão Georg Simmel mostrou que, nas grandes cidades, a saturação de estímulos sensoriais gera em nós uma espécie de carapaça protetora. Um mecanismo de defesa que se estabelece na forma de uma providencial indiferença a tudo aquilo que nos rodeia e parece nos ameaçar e agredir. Porém, como consequência inevitável disso, decai igualmente o nível de solidariedade que poderíamos nutrir por nossos semelhantes. Por isso, saber equilibrar e dosar esses estímulos no ambiente urbano é tarefa que se exige de todos os que desejam contribuir para uma melhor organização das nossas cidades.

Os espaços das cidades podem ser entendidos como constituintes de seis "mundos" distintos e complementares, a saber: o mundo do trabalho, o da moradia, o do lazer, o da cultura laica e religiosa, o da saúde e, por fim, o do ir e voltar entre esses vários "mundos", por meio dos sistemas de circulação – que são, em si próprios, um mundo também à parte. O antropólogo francês Marc Augé, propositor do conceito de *lugar* como o espaço onde se exerce uma convivência descontraída e enriquecedora – propiciadora de um intercâmbio fecundo de ideias e sensibilidades – nos mostra porém que esses "mundos", embora possam e devessem ser sempre *lugares*, apresentam determinadas condições de existência que podem transformá-los em *não lugares*.

O *não lugar* seria o espaço em que o comportamento humano – ou mesmo o de animais e plantas e o do próprio meio ambiente, com seus sons, temperaturas e texturas – é regrado de modo mais rígido ou de modo mais flexível, reduzindo ou ampliando o grau de liberdade com o qual se pode nele interagir com os semelhantes. Certas situações sociais organizadas como *não lugares* são difíceis de ser evitadas. Caso, por exemplo, de um hospital, no qual a saúde depende de regras de assepsia rigidamente obedecidas, sob pena de, em caso contrário, permitir-se a transmissão de moléstias ao corpo médico e aos próprios doentes e visitantes. Caso também da escola, instituição em que o ensino depende igualmente de regras fixas de funcionamento, desde as que determinam os horários das aulas até as que exigem o silêncio respeitoso dos alunos diante da fala do professor, condição considerada básica da transmissão de ensinamentos.

Na cidade, sempre estamos trabalhando com esses dois conceitos polares de *lugar* e *não lugar*, pois as instituições concretas se situam sempre entre esses extremos. Se movidos pelas forças cegas da sociedade, tendem historicamente para um deles. Na medida em que nos apercebemos dessa lógica social, podemos nos tornar controladores da direção de seu desenvolvimento e, assim, não precisamos cair no pessimismo do filósofo e antropólogo Michel Foucault que, ao fazer a análise da evolução histórica das organizações sociais institucionalizadas – como os hospitais e as escolas –, identificou apenas sua tendência controladora de corpos e mentes, deixando de lado os aspectos "descontroladores" que a consciência progressiva desses processos pode nos suscitar.

Proponho-me, pois, a examinar aqui o cotidiano do uso dos espaços públicos do *mundo da circulação*, relacionando-os com os espaços "privados" de instituições específicas, sejam elas públicas ou privadas. O que as diferencia do *mundo da circulação* é que elas se dão no interior de edifícios, que abrangem o mundo da moradia, o mundo do trabalho, o mundo do lazer e o "mundo" da cultura. Pretendo, desde logo, destacar que as regras que seguimos nos mundos do trabalho, da moradia, do lazer, da cultura e da saúde são mais facilmente identificáveis por nós e, exatamente por isso, podemos mais conscientemente aceitá-las ou não – e, assim, por consequência, obedecê-las ou transgredi-las. São regras mais explícitas e, na maior parte das vezes, mais codificadas – especialmente aquelas situadas no mundo do trabalho e no da saúde, mas também no da cultura, entendida como ensino formal, e também no da cultura religiosa, na forma de crenças e práticas a respeito do que deve ser considerado certo e errado.

Já no mundo da moradia, as regras vem se afrouxando e dependem muito dos valores familiares, muito variáveis de acordo com o nível social e origem de seus membros. É bom lembrar também que o mundo do lazer e o da cultura laica e religiosa podem adentrar no da moradia, especialmente pela ação dos meios de comunicação de massa, como rádio e tevê, e, em menor escala, pela mídia impressa. Sabemos que, cada vez mais, a televisão se torna uma fonte poderosa de inspiração e reprodução de valores sociais, sobrepujando inclusive o ensino formal como definidora de costumes sociais.

Dessa lógica, porém, pode escapar o mundo público da circulação urbana. Mas também ele poderá tornar-se um espaço neutro ou até negativo se, de *lugar*, transforma-se em um *não lugar*. Explicando melhor: se o espaço público é um espaço de estímulos culturalmente produtivos, isto é, de estímulos produzidos em níveis absorvíveis pela sensibilidade e mente humanas, de modo a enriquecê-las culturalmente, podemos classificá-lo como sendo, em certo grau, um *lugar*. Se, ao contrário, os estímulos são excessivos, de modo a gerar a tal carapaça que encobre a sensibilidade dos indivíduos, reduzindo-lhes assim a capacidade perceptiva e criativa, estará tendendo exatamente ao que Marc Augé chama de *não lugar*.

Avaliemos nossa vida cotidiana à luz dessas possibilidades nas grandes cidades brasileiras. Saímos descansados e recompostos do mundo da moradia, porque ali encontramos um ambiente de conforto ambiental e segurança, mas logo em seguida enfrentamos um sistema de circulação estressante. Nele, somos estimulados negativamente, de modo que aquilo que recuperamos no mundo da moradia perderemos tão logo adentremos no mundo da circulação. Obviamente, se moramos em um mundo já estressante por si próprio, como um cortiço ou uma favela, o estresse adicional do mundo da circulação se ampliará a um nível que talvez nenhuma carapaça emocional protetora conseguirá neutralizar.

É importante, portanto, estarmos sempre atentos às lógicas de articulação entre esses mundos, para compreendermos como eles incidem em nossa vida cotidiana. Atuar sobre eles, no sentido de direcioná-los para o nosso bem-estar, é um dever do qual não devemos nos furtar, sob pena de nos tornarmos vítimas deles. Principalmente porque a tendência de produção de situações de *não lugares* é muito forte e preponderante na vida das cidades, regida pela busca do poder e do dinheiro a qualquer preço.

Em nossas cidades, por exemplo, há um processo contínuo de substituição progressiva do transporte coletivo pelo individual. Caso tivéssemos recursos financeiros suficientes – pois os tecnológicos os temos de sobra – para produzir um sistema viário capaz de dar conta da enorme frota de automóveis que cresce a cada dia, tal substituição não chegaria a constituir um problema. Não haveria nenhuma dificuldade em pegarmos o nosso automóvel particular no mundo da moradia e, com ele, nos dirigirmos para os mundos do trabalho, da cultura, do lazer e da saúde, já que o mundo da circulação seria constituído de belas vias expressas, avenidas e vias locais descongestionadas, livres dos estressantes engarrafamentos. Nesse cenário ideal, o mundo da circulação permitiria assim irmos tranquilamente de um *lugar* para outro, conversando serenamente com outras pessoas que compartilhassem conosco a viagem, desfrutando pela janela do carro a paisagem que envolvesse tais vias, sem nunca nos preocuparmos com atrasos, batidas, roubos e assaltos. O mundo da circulação seria, enfim, um *lugar* e não um *não lugar*.

Porém, nossa realidade histórica, fruto de um passado de desmandos e desigualdades, não tem propiciado a nós a riqueza social – e muito menos sua distribuição mais justa –, por meio da qual o poder público pudesse suprir essa demanda crescente pró-automóvel nos espaços de circulação urbana. A construção e a reforma do sistema viário são obras necessariamente caras (inclusive devido às inevitáveis e necessárias desapropriações) e traumáticas (pois exige o deslocamento e a remoção de pessoas e atividades de seus locais de origem). Essa é uma constatação compartilhada hoje em dia por praticamente todos os especialistas em planejamento urbano no mundo, mas o poder político, com receio de contrariar a vontade coletiva e sempre de olho no veredicto das urnas, evita discutir aberta e francamente a questão. Assim, a sociedade segue dando preferência à utilização crescente dos automóveis nas grandes cidades, sem que estas estejam devidamente preparadas para tal.

Com isso, o uso crescente do automóvel mantém seu curso. O transporte coletivo, por consequência, é progressivamente abandonado. Cria-se aí um círculo vicioso e perverso: os empresários que operam no setor, diante da redução de sua margem de lucro, sentem-se obrigados a reduzir ainda mais o número de ônibus em circulação e a renovar cada vez menos sua frota. Como resultado inevitável, pioram os padrões de atendimento. O mundo da circulação vai sendo dominado por um estresse crescente, no qual os congestionamentos são alimentados pelo número maior de automóveis em circulação, número que, dentro dessa lógica, nunca poderá ser devidamente contrabalançado por um aumento idêntico nas vias de circulação.

Assim, o mundo da moradia, antes constituído por ruas tranquilas, de vias locais que atendiam apenas aos seus moradores e aos comerciantes e prestadores de serviço da vizinhança, vai pouco a pouco recebendo uma avalanche de novos automóveis, caminhões, ônibus, micro-ônibus e peruas, que fogem das vias principais à medida que estas vão se congestionando. Deste modo, com tantas perturbações em seu entorno, o mundo da moradia vê anulado o seu papel essencial de recuperador das forças físicas e do equilíbrio emocional. Com o mundo do lazer, da cultura e até da religião, o fenômeno não é muito diferente, diante de sua espetacularização crescente (ver, sobre isso, Guy Debord, em *A sociedade do espetáculo*), que os transforma em produtores potenciais de sons em alto volume.

Diante de cenário tão aterrador, cabe a pergunta: é possível reverter tal processo? Veremos que, por mais complexo que hoje se afigure o quadro, a resposta ainda é sim. E, para alcançar processos sociais mais amplos, a mudança deve começar a partir dos "mundos" onde atuamos, em nosso cotidiano. Especialmente no mundo da moradia, por exemplo, podemos agir de muitos modos. Um dos modos mais efetivos será sempre a opção de nos organizarmos em associações de moradores. Ou, então, se for o caso, ajudarmos a fundar uma, se nenhuma existir no bairro ou se a que porventura já exista tenha sido dominada por cabos eleitorais e esteja servindo apenas de correia de transmissão para práticas clientelistas de atendimento a demandas muito específicas, que em nada ajudam a reverter a degradação do ambiente social. Aliás, muitas associações do gênero só ajudam a manter tal degradação, pois não permitem a seus membros tomar consciência de que tal degradação de fato exista – e a consciência coletiva é o primeiro e indispensável passo para tentar revertê-la.

O fato é que cada passo dado, por menor que possa parecer, poderá contribuir de modo positivo para alterar o processo mais amplo. Muitas frentes se abrem e merecem nossa ação. Desde a luta pela sobrevivência da árvore em nossa rua que alguém quer cortar, até a vigilância sobre o uso irregular do solo, que desobedece as normas urbanísticas e ajuda a degradar a qualidade ambiental. Ou desde a denúncia contra o barulho excessivo que perturba o nosso sono e o de nossos vizinhos à ação coletiva contra o prédio que subiu mais andares que o permitido e, ilegalmente, para obter lucros especulativos, aumenta o volume construído, tirando o sol e cortando a ventilação de todos em sua volta. Os exemplos são inúmeros.

A antropóloga Teresa Caldeira, em seu livro *Cidade de muros* (Edusp/Editora 34), desenvolve um levantamento e uma análise de como a crescente violência social vai produzindo uma utilização decrescente do espaço público como lugar de convívio, transformando-o em lugar apenas de uma "passagem amedrontada". Ela mostra, por meio de um levantamento feito em bairros paulistanos de classe média – e com base em sua própria experiência pessoal de moradora de dois bairros de São Paulo (Jardim Paulista e Sumaré) –, como ruas que, nas décadas de 1970 e 1980, eram usadas como espaço de passeio e convívio agradável entre vizinhos, na década de 1990 foram ficando menos utilizadas. As casas, que até então tinham muros baixos, sobem esses mesmos muros e seus moradores obrigam-se a colocar vigias nas ruas, por causa dos assaltos e roubos de que passaram a ser vítimas.

Nos bairros da periferia analisados pela autora, a proteção é em parte obtida por grades altas colocadas na divisa frontal dos lotes, mantendo-se no entanto uma permeabilidade entre o que ocorre dentro do lote e na rua, o que não acontece nos bairros de classe média, com seus característicos muros alteados. Mantêm-se assim nos bairros de menor renda um grau de convívio maior entre a moradia e a rua e, nas ruas, o movimento de pessoas é maior, podendo se imaginar que uma vigilância dos próprios moradores é exercida sobre o local. Porém, mesmo aí, os pais não deixam mais seus filhos brincarem nas ruas como antes.

Não podemos desconhecer as causas maiores dessa violência urbana que vem aumentando nas últimas décadas. Elas são fundadas na desigualdade social crescente, que as estatísticas oficiais do IBGE demonstram estar associadas ao desemprego, hoje em torno de 20% da população economicamente ativa – taxa excessivamente alta diante de um desemprego estrutural da ordem de 5%, próprio do sistema capitalista, mesmo em suas fases de crescimento econômico. Hoje, as tecnologias de informação e o avanço tecnológico nos meios de produção, que substitui mão de obra por máquinas, podem produzir crescimento econômico com pequena geração de emprego. Isso adiciona um elemento complicador nessa equação que temos de resolver: aumentar o emprego e reduzir as desigualdades sociais, que se potencializam, em escala inversa, nas grandes cidades.

Dito isso, entendemos que temos de acionar todas as forças positivas da sociedade para reverter o processo produtor de exclusão social e de concentração de renda. No que se refere à organização do espaço das cidades, o combate sistemático à especulação imobiliária impõe-se como uma das prioridades. A produção e apropriação da renda fundiária – que é a valorização imobiliária produzida pelo poder público e por terceiros e apropriado pelo proprietário da terra – é um mecanismo perverso e poderoso de enriquecimento. De um lado, ele se estabelece pela apropriação indevida da riqueza produzida coletivamente e não pelo proprietário do solo que nada investiu para isso, e, de outro, pelo encarecimento da produção e do uso dos espaços urbanos.

As redes de ruas e dos serviços complementares de água, esgoto, luz, coleta de lixo e de circulação tem o seu custo aumentado pelos vazios urbanos que estendem a cidade desmesuradamente no crescimento horizontal periférico, mas também pelos congestionamentos devidos à excessiva verticalização, provocada por moradores de classe média que vão comprando apartamentos em prédios altos e, ao mesmo tempo, transformando para uso comercial e de serviços antigas casas residenciais. Em conjunto, esse fenômeno gera uma demanda por circulação e serviços acima da capacidade de suporte da infraestrutura instalada, especialmente a de circulação. Ao superlotar a infraestrutura instalada, exigem um investimento público adicional, pago por toda a população, mesmo aquela parcela mais pobre que não se beneficiará de tais investimentos. Esta aí um mecanismo concentrador de renda explícito a ser revertido.

Tanto a periferia rarefeita como as áreas centrais congestionadas, a partir da aprovação do Estatuto da Cidade em 2001, podem perfeitamente ter seus processos sociais causadores revertidos. Para tanto, por exemplo, deve ser aplicado, por intermédio de planos diretores elaborados com preocupação social, o IPTU progressivo no tempo associado à urbanização compulsória nos vazios urbanos – terrenos retidos e subutilizados por seus proprietários que, mesmo que não tenham consciência disso, estão praticando a especulação imobiliária.

Também para reverter o adensamento excessivo de automóveis (que pode, como no centro expandido de São Paulo, estar associado a um despovoamento de moradores), é preciso aplicar a cobrança do "solo criado", através da outorga onerosa de direitos de construir acima de um coeficiente gratuito de aproveitamento, que deve ser em torno de uma vez a área dos terrenos. O "solo criado" será a diferença entre o coeficiente de aproveitamento gratuito do proprietário e o coeficiente máximo estabelecido pelo zoneamento, como decorrência da capacidade de suporte infraestrutural, com grande destaque para a de circulação. Essa capacidade é calculada por modelos matemáticos que simulam a relação entre o uso do solo e a circulação ou o transporte, para um cenário futuro de dez a vinte anos, em Planos Diretores.

Escrevi, a propósito dessas questões, dois livros: *Cidades Brasileiras: seu controle ou o caos* (Editora Nobel) e *Reinvente seu bairro* (Editora 34). O primeiro trata tanto dos processos imobiliários, especulativos ou sadios, e de como o planejamento urbano e o urbanismo cuidaram deles durante os oitenta primeiros anos do século XX, especialmente no Brasil e, mais especificamente, em São Paulo. O segundo mostra a importância do cidadão de se organizar coletivamente para reinventar seu bairro, reduzindo ou até eliminando as distorções que os processos especulativos trazem para o meio ambiente urbano, em prejuízo da qualidade ambiental desejada.

As teses desenvolvidas nesses livros – e retomadas aqui neste texto – ressaltam as problemáticas locais quanto ao uso do tecido urbano, em sua utilização como lugar de convivência coletiva. Cito neles também alguns exemplos de ações sociais que têm como objetivo defender qualidades urbanas que estão ameaçadas ou em risco sério de perda a curto prazo, além de ações que buscam recuperar qualidades já perdidas, mas possíveis de serem restauradas. Vamos dividi-las aqui em dois grupos: as que estão sendo praticadas no âmbito do Movimento Defenda São Paulo e as que estão sendo praticadas por iniciativa governamental, mas com direta participação, como consultor, do autor deste texto.

O Defenda São Paulo – ou simplesmente Defenda, como carinhosamente o denominam seus integrantes – é, por exemplo, uma experiência acumulada em cerca de 15 anos de atuação, levada a cabo ativamente por cerca de cinquenta entidades, além de um número variável de outros entidades esporadicamente ativas. Um projeto que, pela sua dimensão, não poderia ser aqui relatado em sua completude. Destacaremos, assim, alguns exemplos de ação junto às quais tivemos participação mais direta.

Uma das entidades fundadoras do Defenda, a SAJEP, que reúne moradores dos Jardins América, Europa, Paulista e Paulistano, foi constituída para representar os interesses ambientais dos citados quatro bairros-jardins. Assim como o próprio Defenda, ela sempre se posicionou pela obediência à legislação urbanística em toda a cidade como condição para manter qualidades urbanas – as poucas que ainda temos em São Paulo. Posição que contraria frontalmente os especuladores imobiliários que querem acabar com os bairros-jardim de moradia, permitindo que neles se instale comércio, serviços e prédios de escritórios e apartamentos.

A diversidade e heterogeneidade de usos que devem ser defendidas para termos ambientes urbanos criativos, facilitadores do intercâmbio e criação cultural – tese que também defendemos – deve ser capaz de conviver com a ideia de se morar tranquilamente. Acredito que a maioria dos paulistanos, se consultados, manifestarão essa preferência. Mas já vimos como os processos sociais mais gerais afetam essa tranquilidade e de como os cidadãos tendem a se enclausurar atrás de muros e grades na busca da segurança e da tranquilidade. A introdução dos automóveis progressivamente nas ruas antes tranquilas vai expulsando os usuários desse espaço público, perdendo-se a sua função de espaço de convivência coletiva. Soma-se a isso outros fatores de expulsão, como a desigualdade social produtora dos assaltos e roubos, o que só amplifica e acelera o enclausuramento.

Assim, vemos como extremamente positivos os movimentos sociais que se organizam em favor do transporte coletivo e do uso regrado dos automóveis nas ruas, buscando criar nelas um ambiente propício ao pedestre, para que este desfrute de um convívio agradável e criativo com vizinhos. A isso se associa a ideia de respeito à legislação urbanística, quando ela restringe os usos que vão produzir uma atração de veículos em número e tipo que os moradores entendam superiores ao nível adequado àquele ambiente urbano. Estão embutidas aí três diretrizes básicas de grande importância para reverter os processos sociais concentradores de renda, enquanto produção e apropriação da renda fundiária:

> a) A necessidade de articular o zoneamento, no planejamento urbano e urbanístico, com a circulação, por meio de definição legal de volumes máximos admissíveis, baseando-se no nível hierárquico das vias, especialmente nas chamadas vias locais ou residenciais, sendo necessário monitorar-se e fiscalizar-se o cumprimento dessas normas. Isso vem sendo praticado em inúmeras cidades do chamado primeiro mundo, há mais de trinta anos.
> b) A necessidade de definir um zoneamento antiespeculativo, articulando-o com os mecanismos redutores da especulação imobiliária como o IPTU progressivo no tempo sobre imóveis subutilizados, visando uma utilização socialmente útil e a outorga onerosa, cobrando o solo criado e coibindo uma verticalização excessiva. Assim, o poder público é provido de recursos para ampliar, tanto quanto necessário, a infraestrutura de suporte, ressarcindo os cidadãos em geral que, no passado, pagaram pelos impostos a implantação da mesma infraestrutura.
> c) A necessidade de não aceitar anistia a usos irregulares, pois isso significaria estimular a desobediência sistemática à legislação urbanística, fazendo o jogo da especulação imobiliária e destruindo todo e qualquer planejamento possível.

Assim, com o objetivo de reduzir ou eliminar o tráfego de passagem, o Defenda pleiteia a instituição de bolsões de tráfego, onde todos possam entrar e sair livremente, sem poder contudo atravessá-los, mas apenas passar pelos seus lados, em suas bordas. Não ocorreria assim a privatização das vias, ou seja, a expulsão pelos automóveis das pessoas que querem usar a via como espaço público de convivência. Ao contrário, as vias seriam publicizadas, recuperadas para o uso de cidadãos, de pedestres em busca da caminhada, da corrida agradável e da oportunidade de encontros ocasionais ou programados com vizinhos ou outros cidadãos em geral. Aumentar-se-ia a segurança local não apenas pela diminuição dos riscos de atropelamentos, mas também pelo controle que os próprios moradores passariam a exercer simplesmente ao andar pelas ruas.

Os bairros-jardins mais antigos preservam esses hábitos de andar e correr pelas ruas. É o caso do Jardim Paulistano, do Jardim Lusitânia, do Brooklin Velho, do Jardim Europa, do Alto da Lapa, do Alto de Pinheiros. Outros bairros, com a invasão ilegal dos escritórios – em relação aos quais muitas administrações regionais são lenientes –, assistem à redução desse uso coletivo da via pública, sendo necessário e urgente recuperá-los. É o caso, por exemplo, do Pacaembu e do Jardim Paulista.

Preservar ou implantar calçadas verdes com árvores de sombra, frutíferas ou não, é outra frente da luta. O comércio e prestadores de serviços, em busca de maior visibilidade para seus negócios, cortam árvores e eliminam a vegetação que supõem atrapalhar a visão de potenciais clientes que estariam entre os passantes na rua. Ações criminosas do gênero também são cometidas pelos próprios moradores, incomodados com as folhas e flores que caem ou com as raízes que quebram calçadas – como se isso não fosse a manifestação das forças naturais em seu necessário exercício cíclico de vida. Por vezes, é preciso um ato de heroísmo pessoal, em geral praticado pelos mais jovens, como o de subir em árvores para que não se permita podas mutiladoras ou o simples e radical corte total delas. Há casos em que esse corte ocorre com a condescendência das próprias administrações municipais, insensíveis à necessidade de mais – e não menos – verde em nossas cidades.

O plantio de árvores e plantas ornamentais é uma prática de cidadania simples, mas extremamente recomendável e necessária. Muitos anonimamente deixam suas sementes e suas mudas pelos espaços públicos da cidade. Em frente a meu escritório, situado na av. 9 de Julho, no canteiro de plantas e flores que separa a pista local da rápida, mangueiras, pitangueiras, goiabeiras e paus-ferro são plantados por esses paisagistas-jardineiros anônimos. Eu mesmo faço isso na rua onde moro no Jardim Paulistano. Um gesto simples, mas muito prazeroso. Uma terapia mental e física, que consiste no exercício de sujar as mãos com a terra no ato de plantar ou de cuidar das mudas. A resposta silenciosa e constante da natureza que vai desenvolvendo seus caules, suas folhas, suas flores e seus frutos e um raizame subterrâneo que por isso aflora pouco e quase não se vê, é muito gratificante. É como se estivéssemos dialogando com a natureza, da qual fazemos parte. É uma verdadeira metáfora esse trabalho de formiguinha que cidadãos anônimos vão desempenhando. É ele que alimenta os movimentos maiores, resultado da soma de trabalhos pontuais, direcionados para alterações mais significativas.

A tarefa que mais tem ocupado o Defenda é a luta contra as anistias à desobediência legal e pelo fechamento de usos instalados contra a lei de zoneamento. Da desmoralização das regras constitutivas de uma estrutura e um tecido urbano, só pode resultar o caos urbano. O mercado imobiliário, ainda muito influenciado pelas práticas especulativas, distorce uma lógica coletiva de bem-comum na estruturação do espaço das cidades, como já argumentamos. Por isso, a necessidade de regras obedecidas e, para isso, nascidas de uma sólida base social construída a partir da ausência histórica de regras. No Brasil, tais regras foram aos poucos sendo instituídas.

No final do século XIX, por exemplo, foram instituídas as normas sanitárias. No início do século XX, tivemos as regras de loteamento e o código de edificações, este com suas regras de garantia de salubridade e segurança da edificação (insolação, ventilação, tamanhos mínimos de aposentos etc.). Em 1916, surgem as primeiras regras de loteamento com largura mínima de vias (16m!), distância mínima entre as avenidas, presença de praças e áreas destinadas a escolas, creches etc., doadas obrigatoriamente pelo loteador.

Na década de 1920, é a vez dos planos viários constituídos por avenidas, túneis e viadutos (rádio concêntricos, como o Plano Diretor de Avenidas de Prestes Maia); as drenagens saneadoras e que seriam impedidoras de enchentes (nem sempre o foram, hoje nós verificamos dolorosamente isso), caso do Plano de Saturnino de Brito para a várzea do Tiête com avenidas boulevares e lagoas de contenção de enchentes (abandonados por seus seguidores, inclusive Prestes Maia); os planos de transporte coletivo e, finalmente, a partir de zoneamento feito rua por rua, ou bairro por bairro, que começou nos anos 30 para, 42 anos depois, chegarmos ao zoneamento de toda a cidade.

Aí, no final dos anos 60, começa a luta para articular o zoneamento com a capacidade de circulação, que não foi conseguida até agora, embora tenhamos mais recentemente um Plano Diretor que prometeu instituir o cálculo de capacidade de suporte do sistema de circulação para, daí, derivar o potencial construtivo na cidade, a ser determinado em cada região além do que já está implantado, mas não o fez.

Como secretário de Planejamento nas gestões de Olavo Setúbal e Reynaldo de Barros, de 1976 a 1981, contribuí com a construção da principal ferramenta para esse cálculo: um modelo matemático calibrado com os dados da pesquisa origem e destino de tráfego, feita em 1977. Essas pesquisas, que são fundamentais, são sistematicamente realizadas pelo Governo Estadual, de dez em dez anos, desde 1967. Tal ferramenta, que deveria ser utilizado por todos os secretários de planejamento que me sucederam em âmbito municipal e também metropolitano, embora tenha custado três milhões de dólares, foi "devidamente" – ou melhor, indevidamente – engavetada.

Existem muitas forças na cidade que querem manter a liberdade de definir potenciais construtivos ao sabor dos interesses especulativos. Se a lei de zoneamento ainda não tem uma base de cálculo para definir o potencial construtivo a ser oferecido, e o oferece a mais do que deveria, pior ainda ficamos se ela passa a ser sistematicamente desobedecida. E, ainda por cima, se transgressores são premiados por anistia, estimula-se que novos transgressores pratiquem a desobediência, construindo mais e aumentando o desequilíbrio urbano e social da cidade.

Pior ainda quando um prefeito assume a bandeira da anistia dos transgressores abonados, procurando uni-los aos transgressores necessitados, em uma estranha aliança política. Estranha porque não interessa aos movimentos populares estimular a prática especulativa, que é exatamente um dos mecanismos que lhes retira renda e a passa às mãos dos mais abonados. Ao se estabelecer tão insólita aliança, os processos sociais mais amplos concentradores de renda são mantidos e, com isso, mantêm-se também a reprodução dos mecanismos produtores da pobreza, da desigualdade social e da violência urbana.

No caso da Lei Mentor, isto é, da lei que teve origem em um projeto de lei do então vereador José Mentor, líder da prefeita Marta Suplicy, o Defenda, depois de lutar com unhas e dentes na Camara Municipal e através da mídia contra a sua aprovação, não teve outra saída senão a de apresentar ao Ministério Público a argumentação de quão deletéria para a cidade havia sido a sua aprovação. O Ministério Público, através de seu procurador geral, Marrey Junior, entrou com ação de inconstitucionalidade junto ao poder Judiciário. No Tribunal de Justiça, por 24 votos a zero, os desembargadores declararam a Lei inconstitucional, sob dois argumentos: era discriminadora, ao anistiar alguns usos comerciais e não outros, e estimuladora da desobediência legal. Uma bela vitória da cidadania, que não desistiu em nenhum momento de sua luta, quando até já parecia perdida para muitos.

Assim tem ocorrido em outros casos, como no da declaração de inconstitucionalidade do instituto jurídico da Operação Interligada, criada por Plano Diretor e aprovada ilegalmente na gestão do Prefeito Jânio Quadros, ao utilizar-se o decurso de prazo quando este dispositivo já havia sido eliminado pela Constituição Federal em 1988. Porém, não foi por esse argumento que tal instrumento seria também suspenso em seu funcionamento pelo Poder Judiciário, mas pelo da inconstitucionalidade da delegação de poderes que fazia, de poder Legislativo para o Executivo, na definição do zoneamento.

A chamada Operação Interligada, através de decisões caso a caso sobre interessados em construir mais em seu lote, abria exceções à lei, mediante um pagamento a ser destinado para habitações populares. Um dispositivo maquiavélico para cooptar – como de fato cooptou – lideranças populares. Mais de quatrocentos operações interligadas já haviam sido aprovadas e prédios mais altos construídos em prejuízo dos bairros onde se implantaram. Mais uma vez se buscou, com argumento no fato consumado, e se conseguiu sua anistia.

Essa é uma regra, a do fato consumado, que muitas vezes é aceita, mas que precisa ter um paradeiro. O cidadão que tenta esse caminho sabe que enfrentará riscos de não conseguir anistia. A transgressão sistemática à lei só terminará quando terminarmos totalmente com as anistias, que premiam praticantes do fato consumado da transgressão. É preciso acabar, também aí nesse campo do urbanismo, com a impunidade, muito disseminada na sociedade brasileira.

No caso dos cidadãos de baixa renda, é muito difícil, se não impossível, construir apenas uma casa por lote de 5m de frente por 25m de fundo – desdobramento do que, por cinquenta anos, se constituiu no lote mínimo, de 250m^2, de 10m de frente por 25m de fundo. Os favelados aceitam, quando não tenham opção melhor, ficar com qualquer tamanho de terreno que caiba um pequeno barraco com acesso por vielas estreitíssimas, por onde mal passa uma pessoa. Há que declaradamente distinguir anistias para abonados que nunca deveria ser dada daquela anistia dos necessitados que a merecem muitas vezes – porém não quando invadem áreas destinadas a ruas, praças, escolas, hospitais etc. nem obviamente quando estão em áreas de risco, como na beira de córregos que extravasam ou em barrancos que podem despencar.

Quando ricos e pobres aí se aliam, produzem uma vitória de Pirro. Visto que, nesse caso, um dos processos sociais de produção da pobreza é mantido e reforçado. E novos contingentes de pessoas empobrecidas serão produzidos, reproduzindo também o sistema político que o alimenta: um vergonhoso clientelismo político que obscurece, nessa prática do toma lá um bem ou dinheiro e dá cá seu voto, as razões mais profundas que permitem que continue vicejando, e se reproduzindo – e até amplificando – a sociedade desigual, reprodutora da violência que atinge a todos.

Quero me referir aqui também a uma experiência do início dos anos 90, quando pela primeira vez pude praticar o que já defendia no livro *Cidades Brasileiras*, publicado em 1988. Por contrato com a Fundação para o Desenvolvimento Escolar (FDE), da Secretaria Estadual da Educação, na gestão Fleury – sendo então secretário da educação o escritor e jornalista Fernando Morais e o presidente do FDE, Cesar Calegari – meu escritório de consultoria (Urbe) foi contratado para desenvolver os Planos de Bairro de sete bairros da Região

Metropolitana de São Paulo, nos quais a FDE implantava escolas fundamentais, em um programa de desenvolvimento de escolas-padrão, constituído por um sistema de escolas exemplares.

Os bairros escolhidos foram o Jardim São Carlos, na Vila Matilde, zona leste de São Paulo; o Dom José, na zona sul, na divisa com Embu e Itapecerica da Serra; o Santa Helena, em Poá; o 120, em Santana do Parnaíba; o Bonança, em Osasco; e o Jardim Vassouras, em Francisco Morato. Suas escolhas deviam-se ao fato de esses bairros possuírem ativas associações de moradores, com as quais teríamos de dialogar, pois queríamos conhecer suas demandas e com elas debater algumas propostas, como a das unidades de vizinhança, que sabíamos de antemão não fazer parte de seu universo cultural.

Essa ideia de unidade de vizinhança utilizava a ideia de ilhas de tranquilidade com dupla centralidade: no centro da ilha, os equipamentos públicos, e, no mar revolto, em volta da ilha, ou melhor nas "praias" e "costões" desse espaço envoltório, como podemos entender, são as vias de interligação de uns bairros com os outros, com seu intenso movimento de veículos, deveria ficar o comércio e serviços mais diversificados, atraídos que são por esse movimento que lhes é benéfico. Ficaria nessas vias mais movimentadas também a delegacia de polícia e as escolas de 2° grau e de nível superior, assim como todo tipo de uso que se beneficia e produz tráfego de veículos.

Esses corredores de comércio e serviços já existem, produzidos pelo mercado imobiliário na estruturação urbana, onde interagem com a oferta viária e de transporte coletivo, a ponto de ter proposto ser esse um tipo de tecido urbano básico (mais detalhes sobre os tipos de tecidos urbanos estão no livro *Reinvente seu bairro*, de minha autoria). Ocorre que, na maioria das vezes, por uma busca de visibilidade pública máxima, os políticos localizam seus equipamentos de ensino e culturais nessas vias de tráfego mais intenso com enorme prejuízo para as suas atividades. O barulho ensurdecedor impede que aquilo que o professor fala seja devidamente ouvido, pois as janelas têm de ser mantidas abertas para essas vias de tráfego intenso, diante da impossibilidade econômica de o governo construir e manter salas de aula com ar condicionado. Na saída, crianças são atropeladas na natural debandada de quem ficou preso por horas sentado ouvindo as preleções.

Discutir essas questões, para resolvê-las, reduzindo ou eliminando o tráfego de passagem dessas vias, é um exercício de cidadania, conscientizador. Na ausência de áreas públicas destinadas ao lazer, principalmente nos bairros carentes da periferia – seja porque o loteador clandestino não doou, como legalmente estava obrigado a fazê-lo, ou quando doou e mesmo assim ilegalmente o vendeu ao fazer o Plano Diretor de Bairro ou ele foi ocupado por famílias carentes para construir sua casa – a rua é o único espaço disponível.

Em vários planos de bairro, essa solução foi adotada, para isso propondo-se a implementação de calçadões, ambientes urbanos de domínio do pedestre. O desenho do piso deve deixar claro que ali é o mundo do cidadão a pé e não do cidadão dentro de veículos, embora estes sejam admitidos, desde que educadamente se comportem, sem prejuízo dos pedestres, especialmente crianças e idosos. Na Holanda, fazem muito sucesso com o nome de *Woonert*, como nos mostra Donald Appleyard, professor e pesquisador da Universidade da Califórnia em Berkeley, em seu livro *Livable Streets*, que podemos traduzir por "Ruas-lugares".

Esses planos, ao que se saiba, não chegaram a ser aprovados por nenhuma das prefeituras envolvidas. Em Poá, houve muita movimentação de vereadores, mas não se chegou à sua aprovação por lei. Em Itapecerica da Serra, contudo, os Planos Diretores de Bairro estão fazendo grande sucesso. O prefeito Lacir Baldusco, arquiteto que tive o prazer de um dia tê-lo entre meus alunos, abraçou totalmente a ideia e a vem praticando como detalhamento do Plano Diretor que também assessoramos em conjunto com o arquiteto Luiz Carlos Costa, já aprovado por lei.

Primeiro foi desenvolvida uma proposta, pela Urbe, elaborada em consonância com a Secretaria Municipal de Planejamento e Meio Ambiente, para ser apresentada à população do bairro em assembleia. Simultaneamente, uma pesquisa de caráter científico, com perguntas para gerar respostas sem múltiplas interpretações e algumas abertas, dando ampla margem de escolha de opções de diretrizes de planejamento, foi elaborada e, por amostragem científica de 5% do universo, distribuída a cada vinte lotes construídos.

O resultado foi excelente. O indice de resposta foi de 95%. A tabulação refletiu o que realmente eles diziam querer. Foi apresentado cuidadosamente na assembleia onde, por debates seguidos, convergiu-se para as prioridades de curto, médio e longo prazo. Não se trata de um plano voltado apenas para atender às pequenas demandas mais prementes. Trata-se de um plano a ser atendido por administrações seguidas, para deixar o bairro pronto e completo, para uma população futura que o lotará. Foi desenvolvido um orçamento dos custos públicos envolvidos de investimentos e custeios. Foram apresentadas as contas de quantidades dos déficits e dos custos unitários de cada obra e serviço de responsabilidade pública, para que todos pudessem acompanhar a montagem do orçamento. Fez-se um cálculo de custo por habitante atual e futuro, que se constitui em parâmetro de comparação entre os bairros com diversos níveis de completação da infraestrutura, de quanto o conjunto da cidade necessitará para terminar a urbanização devida de todos os bairros. Enfim, deu-se a eles os instrumentos de avaliação do orçamento geral da cidade, a partir do orçamento do bairro.

Muito diferente dos orçamentos participativos que apenas decidem sobre verbas previamente escolhidas de um setor como educação, saúde ou pavimentação, processo participativo esse que mantém a ignorância do cidadão sobre o conjunto das necessidades da cidade. Faltou, claro, orçar as obras e serviços mais estruturais para o conjunto da cidade, como o anel viário previsto e um novo hospital. Esse será um segundo passo a ser dado para que o cidadão esteja habilitado a debater o orçamento total do Município. Mas se constituiu em importante avanço em relação ao debate do orçamento setorializado, como vem ocorrendo na maioria das administrações em que é praticado.

A ideia da unidade de vizinhança que gera as ilhas de tranquilidade foi aplaudida, até com o zoneamento que dessa ideia decorre, o de só permitir equipamentos de comércio e serviços mais diversificados nas vias estruturais e coletoras do bairro, para criar e manter tranquilidade do miolo do bairro, as "ilhas". Mesmo com a busca legítima de vereadores da oposição que queriam encontrar argumentos que dificultassem a aprovação do Plano Diretor de Bairro do Branca Flor e Campestre, o primeiro a ser aprovado por lei no Brasil, a Câmara Municipal o aprovou por unanimidade. O que mostra que quando se respeita a vontade popular e não se pratica o jogo clientelista do atendimento particularizado e descolado de uma visão de conjunto, é possivel ter sucesso político. Desmente a tese que tantas vezes ouvi que ao povo só interessa o clientelismo, por estar viciado nele. E que aos politicos, só cabe praticá-lo.

Os exemplos mostrados são apenas algumas das ações que praticamos ou ajudamos a que fossem praticadas. Mas são, no nosso entender, exemplos que nos ajudam a manter a esperança de que estamos construindo uma sociedade mais justa, aos poucos, e que este é o caminho. Será mais rápido se soubermos escolher os pontos nevrálgicos dos processos sociais e neles agirmos para que avancem em uma direção que consideremos correta.

Os "mundos" da cidade devem interagir entre si de modo positivo, para não termos uma guerra entre esses "mundos". Devemos minimizar, quando possível, os conflitos intrínsecos de uma sociedade capitalista, consolidando os processos democráticos de planejamento e gestão urbana no bojo de uma sociedade mais justa e cada vez mais democrática.

A VOZ DO CIDADÃO

Jorge Maranhão

Fundado em 2001, "A Voz do Cidadão – Instituto de Cultura e de Difusão dos Direitos dos Cidadãos" é uma entidade sem fins lucrativos, suprapartidária, suprarreligiosa e suprassindical, que, como o próprio nome indica, tem como objetivo incentivar, cultivar e difundir a consciência e o exercício dos direitos civis coletivos. Para tal, serve como porta-voz de grupos de cidadãos conscientes e que desejam fazer valer suas justas reivindicações, exercer o controle social sobre a administração pública e a gestão empresarial, e constranger toda sorte de transgressões legais admitidas pela sociedade brasileira, principalmente em face da mídia e do aparelho judiciário.

Mantida com recursos técnicos, humanos e financeiros de uma agência de comunicação corporativa de nossa propriedade – a Propaganda Professa –, A Voz do Cidadão procura desenvolver um projeto multidisciplinar de educação e comunicação, com o objetivo de tornar-se uma marca de referência nacional para o resgate do sentido estrito do conceito de cidadania, entendida aqui como consciência e exercício dos *direitos civis coletivos*. Um conceito, aliás, rotineiramente deturpado – confundido por vezes com os direitos sociais, difundidos desde o governo Vargas pelas elites políticas e sociais brasileiras – ou quando não reduzido a simples filantropia de cunho assistencialista e voluntária, conforme alardeado comumente pela mídia.

O projeto incentiva o desenvolvimento da consciência de controle social e de uma conduta de cooperação, solidariedade e participação política entre os segmentos organizados da sociedade civil brasileira como um todo e, em particular, dos quadros gerenciais de empresas e entidades do terceiro setor, potenciais multiplicadores da cultura de cidadania. Assim, A Voz do Cidadão prioriza os direitos coletivos dos cidadãos, sejam eles na condição de moradores, eleitores, contribuintes e/ou consumidores, acerca dos temas respectivos da justiça, da segurança, do meio ambiente, dos mandatos políticos, dos orçamentos públicos e do consumo coletivo, dentre outros.

Vale dizer que a marca *A Voz do Cidadão* é uma paródia da marca *A Voz do Brasil* que, todos sabemos, não transmite, em absoluto, a voz da cidadania brasileira, mas apenas a mensagem chapa-branca dos poderes da República. Se a cidadania é sobretudo o controle social sobre os governos, *A Voz do Cidadão* se constitui exatamente como um contraponto ao espírito de *A Voz do Brasil* – que, convenhamos, na verdade deveria se chamar *A Voz do Governo* – por sua vez, um pastiche da *The Voice of America*, o serviço de radiodifusão oficial do governo americano mantido desde 1942.

COMO FUNCIONA

Para armar a cidadania consciente de instrumentos pacíficos de defesa de seus direitos civis coletivos, *A Voz do Cidadão* disponibiliza para *download*, em seu *site* oficial, por exemplo, uma série de adesivos, cartões, cartelas, panfletos e *banners*, que devem ser utilizados como função educativa de constrangimento social e jamais de repressão, para que os próprios cidadãos entendam e pratiquem a cidadania. Da mesma forma, o *site* dispõe de outras ferramentas e serviços, desde uma seção de adesão a manifestos públicos a uma galeria de relatos exemplares de boa conduta social. Há, ainda, espaço para denúncias de delitos contra o patrimônio público, um concorrido mural de opinião, resumos de seminários, uma seção de citações e outra de bibliografia recomendada sobre o assunto, além de *links* para órgãos e entidades de defesa do cidadão etc.

O conceito de *A Voz do Cidadão* vem tomando forma gradativamente, desde que, há cerca de 15 anos, comecei a pensar e escrever periodicamente nos jornais sobre as questões da cidadania brasileira e seus impasses culturais. Pensava, como ainda penso, que não podemos viver em sociedade fingindo que não ouvimos uns aos outros, fazendo ouvidos de mercador aos nossos semelhantes. E um de nossos focos, desde o início, foi a fiscalização efetiva do Poder Judiciário.

Hoje, toda a opinião pública faz coro sobre a necessidade em trocar a cultura da impunidade e violência, que insiste em vicejar em nosso país, por uma cultura de justiça. Contudo, infelizmente, costumamos assistir à omissão dos que, em tese, teriam a responsabilidade social e legal para isso, mas preferem agir como se nada tivessem a ver com o estado de miséria cultural do país. Por isso, tenho insistido com meus colegas da mídia que cobrir as mazelas do Judiciário brasileiro e lutar pela sua reforma passou a ser objetivo cívico nacional. Nada é mais urgente do que enfrentar essa questão fundamental.

A Voz do Cidadão é, sobretudo, um projeto de comunicação e educação multimídia. Assim, trabalha com a missão de sustentar e abrir espaço na mídia para o que chama de "a grande campanha nacional de mobilização da cidadania, em prol do aprimoramento do controle social sobre os governos e sua consciência de direitos civis coletivos", projeto descrito com detalhes no livro *A Voz do Cidadão, mútua ajuda da cidadania*, cujos principais capítulos também estão disponíveis em nosso portal na Internet. É lá também, no território livre da rede mundial de computadores, que o cidadão irá encontrar todos os arquivos dos boletins de *A Voz do Cidadão* transmitidos pelas rádios Globo e CBN.

Para uma segunda fase do projeto, está prevista a produção de uma série de publicações, a exemplo dos manuais de educação para a cidadania nas áreas dos direitos civis coletivos (*a voz do cidadão morador*), dos direitos político-eleitorais (*a voz do cidadão eleitor*), dos direitos econômicos (*a voz do cidadão consumidor*) e dos direitos tributários (*a voz do cidadão contribuinte*). A área dos direitos sociais (*a voz do cidadão solidário ou voluntário*) não figura no *site* exatamente para forçar o entendimento do conceito de cidadania que advogamos.

Numa terceira fase, nos dedicaremos à constituição de uma rede real de parcerias, representações e filiais do instituto, com centros de treinamento e de relacionamento, tomando como *benchmarket* modelos de operações semelhantes a um *Citizens Corps*, na área de direitos civis coletivos; combate à violência e resgate da justiça, um *League of Women Voters*; ou mesmo o recente *MoveOn*, na área de direitos político-eleitorais; um *Public Citizens*, na área de direitos econômicos dos consumidores; e um *Taxpayers*, na área de direitos dos contribuintes.

Trabalhamos com a hipótese de relançar todo o projeto da *Voz do Cidadão* com um foco prioritário, como por exemplo os direitos civis ou políticos, dependendo do interesse de um investidor-instituidor ou de um grupo de patrocinadores. A marca da *Voz do Cidadão* já tem pedido de registro no INPI e conta com uma clientela preferencial segundo seus campos de atuação, incluindo associações de bairro e de moradores, de portadores de deficiências, de vítimas de acidentes, de interessados na preservação ambiental, de amigos da arte e cultura, de consumidores, de usuários de serviços, de eleitores e de contribuintes, entre outras.

O projeto *A Voz do Cidadão*, portanto, tem como missão principal desenvolver a cultura e a consciência de cidadania que é, por definição, consciência de direitos civis coletivos e, desse modo, não se limita à reclamação ou à delação. Não trata de defesa criminal, nem de propriedade privada ou interesse individual. Tampouco da propiciação ou atendimento de direitos sociais aos desfavorecidos, função prioritária dos governos, ou do recrutamento e engajamento do voluntariado em função dos mesmos. Nem de interesses corporativos, partidários, religiosos ou governamentais.

A Voz do Cidadão trata dos direitos que formam a consciência mesma de direitos, o chamado direito de ter direitos que são por excelência os direitos civis coletivos, a começar pelos direitos políticos e eleitorais e incluindo os direitos difusos econômicos e ambientais das associações civis. Como na proposta da "tolerância zero" praticada pela prefeitura de Nova York, que na verdade fazia parte de uma campanha maior de autoestima pela cidade, levada adiante por iniciativa das próprias associações de moradores, a marca *A Voz do Cidadão* tem tudo para transformar-se em uma marca de valor para vender e argumentar a possibilidade de um novo Brasil para os próprios brasileiros. Ou, no mínimo, propor um diretório de uma rede de conexão entre empresas cidadãs, entidades e empreendedores sociais.

Seu *benchmarket* está localizado no modelo de organização da sociedade civil norte-americana, no período de maior barbárie de sua cultura, qual seja o da grande depressão da década de 1920. Foi quando se articularam na alta cultura americana exatamente alguns empresários de bem, magistrados e alguns poucos homens de mídia, tanto do sistema de informação dos grandes jornais, quanto o da produção de entretenimento. Esta marca, que na nossa opinião define a missão histórica e a própria repactuação constitucional da nação americana, foi cunhada pela singela e oportuníssima expressão *Crime doesn't pay*, que galvanizou a opinião pública do país. Qualquer comparação com o momento histórico em que vivemos no Brasil, bem como o sentido da omissão da justiça de nosso lema "ordem e progresso", é bastante sintomática.

A PAUTA DAS REFORMAS

A Voz do Cidadão defende três reformas básicas e inadiáveis:

Reforma Cultural: pela intervenção da mídia na mentalidade das elites para ouvirmos uns aos outros enquanto coletivos;

Reforma Política: para melhorar a qualidade da representação;

Reforma do Judiciário: para a garantia da ordem social, institucional e dos contratos.

A reforma geral das mentalidades é, antes de mais nada, a reforma da cultura das elites desprovidas de cidadania e projeto nacional, levada a cabo pela operação de uma nova estratégia de repertórios da mídia. A mídia no Brasil sempre pode se desculpar de não ser a responsável direta pela violência social, que é logicamente devida à omissão do Estado, sobretudo pela face de seu Poder Judiciário. Mas é socialmente responsável, sim, pela sua banalização, uma vez que da maneira como apela, escandaliza e espetaculariza os delitos comuns e os crimes contra a ordem pública, mas não o faz com a mesma frequência e intensidade com a sua devida demanda judicial, o processo judiciário como um todo e, principalmente, a devida exemplaridade das penas sentenciadas.

Ao contrário, a mídia via de regra incorre no mesmo erro autoritário de qualquer poder discricionário: acha que pode "denunciar" e "condenar" qualquer cidadão sem a devida, indispensável e democrática cobertura do processo judicial. E para demonstrar a correção da tese freudiana do ato falho, onde as formas escolhidas e os erros de linguagem sempre manifestam – para além do que "denunciam" – intenções inconscientes, nunca encontrei em nenhum manual de estilo e redação de nenhum grande jornal a recomendação de comedimento no uso *lato sensu* desses termos.

Assim, faz-se necessário que usemos a mídia para inaugurarmos um novo paradigma em nossa política de substituição de bens simbólicos:

1) Nossa miséria cultural pela cultura de cidadania;
2) Nossa baixa autoestima e xenofilia pelo orgulho nacional;
3) Nosso individualismo e patrimonialismo pelo associativismo público e privado;
4) O contrato bilateral pelo contrato multilateral;
5) A orfandade civil pelo cooperativismo;
6) O *merchandising* social pelo *merchandising* da justiça e da cidadania;
7) A imprensa oficial pelas cartilhas de educação legal popular;
8) A lei da mordaça por uma magistratura aberta e disponível à mídia;
9) A TV Justiça pela participação da programação nobre da TV privada;
10) Seminário de mídia para magistrados e de justiça para editores e jornalistas;
11) Seminário de mídia para os produtores culturais e de cultura brasileira para a mídia;
12) Campanhas de propaganda de "como usar" a justiça e a Constituição Federal;

13) Balancear o noticiário catastrofista dos governos pelas boas notícias dos cidadãos;
14) Cobrir melhor o judiciário, dividindo melhor espaço do noticiário entre os poderes;
15) Introduzir na mídia de entretenimento o ideário do bem e do crime que não compensa;
16) Cobrir o movimento social organizado das associações civis e terceiro setor.

Se importamos do *American way of life* a cultura do pragmatismo e as expressões linguísticas, os produtos e as mercadorias, sobretudo os da indústria cultural, o estilo de vida, as modas e o comportamento social, temos de começar a importar alguns de seus conceitos políticos mais banais e bem sucedidos, como por exemplo, a ideia de que o crime não compensa, o bem sempre acaba por triunfar e a fé na cidadania organizada que vence qualquer adversidade. Um dos cinco programas a serem desenvolvidos pela *A Voz do Cidadão* é um centro de relacionamento telefônico que tem na crítica do disque-denúncia o seu *benchmarket*.

Se o disque-denúncia atua:

- no âmbito dos direitos individuais, contra lesão da pessoa e da propriedade privada;
- como serviços de apoio à polícia e órgãos de segurança;
- através da mídia de massa e da telefonia receptiva;
- garantindo o anonimato da denúncia, que é nula de exemplaridade e discutível jurídica e processualmente;
- sem adequação como ferramenta de marketing social para empresa patrocinadora; sem pretender retorno de serviços para um usuário solitário;

O clique-cidadão atua:

- no âmbito da consciência dos direitos civis coletivos, da força do associativismo;
- em parceria com o Ministério Público, e se eximindo das relações com a polícia;
- faz uso de mídia impressa e internet;
- garantindo a privacidade e, segundo o modelo da tolerância zero, assumindo a vigilância como conduta coletiva e exemplar;

- como uma oportuna bandeira de responsabilidade social de uma empresa-cidadã;
- oferecendo serviços de educação para a cidadania pelo estímulo ao associativismo.

ESTÁGIO ATUAL DO PROJETO

Como marca de mobilização social, *A Voz do Cidadão* já conta com várias ferramentas e recursos de comunicação e educação de massa para a conscientização e o exercício dos diretos civis coletivos. Entre elas, destacamos:

- um livro-tese intitulado *A Voz do Cidadão, mútua ajuda da cidadania*, de Jorge Maranhão, publicado pela editora Contracapa, em primeira edição de novembro/2003;
- várias campanhas de mobilização social intituladas de *Kit Cid de Mídia*, criadas pela Propaganda Professa e disponíveis no *site* www.avozdocidadao.com.br, produzido, posto e mantido no ar desde junho de 2003;
- um programa de mídia radiofônica composto de dois boletins semanais transmitidos em cadeia nacional pela Rede CBN desde junho/2003;
- um boletim ao vivo diariamente na Rádio Globo no Programa da Tarde de Francisco Barbosa, às 14h30, de cunho popular;
- uma participação semanal de Jorge Maranhão, como editor da *Voz do Cidadão*, nos debates populares do programa da manhã de Loureiro Neto da mesma emissora;
- artigos de opinião sobre cidadania, política e cultura brasileira publicados com frequência no jornal *O Globo* desde 1992 e uma proposta de coluna semanal baseada na Galeria dos Cids Exemplares do *site* a ser publicada em breve em um jornal de circulação popular.
- uma linha completa de materiais promocionais e de divulgação como camisetas, adesivos, *pins*, botões, panfletos, cartões de advertência etc. já em início de produção e disponíveis no *site* para encomendas.
- programa de seminários de cultura de cidadania para quadros gerenciais de empresas e entidades já realizados desde abril/2003, sob o patrocínio do Inmetro, em *road-show* pelas principais capitais e cidades brasileiras;
- manuais Cid de educação legal, eleitoral, fiscal, econômica, ambiental, social e comunitária com patrocínio ainda em negociação;

• um centro de treinamento de lideranças comunitárias e empresariais, sem fins lucrativos e apartidário, a ser abrigado quando do estabelecimento do instituto de cultura de cidadania já registrado e em fase de organização.

CONTEÚDOS ATUAIS DO *SITE*

• Caracterização dos atores: associações civis, parceiros e patrocinadores.
• Conceito dos direitos do cidadão como direitos civis à segurança e justiça direitos políticos e econômicos (tributários e de consumidores).
• Galerias dos Cids exemplares: indique ou seja um Cid você também.
• *Site* dos Manifestos: por que e como participar, crie o seu próprio manifesto ou assine o de outro cidadão.
• Mural do Cidadão: comente, critique, elogie, opine.
• Os 10 Mandamentos da Cidadania consciente e atuante.
• Campanhas de mobilização e opinião: tome conta...
• *A Voz do Cidadão*, o livro, os artigos, citações e bibliografia.
• *Download* do kit Cid de mídia e demais materiais de campanha.
• *Links* do Cidadão: diretório de entidades de defesa da cidadania.
• Arquivo de editoriais e boletins da Rádio Globo e CBN.
• Canal direto com correio de voz da Rádio Globo.
• Seminários de Cultura de Cidadania: curso livre para empresas e entidades.
• Enquetes às várias dimensões da cidadania
• Lojinha do Cid para aquisição física dos vários materiais de campanha.

OS NÚMEROS

• Uma empresa instituidora, a Propaganda Professa, e dez empresas privadas associadas ao projeto como patrocinadoras de banners no *site*.
• Um convênio nacional para a realização dos seminários de cultura de cidadania.
• Vinte cidadãos associados como colaboradores/multiplicadores.
• Seis parceiros de mídia. 12 parceiros sociais e um de produção.

• 23 cidadãos selecionados/diplomados na Galeria, os nossos Cids exemplares.
• 25 mil visitantes, mais de 3.500 participantes dos vários serviços do *site*.
• Dois boletins radiofônicos diários em duas grandes redes e participação semanal em programas de debates populares.
• Mais de cem artigos de opinião mensal em jornais de grande circulação.

PROPOSTA DE DESENVOLVIMENTO INSTITUCIONAL

A Voz do Cidadão foi registrada em junho de 2001. Nesses quase três anos de existência formal, podemos dizer que seus fundadores realizaram praticamente sozinhos a plataforma inicial dos cinco programas básicos do projeto, o que nos faz ver também o quanto ainda temos por realizar com o desenvolvimento de parcerias institucionais:

• Programa de Internet do *Site dos Manifestos*: desenvolvimento de novas ferramentas de internet com serviços de informação pública e contagem em *real time* das assinaturas dos manifestos e encaminhamento à mídia, ao Judiciário e aos Legislativos das enquetes sobre as questões do controle social dos governos, da justiça e da segurança pública, dos mandatos legislativos, dos orçamentos públicos e do livre mercado. A primeira versão já está na *web* desde maio de 2003, aguardando parceria de uma grande entidade ou grupo empresarial nacional para desenvolvimento de ferramentas mais adequadas, versão em inglês e espanhol e montagem de equipe fixa para atualização diária.
• Programa de Mídia: desenvolvimento dos vários kits de materiais para a promoção da cidadania; publicidade dos serviços do *site*, dos seminários e dos demais produtos; assessoria de imprensa para a divulgação dos eventos e dos conteúdos gerados; desenvolvimentos e produção dos vários programas e boletins de rádio, material para jornais e televisão com apoio e parceria de um grande grupo de mídia em troca da cessão de reprodução dos respectivos conteúdos, bem como da prioridade de uso da base de dados.
• Programa educativo dos seminários de cultura de cidadania: implantação real do instituto com a criação do centro de treinamento de quadros gerenciais de empresas e entidades do terceiro setor visando

desenvolver lideranças da cidadania, com a edição de material de apoio e CD-ROM das palestras. Programa iniciado com uma parceria com o Inmetro e que prevê a expansão com outras entidades de representação empresarial, profissional, de apoio a pequenas e médias empresas ou grupo de ensino privado.

• Programa Editorial de cartilhas e manuais da Galeria dos Cids Exemplares: programa de incentivo à boa conduta social, o espírito público e a solidariedade, que prevê a montagem de equipe de redação, edição, *design* e produção da série das cartilhas de educação popular previstas pelo *site,* como o Kit Cid de Mídia para *A Voz do Cidadão* Morador, Eleitor, Contribuinte e Consumidor. Argumento e personagem Cid já criados, com proposta de desenvolvimento com parceria de uma grande entidade nacional, fundação social ou educacional nacional ou estrangeira, prevê a publicação da primeira e mais importante da série, *A Voz do Cidadão* Morador, que traduzirá em miúdos os títulos 1 e 2 da Constituição Federal.

• Programa de Relacionamento Disque-cidadão: *call center* com postos de telemarketing receptivos de manifestos, votos em enquetes e consultas sobre os temas dos direitos civis coletivos, da justiça e segurança, políticos-eleitorais e fiscais-econômicos, bem como telemarketing ativo para visitação do *site*, venda de materiais de campanha, livros, manuais e CD-ROMS e captação de associados. Programa que prevê a parceria com um grande grupo empresarial de telefonia ou do mercado de consultoria, investimentos ou mesmo financeiro.

EDUCAÇÃO E CIDADANIA

José Eustáquio Romão

Em 1994, quando escrevemos o *Projeto da Escola Cidadã*, o professor Moacir Gadotti e eu não estávamos propondo um projeto no sentido tradicional do termo, mas levantando, registrando e divulgando o movimento que ocorria no sistema educacional brasileiro, seja em unidades escolares de educação básica da rede pública, seja nas mantidas pela iniciativa privada, no sentido da construção de uma educação democraticamente alternativa à, então, hegemônica e caracterizada pela burocracia, meritocracia, seletividade e, no limite, pela exclusão.

O texto de então explicitava os significados atribuídos às diversas expressões, tais como "projeto político-pedagógico", "educação popular", "gestão democrática", "escola cidadã", não para fazer proselitismo ou atrair resistências, mas para dar o sentido preciso que tais termos e expressões tinham na intenção dos autores. Para dar um exemplo, o termo "cidadania" é um *constructo* burguês e está carregado de ambiguidades. Contudo, no texto, ele remetia para a universalização do processo decisório, para a inserção competente de todos no sistema produtivo e para a socialização do usufruto da riqueza social.

Em uma sumaríssima síntese, entendíamos que a "Escola Cidadã" básica é aquela que se caracteriza por ser uma escola:

a) *estatal*, enquanto escola mantida com recursos públicos;

b) *pública*, enquanto dirigida a todos, sem nenhuma discriminação;

c) *comunitária*, enquanto escola pensada, dirigida e administrada por uma sociedade que se responsabiliza efetivamente por ela.

Posteriormente, em minha tese de doutoramento, que foi publicada logo depois com o título *Dialética da diferença: a Escola Cidadã* versus *o projeto pedagógico neoliberal* (2000), centrei minhas preocupações na análise desse "projeto-movimento" como alternativa à educação básica dominante em nossas escolas. Ao mesmo tempo, lançava o alerta em relação às duas atitudes próprias das posturas e dos discursos hegemônicos: 1) a desqualificação das propostas e posturas diferentes, no sentido de extrair-lhe o conteúdo político dissidente e alternativo às propostas que divulga como únicas possíveis; 2) a incorporação das propostas oponentes com maior *appeal* político, descaracterizando-as de seus sentidos originais e conferindo-lhes significados adequados às suas próprias posições, para confundir os defensores e simpatizantes das soluções dissidentes, resistentes, alternativas ou até mesmo opositoras às da ideologia dominante.

Finalmente, quase que de modo dramático, buscava alertar os educadores inscritos no campo da pedagogia crítica para o perigo de se ficar sem propostas, ao se cair na armadilha contida nesta segunda manobra do discurso hegemônico neoliberal: trata-se da negação das bandeiras raptadas pelo lado adversário. Tentei demonstrar que até mesmo planos, programas e projetos defendidos pelos grupos dominantes podem não ser estruturas significativas de sua visão de mundo, não sendo, portanto, partes constitutivas de suas projeções e "utopias" ideológicas, mas que, muitas vezes, tratam-se de incorporações descaracterizadoras táticas, para enfraquecer as posições que lhes são antagônicas.

Ainda nesse trabalho, procurava compensar uma deficiência de que padecia o "Projeto da Escola Cidadã": a ausência de uma pedagogia, de uma proposta curricular (entendida em seu sentido amplo), já que o documento de 1994 se limitava aos aspectos macroadministrativos ou de gestão. Usando uma parábola do conto do *Livro dos seres imaginários*, de Jorge Luís Borges, insinuava uma alternativa à "pedagogia especular" dominante:

> Naquele tempo, o mundo dos espelhos e o mundo dos homens não estavam, como agora, incomunicáveis. Eram, além disso, muito diferentes; não coincidiam nem os seres nem as cores nem as formas. Ambos os reinos, o especular e o humano, viviam em paz; entrava-se e saía-se pelos espelhos. Uma noite, a gente do espelho invadiu a Terra. Sua força era grande, porém ao cabo de sangrentas batalhas, as artes mágicas do Imperador Amarelo prevaleceram. Este rechaçou os invasores, encarcerou-os nos espelhos e lhes impôs a tarefa de repetir, como numa espécie de sonho, todos os atos do homem. Privou-os de sua força e de sua figura e reduziu-os a meros reflexos servis. Um dia, entretanto, livrar-se-ão dessa mágica letargia. [...] (*apud* DEWS, 1996, p. 53).

A metáfora do Imperador Amarelo aplica-se a uma prática pedagógica, predominante entre nós, que determina o aprisionamento do educando ao universo simbólico do professor, que não lhe permite perambular pela realidade objetiva e reduz seu pensar e ação ao mimetismo, isto é, à mera imitação e repetição de seus mestres. O aluno não pode ser nada mais do que a imagem reflexa do educador cuja visão de mundo, na maioria das vezes, está condicionada à repetição dos valores hegemônicos. Em outras palavras, o educando não pode construir sua própria interpretação da realidade, porque ela só lhe aparece como um reflexo do olhar de seus "educadores".

Essa "pedagogia especular" está baseada na "razão" estrutural e esta "razão, como dizem os *foucaultianos*, opera uma transformação da alteridade em identidade. Ou seja, a arrogância epistemológica da "razão" estrutural não admite o diferente, o singular, o diverso de si, pois constrói os referentes como se fossem a própria verdade objetiva, como certezas absolutas que alimentam a arrogância da posse do conhecimento unicamente válido. Daí decorre uma pedagogia da prisão, que não permite ao prisioneiro senão comportar-se mimeticamente em relação a seu carcereiro. Em suma, a "pedagogia especular" nega o pluralismo, a multiculturalidade e propõe um "mundo clônico".

A metáfora do conto de Borges – uma convivência pacífica e intercambiável entre o mundo real e o especular – fornece uma imagem oportuna para a dialética da diferença, que se caracteriza pela igualdade sem uniformidade, pela tolerância sem conivência, pela solidariedade sem paternalismo e pela diversidade sem desigualdade e dominação; em suma, igualdade na diversidade. Nesta linha de raciocínio, Paulo Freire escreveu:

> A tolerância é a maneira aberta, pós-modernamente progressista que, enquanto convivo com o diferente, me faz aprender com ele a lutar melhor contra o antagônico. Desprotegida da *coerência*, porém, a tolerância corre o risco de perder-se. A coerência entre o que dizemos e o que fazemos estabelece limites à tolerância e impede que ela descambe em *conivência*. Por exemplo, convivendo com neoliberais, posso discutir nossas posições. Mas não posso firmar acordos de que decorram concessões que deteriorem meu sonho estratégico. Nesse caso, não seria tolerante e sim conivente com a poluição de meu sonho. (FREIRE, 1995: 36).

A pedagogia da Escola Cidadã, inspirada no pensamento de Paulo Freire, busca construir o intercâmbio entre os sistemas simbólicos existentes na sociedade, sem hierarquizações entre a cultura erudita e a cultura popular, entre a "cultura primeira" e a "cultura escolar", entre os saberes, habilidades e valores dos diversos segmentos sociais. Ela busca resgatar o original sentido dos "círculos de cultura" propostos por Paulo Freire, na medida em que a relação entre educador e educandos deverá se construir com base no princípio de que todos são capazes de aprender e de ensinar.

AS ARMADILHAS DA HEGEMONIA

Sobre as "armadilhas" do projeto pedagógico neoliberal, vale a pena retomá-las aqui. Iniciemos pela discussão – não superada, ainda que alguns a considerem assim – entre o público e o privado, nele destacando as nuances generosas ou astutas da identificação entre do "estatal" com o "público". No pensamento esquerdista brasileiro reconhece-se, por exemplo, que Marx defendeu o ensino público não estatal; entretanto, neste caso, debitam-lhe um equívoco:

> Nestes textos, Marx defendia a posição de que o ensino deveria ser público sem ser estatal. Só assim ele poderia interessar ao proletariado, já que o Estado era entendido como um "comitê para gerir os negócios de toda a burguesia" (*Manifesto Comunista*). O ensino público não estatal teria como base a manutenção das escolas pelo Estado, que também faria cumprir as leis gerais da educação escolar da mesma forma como estaria fazendo com a legislação fabril, feita cumprir pelos inspetores estatais.
>
> O mais curioso é que nas duas passagens, escrita uma seis anos depois da outra, Marx apontava a administração educacional do condado norte-americano como modelo, o que mostra seu desconhecimento do fato de ser esta a "instância primeira do Estado" nos Estados Unidos. A despeito disso, no texto de 1869, Marx mencionava a "fraqueza" do sistema norte-americano, que residiria no seu marcante caráter local. Justamente pelo fato de o ensino se encontrar estreitamente ligado ao desenvolvimento cultural de cada região é que deveria reivindicar um controle central. Sintomaticamente, esta ressalva foi abandonada pelos leitores da obra de Marx no Brasil. (CUNHA, p. 412-3)

Analisemos a contestação de Luiz Antonio da Cunha desta citação. Se Marx cometeu um equívoco quando "apontava a administração do condado norte-americano como modelo, o que mostra seu desconhecimento do fato de ser esta a *instância primeira do Estado* nos EUA" (id. ib.: 413), que validade tem seu argumento sobre a "fraqueza do sistema americano"? Por outro lado, se o último argumento de Marx é válido, a "fraqueza do sistema norte-americano" tem de ser debitada na conta da "instância primeira do Estado", o que é contraditório com o raciocínio de Cunha. Finalmente, a acusação de que determinadas passagens da obra de Marx são "sintomaticamente" abandonadas por seus leitores no Brasil volta como um bumerangue na cabeça do autor, pois ele também, ao escolher a "ressalva" de Marx, está argumentando com base em uma operação de leitura seletiva.

Vejamos alguns outros exemplos mais recentes de tendência a cair nas armadilhas do discurso e da postura hegemônicos, como, por exemplo, o que ocorre na obra, coordenada por Pablo A. A. Gentili e Tomaz Tadeu da Silva (1994), e que diz respeito à consideração do Construtivismo como instrumento pedagógico do Neoliberalismo. No texto de Tomaz Tadeu da Silva, "A nova direita e as transformações na pedagogia da política e na política da pedagogia", entre muitas constatações das estruturas significativas do Neoliberalismo, como o individualismo e o livre jogo do mercado como o parâmetro para tudo, há afirmações como a que se segue:

> É nesse ponto também [soluções políticas traduzidas como técnicas] que convergem as presentes propostas neoliberais e a atual hegemonia dos discursos construtivista em educação (GENTILI e SILVA, 1994, p. 19).

Em outras palavras, o autor está afirmando que a matriz do Construtivismo é neoliberal. Contudo, sabemos que o Neoliberalismo rechaça, veementemente, todo e qualquer princípio construtivista, porque nega a historicidade de qualquer ente, fenômeno ou conceito. A vulgarização do Construtivismo no Brasil, provocando o modismo apressado que se arraigou por todos os quadrantes do país representa, de fato, um perigo. O risco, porém, não está na ameaça de jogar seus seguidores nos braços do Neoliberalismo, mas no de banalizar uma teoria que pertence ao campo da pedagogia crítica. Devemos, é claro, denunciar a desmoralização de um método substancialmente genético – portanto, inscrito nas pautas da Razão Dialética – pela superficialidade de sua aplicação apenas como modismo.

Outro autor, Márcio da Costa (1994, p. 512-3) também caiu, no nosso modo de ver, na armadilha neoliberal, quando destacou as principais críticas ao projeto pedagógico neoliberal:

> a) as propostas da 'neorreforma' educacional consideram o padrão de reformas neoliberal como a única alternativa disponível;
> b) associação entre educação e desenvolvimento (econômico ou 'social') é característica da visão funcional-liberal;
> c) a visão de equidade é construída sob o enfoque estrito do desempenho individual, o que significa o endosso à lógica da competição e uma concepção do *Homo economicus* forjada no liberalismo;
> d) os princípios da equidade e da democracia são considerados como dependentes da ordem econômica (diga-se: de mercado);

e) os atores sociais mais solidamente organizados são tratados como empecilhos à materialização da reforma, assim como nas concepções neoliberais;

f) a concepção de Estado incorporada nos diagnósticos para a crise é estática e atribui-lhe características universais, dissociadas das orientações concretas a que está submetido; e, finalmente,

g) não se manifesta nenhum tipo de inquietação com os efeitos perversos, já evidentes, da ordem mundial centralizada no binômio globalização econômica/localismo na política.

Não temos discordâncias quanto à adequação e oportunidade das críticas contidas nas quatro primeiras teses de Márcio da Costa, até mesmo porque elas são próprias da visão de mundo burguesa. Na quinta tese, porém, o autor retoma um sofisma, geralmente utilizado na crítica à descentralização educacional e à noção de público não estatal, reiterando a ideia da atomização dos atores e dos "atores solidamente constituídos transformados em inimigos" [partidos, burocracia e corporações (*sic*)] (COSTA, o. cit., p. 515). Concordamos que a mediação exclusiva do mercado acaba por fortalecer o privatismo capitalista; mas a supressão da descentralização, pura e simplesmente, e o não reconhecimento do pluralismo levam ao totalitarismo. Seu contrário, radicalizado, conduz ao liberal-corporativismo.

E aqui devemos retomar argumentos, na esteira de Carlos Nélson Coutinho. O liberal-corporativismo, em articulação com a burocratização do Estado, trabalha pela neutralização da socialização da política. Os partidos e os parlamentos da democracia representativa têm de repensar suas funções, especialmente em relação aos movimentos sociais de base. Por sua composição policlassista e por seus objetivos reivindicatórios imediatistas, esses movimentos necessitam de um conteúdo político que os partidos podem dar, tornando-se "local de síntese política das demandas dos vários sujeitos coletivos, tornando-se instância institucional decisiva da expressão da hegemonia negociada" (COUTINHO, 1992, p. 31). "Longe de serem opostas, mobilização das massas e sua organização política estão intimamente ligadas ao movimento revolucionário" (LOJKINE, 1977, p. 317).

Na última tese, Marcio da Costa atribui ao binômio globalização econômica/ localismo político à perversidade dos efeitos sociais do Neoliberalismo. Porém, por que o binômio é o provocador dos "efeitos perversos" se a mundialização do mercado, com uma nova divisão internacional do trabalho, reservando às classes dominadas dos países desenvolvidos e aos países subdesenvolvidos a "desindustrialização endividada", é suficiente para provocá-los?

Curiosamente, há um problema, que me parece crucial, e sobre o qual os críticos do Neoliberalismo passam ao largo dele: trata-se dos impactos da dívida externa nas políticas sociais, especialmente nas políticas educacionais. Ficou demonstrado em *Dívida externa e educação para todos* (1995) que a dívida externa impacta, forte e negativamente, as políticas educacionais dos países devedores – aliás, os que apresentavam os mais elevados índices de analfabetismo, pois os baixos níveis de escolarizada e escolarização nunca marcham sozinhos, mas sempre aliados a outros indicadores negativos de desenvolvimento social.

Paulo Freire nos ensina que, ao contrário da tentação da queda na armadilha neoliberal, pela negação das propostas que eram originalmente nossas, devemos capturar as bandeiras que, eventualmente, são construídas no interior do discurso dominante, dando-lhes o sentido do interesse dos dominados.

> Há uma pós-modernidade de direita, mas há também uma pós-modernidade de esquerda e não como quase sempre se insinua, quando não se insiste, que a pós-modernidade é um tempo demasiado especial, que suprimiu as classes sociais, ideologias, esquerda, direita, sonhos e utopias. E um dos aspectos fundamentais para a pós-modernidade de esquerda é o tema do poder, o tema de sua reinvenção que ultrapassa o da modernidade, o de sua pura conquista. Não é este tempo demasiado especial, sem classes, o que estamos vivendo no Brasil, nos anos 90, nem tampouco na Suíça, menos ainda em El Salvador. É por isso, inclusive, que um dos aprendizados que a pós-modernidade progressista exige de nós é o de que nem sempre a vitória total da revolução evita que, mais adiante, ela se perca. Às vezes, se perde em pleno gozo de seu poder, que ela simplesmente conquistou mas não reinventou, não recriou. Se perde pelo arrogante excesso de certeza de suas certezas, pela consequente falta de humildade, pelo exercício autoritário de seu poder. Se perde por sua modernidade (FREIRE, 1992, p. 198).

Às vezes, para evitar confusões, é necessário atribuir ou até mesmo criar outros termos, outros vocábulos, para denominar os conceitos transfigurados pelo novo sentido. É o que fez, por exemplo, Gadotti, criando os conceitos de "planetaridade" e "planetarização" para designar fenômenos contemporâneos voltados para a realização do humanismo e do avanço do processo civilizatório, escapando da semântica "globalista".

A NECESSIDADE DA PEDAGOGIA

Contudo, apesar do desenvolvimento da crítica à "pedagogia especular" e do resgate que fizera das propostas mais constitutivas do processo educacional propriamente dito a partir do legado de Paulo Freire, sentíamos a necessidade de um desenvolvimento mais aprofundado das questões intraescolares. Por isso, temos desenvolvido uma reflexão sobre a educação necessária ao século XXI, que me parece pertinente repetir aqui.

Iniciaremos esta parte do trabalho com o exame de um documento que já se tornou muito conhecido: o comumente denominado "Relatório Jacques Delors". Como sabemos, ele resultou dos trabalhos da Comissão Internacional sobre a Educação para o século XXI, da Unesco. Na sua versão brasileira, foi publicado com o título de *Educação – um tesouro a descobrir* (1998). O Relatório Jacques Delors representa o pensamento pedagógico oficial da humanidade neste final de milênio, já que foi produzido e publicado sob a chancela do órgão máximo responsável pelo setor no Planeta: a Organização das Nações Unidas para a Educação, Ciência e Cultura (Unesco).

No que propõe para a educação no século que se inicia, o Relatório Jacques Delors pode ser sintetizado em um de seus parágrafos:

> Para poder dar respostas ao conjunto de suas missões, a educação deve organizar-se em torno de quatro aprendizagens fundamentais que, ao longo de toda a vida, serão de algum modo para cada indivíduo, os pilares do conhecimento: *aprender a conhecer, isto é, adquirir os instrumentos da compreensão*; *aprender a fazer*, para poder agir sobre o meio envolvente; *aprender a viver juntos*, a fim de participar e cooperar com os outros em todas as atividades humanas; finalmente *aprender a ser*, via essencial que integra as três precedentes. É claro que essas quatro vias do saber constituem apenas uma, dado que existem entre elas múltiplos pontos de contato, de relacionamento e de permuta (DELORS, 1998, p. 89-90).

Examinemos, mais detalhadamente, esta citação. Uma observação que salta aos olhos é a "educação continuada", ou a da legitimidade das "quatro aprendizagens fundamentais", ao longo de toda a vida. Assim, mais que do que "pilares do conhecimento", elas se tornam, afinal, em pilares da própria vida. E restringindo-nos ao que se encontra expresso na literalidade do texto citado, os quatro pilares se reduzem a três: *aprender a conhecer*, *aprender a fazer* e *aprender a conviver*. De fato, o quarto – *aprender a ser* – é apenas o resultado dos três primeiros. Mas o documento vai mais longe e afirma que o quarto pilar "integra os três precedentes". Assim, *aprender a ser* é, simultânea e dialeticamente, a condição e a síntese dos demais "aprenderes". Ou, dizendo-o de outra forma, não há como aprender a conhecer, a fazer e a conviver se não aprendemos a ser; por outro lado, não podemos ser, se não aprendemos a conhecer, a fazer e a conviver.

Finalmente, o relatório não se refere a "saberes", a "conhecimentos", nem, muito menos, a "competências", como está na moda do discurso pedagógico neoliberal. Ao contrário, ele se concentra nos "aprenderes". E o que isso quer dizer? Qual a diferença essencial entre uma concepção pedagógica fundada nos conhecimentos, nas competências e nas habilidades e uma outra que tenha por centralidade os "aprenderes"? A primeira denuncia uma posição estática, estrutural, dado que "conhecimento", "competência" e "habilidade" definem faculdades constituídas e instituídas; enquanto "aprender" denota uma dinâmica, um processo, faculdades em constituição e instituintes.

É, no mínimo, curioso que um documento dessa natureza, ao propor os meios e instrumentos para a satisfação das necessidades básicas do cidadão do século XXI, tenha feito opção por uma concepção pedagógica que foge ao padrão hegemônico. De fato, encarar o aprender como mais importante do que o conhecimento, do que o domínio de competências e habilidades; tomar o processo como mais relevante do que as estruturas, constitui uma opção pela concepção dialética da realidade – o que foge aos formatos e conteúdos de documentos tradicionais da Unesco. E isso é bom sinal, porque a maioria de documentos de organismos internacionais, especialmente os da Organização das Nações Unidas (ONU), geralmente buscam manter uma equidistância – para não dizer "neutralidade" (sempre impossível) – em relação às diversas posições ideológicas *in præsentia*. E mais ainda: é um dos poucos documentos de uma agência das Nações Unidas que não traz o clássico aviso de que o órgão não se responsabiliza pelas opiniões expendidas. Portanto, trata-se, de uma posição oficial da Unesco.

Além das implicações expressas, não se pode perder a oportunidade de derivar as consequências potencializadas no trecho citado, mesmo porque elas são corroboradas no resto do documento. Dentre elas, destacaríamos a que trata do aprofundamento da dimensão contida no verbo "aprender", que acabamos por substantivar, atribuindo-lhe, inclusive, o plural "aprenderes". O texto insiste em conjugar – em todos os sentidos da palavra – dois verbos em cada um dos "pilares", já que o primeiro, "aprender", se repete em todos eles.

Ele não propõe "aprender o conhecimento", "aprender o feito", nem "aprender a convivência". Ao contrário, apresenta o segundo termo também no infinitivo, conferindo-lhe um dinamismo, um caráter processual não suportado por vocábulos estáticos, estruturais e estruturados como "conhecimento", "feito" e "convivência". "Aprender o conhecimento" é "aprender o conhecido", enquanto "aprender a conhecer" é participar da pesquisa e do processo de construção do conhecimento. "Aprender a fazer" é muito mais do que aprender como é feito. É também construir os modos e os instrumentos da "feitura". Finalmente, "aprender a conviver", não se reduz ao conhecimento das convivências – geralmente marcadas pela competição e pelos conflitos –

mas se estende à busca do conhecimento das diversidades étnicas, econômicas, políticas, sociais, religiosas e culturais, bem das estratégias de reconstrução da convivência na diferença.

Levado às suas últimas consequências, os pilares se reduzem a "aprender a aprender", embora o Relatório Jacques Delors o considere como síntese apenas do primeiro: "Aprender para conhecer supõe, antes de tudo, *aprender a aprender* (o grifo é meu), exercitando a atenção, a memória e o pensamento" (id. Ib.: 92). Entretanto, lembra-se que o verbo "aprender" encontra-se também nos demais pilares, como motor de uma segunda dinâmica contida no segundo verbo da proposição. Voltemos ao texto do relatório para verificar como ele explicita cada um dos pilares.

Relativamente ao segundo pilar, *aprender a fazer*, a proposta da Unesco vincula-o ao mundo do trabalho. Ora, cada vez mais, fica claro, em um sistema produtivo tecnologicamente reconvertido, que não tem lugar para os pacotes de conhecimento, mas para a capacidade de aprender e apreender a inovação. Mais importante do que o conhecimento sobre um processo de produção, uma seção na linha de montagem – existirá no futuro? – uma máquina ou uma operação é a capacidade de ler um manual, de se comunicar com os parceiros de trabalho, de ter iniciativa, de criar processos de produção inéditos. Portanto, o que mais se demanda de um profissional do futuro é a capacidade de "aprender a aprender fazer".

O terceiro pilar, *aprender a conviver* – o mais pobremente desenvolvido no Relatório – trata de buscar formas de reconhecimento da alteridade, não como antagônica, mas como diferente. Como diz Boaventura de Sousa Santos (1995, *passim*), não se pode ficar "indiferente à diferença". A luta contra a desigualdade entre as pessoas não quer o combate pela eliminação das diferenças. A igualdade não é sinônimo de homogeneidade. Aprender a reconhecer as diferenças ou a enxergá-las como legítimas manifestações do outro é o primeiro passo para a eliminação dos conflitos. Além disso, perceber uniformidade e o dogmatismo como empobrecimento da trajetória humana e recuperar a capacidade de enxergar a multiculturalidade como uma riqueza, é outro significativo passo para a aprendizagem e a aceitação do conviver a trabalhar na diversidade. Esses dois passos são fundamentais para a eliminação da competição e dos conflitos tão típicos de nossa sociedade. Como diz o próprio Relatório:

> Parece, pois, que a educação deve utilizar duas vias complementares. Em um primeiro nível, a descoberta progressiva do outro. Em um segundo nível, e ao longo de toda a vida, a participação em projetos comuns, que parece ser um método eficaz para evitar ou resolver conflitos latentes (DELORS, op. cit., p. 97).

Quanto ao quarto pilar, *aprender a ser*, acentua-se a necessidade do *aprender a aprender*, não só porque ele é a síntese dos demais, nos quais esta faculdade/ disposição se torna importante, mas também porque:

> Mais do que preparar crianças para uma dada sociedade, o problema será, então fornecer-lhes constantemente forças e referências intelectuais que lhes permitam compreender o mundo que as rodeia e comportar-se nele como atores responsáveis e justos. (id. Ib., p. 100).

Compreende-se, dessa forma, que o segundo termo do pilar, "ser", não é o substantivo que se refere ao ente, mas o verbo que dimensiona o "sendo". E, neste caso, aprender a aprender a ser em cada contexto é a centralidade, o eixo existencial, a legitimação de nossa vida.

Muitas outras questões poderiam ser formuladas a partir do Relatório, mas seria muita pretensão tentar formulá-las todas e – mais pretensioso ainda – tentar esgotar as respostas possíveis nos limites deste trabalho. Após o exame – sumário, é verdade – dos elementos que constituem a educação necessária no próximo século, de acordo com as proposições do órgão máximo da educação no Planeta, através do Relatório Jacques Delors, devemos agora explicitar um outro referencial, elaborado por Paulo Freire, que foi seu último livro publicado, *Pedagogia da autonomia*; saberes necessários à prática docente (1997). Em Paulo Freire, o fazer é inerente à educação, porque ela é uma forma de intervenção crítica no mundo concreto, histórico, real. Daí a dimensão política de sua pedagogia, traduzida no ato educacional transformador/libertador.

> Não junto minha voz à dos que, falando em paz, pedem aos oprimidos, aos esfarrapados do mundo, a sua resignação. Minha voz tem outra semântica, tem outra música. Falo da resistência, da indignação, da "justa ira" dos traídos e dos enganados. Do seu direito e do seu dever de rebelar-se contra as transgressões éticas de que são vítimas cada vez mais sofridas (FREIRE, 1997, p. 113-4).

Alerta-nos Freire que uma visão mecanicista da História encarará a educação como mera reprodutora da discriminação, da seletividade e, no limite, da exclusão, engendradas por sociedades injustamente estratificadas. Por outro lado, denuncia também a visão messiânica que vê a educação apenas como desveladora da realidade alienada/alienante, sem dificuldades ou equívocos. Ainda mais: a mera consciência da realidade injusta, embora necessária, é insuficiente para sua transformação. É necessário, segundo ele, "fundir", na práxis, a (cons)ciência da realidade com a ação, já que ambas iluminam-se e orientam-se mutuamente. Portanto, a prática educativa é, simultânea e dialeticamente, reprodutora e desmascaradora da realidade.

O pilar "aprender a conviver" da Unesco corresponde à comum identidade terrena dos seres humanos implícita na obra de Freire, quando ele criticava o neoliberalismo e provocava os membros do Instituto Paulo Freire, no sentido de buscarem a construção de uma categoria que superasse o ultrapassado internacionalismo socialista, reconhecendo o fenômeno da globalização, sem cair na tentação do factoide ideológico do globalismo. Penso que Gadotti conseguiu responder competentemente à provocação de Paulo, desenvolvendo, de modo adequado e oportuno, na sua *Pedagogia da terra* (GADOTTI, 2000), o conceito de planetaridade (que desenvolvo melhor no prefácio daquela obra).

O conviver é a própria essência – se é que podemos falar de essências, após a assunção da historicidade e provisoriedade de qualquer verdade, ou seja, após a constatação da onipresença da incerteza – da obra de Paulo, já que ela tem como centralidade o diálogo. Ora, ela não é possível sem a existência de, no mínimo, dois seres dialogantes, e implica na convivência mútua de ambos.

"Aprender a ser" é o quarto e último pilar necessário ao processo educacional proposto para o próximo século pelo Relatório Jacques Delors. Ele encontra visíveis e inúmeras traduções nos "saberes" de Freire. Aprender a ser significa o desenvolvimento pleno do homem, em toda sua riqueza e complexidade: "espírito e corpo, inteligência, sensibilidade, sentido estético, responsabilidade pessoal, espiritualidade" (DELORS, op. cit., p. 99). Este ser complexo, a um só tempo, plenamente biológico, mas que só esgota sua plenitude pela cultura, que é um fenômeno histórico-social, é bastante familiar na obra freiriana. Paulo Freire considera que o homem é, dialeticamente, unidade na diversidade, na medida em que a identidade única da espécie humana, dada pela cultura, não consegue apagar a multiplicidade das culturas. Nessa unicidade, Paulo Freire introduz o importante conceito de inacabamento ou inconclusão, que nos identifica com os demais seres do cosmo, mas, ao mesmo tempo, deles nos distingue, por nossa consciência dessa limitação:

> Aqui chegamos ao ponto de que talvez devêssemos ter partido. O do inacabamento do ser humano. Na verdade, o inacabamento do ser ou sua inconclusão é próprio da experiência vital. Onde há vida, há inacabamento. Mas só entre mulheres e homens o inacabamento se tornou consciente (FREIRE, 1997, p. 55).

Por isso mesmo, o ser humano é um ser utópico e educável, porque está sempre à procura de seu acabamento. Os homens e as mulheres nunca alcançam a atualização de todas as suas potencialidades, dado que seu inacabamento está inscrito no inesgotável universo dessas potencialidades. Também por isso, o ato pedagógico é um ato utópico e esperançoso.

Resta uma observação final nestas sumárias considerações comparadas entre o Relatório Delors e o pensamento do último Paulo Freire: o verbo "ensinar", usado exaustivamente nos subtítulos da obra de Freire e o verbo "aprender", onipresente no Relatório Jacques Delors. É curioso, porque na *Pedagogia do oprimido*, Paulo Freire registrou uma de suas mais contundentes contribuições à transformação social, com a afirmação de que ninguém educa ninguém; que ninguém se educa sozinho; que as pessoas se educam em comunhão, mediatizados pelo mundo (FREIRE, 1978, p. 76). Ora, se o processo educacional é, para ele, um ato de libertação, a pedagogia se centra, não em uma negação do ensino, mas em uma relação dialética entre aprender e ensinar, com a precedência do primeiro.

> Ensinar inexiste sem aprender e vice-versa e foi aprendendo socialmente que, historicamente, mulheres e homens descobriram que era possível ensinar. [...] Aprender precedeu ensinar ou, em outras palavras, ensinar se diluía na experiência realmente fundante de aprender (FREIRE, 1997, p. 26).

Além disso, em várias outras passagens, ao longo de toda sua obra, Freire alerta para o fato de que não há educação enquanto ação puramente docente. Sua pedagogia só se constitui como tal, na medida em que o educando se torna sujeito e centro do processo. Aliás, sua crítica à "educação bancária" se fundamenta, exatamente, no rechaço da onipresença e da onipotência docente em todo o processo pedagógico. Chega a inventar, em *Pedagogia da autonomia*, o neologismo "dodiscência". Vejamos, mais detalhadamente, o primeiro "pilar", já que a educação escolarizada cuida mais de perto da questão do conhecimento.

APRENDER A CONHECER

Mas em que consistirá o conhecimento necessário no milênio que se vizinha? Que paradigma informará a configuração da ciência? Que "razão" – ou *desrazão* – norteará a (cons)ciência humana a respeito das determinações naturais e sociais?

Nossa tradição epistemológica ocidental tem sido a de considerar a ciência como resultado da atividade organizadora da razão, como adequação da representação humana ao real. A fase contemporânea dessa tradição reforçou ainda mais o caráter *ratio* da epistemologia latina, que se voltava mais para o cálculo do mensurável, para a experimentação e para a instrumentalização do saber. O pensamento científico contemporâneo foi se afastando do *logos* grego, mais semanticamente ligado a "declarar", "enumerar", "vincular", "apreender". Em outras palavras, as duas do "medir" e do "falar", originárias, respectivamente do *ratio* e do *logos*, foram se reduzindo à primeira. Não será por isso que a contemporânea palavra "razão" – tradução contemporânea de ciência – é derivada do termo latino, e não do grego, apesar de predominarem em nosso vocabulário epistemológico os termos gregos?

Há em todas as variantes do pensamento cartesiano ou estrutural uma espécie de pretensão à coincidência de uma ordenação interior – inclusive no que diz respeito aos princípios éticos – com a ordem exterior. A partir da modernidade, ela tem se apresentado como uma tentação burguesa, na medida em que o individualismo só se justifica e se legitima por via dessa coincidência. De fato, se cada indivíduo tem sua própria teoria do conhecimento e sua própria escala de valores, a construção da consistência científica e da ética social somente se torna possível através da coincidência entre os valores da ordem interior e os hegemônicos na sociedade.

Além disso, esta verdadeira migração ética para o próprio interior dificulta a objetividade das referências axiológicas, na medida em que cada indivíduo, convenientemente, pode aderir a um conjunto de valores expressos ou dominantes na sociedade, apenas quando considerar que há uma coincidência entre a escala de valores internos e a sancionada socialmente, ou seja, quando, na verdade, considerar que tal adesão lhe é conveniente. De outro lado, o absenteísmo, resultante da ataraxia – como diziam os gregos em relação ao epicurismo ao estoicismo e ao cinismo, no período da transição helenística – predominará, se, também por conveniência do indivíduo, não houver coincidência entre os valores externos e a escala de valores referenciais da sociedade.

Ao falar do rigor metódico de que deve se revestir a prática docente, Paulo Freire lembra que ela não é "apenas ensinar os conteúdos, mas também ensinar a pensar certo" (1997, p. 29). E, para ele, "uma das condições necessárias a pensar certo é não estarmos demasiado certos de nossas certezas" (id. Ib., p. 30). Além da incerteza de que devem se revestir nossas certezas, com a consciência de minha historicidade e da historicidade do mundo, ambos estamos sujeitos a transformações constantes ou a mutações bruscas, muitas delas imprevisíveis.

> Daí que seja tão fundamental conhecer o conhecimento existente quanto saber que estamos abertos e aptos à produção do conhecimento ainda não existente. Ensinar, aprender e pesquisar lidam com esses dois momentos do ciclo gnosiológico: o em que se ensina e se aprende o conhecimento já existente e o em que se trabalha a produção do conhecimento ainda não existente (id. Ib., p. 31).

A irredutibilidade ou subtração do real a qualquer conhecimento absoluto é que potencializa o espaço e as oportunidades para a invenção e a criatividade. Portanto, se encaradas pela razão cartesiana, estrutural ou positivista, a incerteza epistemológica e a indeterminação do real surgem como obstáculos, como limites ao conhecimento consistente e à ação socialmente relevante. Enfocadas pela razão dialético-dialógica, temporal ou histórico-social, as duas significam alternativas de construção do novo, que não pode ser "pré-visto" em toda sua clareza e, por isso mesmo, permite ao homem ser sujeito de sua própria história pessoal e coletiva.

O pensamento estrutural sempre teve dificuldade com a relação entre necessidade histórica e liberdade. A razão dialética sempre afirmou que a liberdade começa a se tornar possível, quando, exatamente, começamos a explicitar as determinações naturais e sociais. E que são essas determinações senão o que deveríamos denominar necessidade ecológico-histórica? Ela sempre encarou o princípio da incerteza como princípio potencializador da transformação, na medida em que na realidade objetiva se digladiam o contingente e o necessário. E "a incapacidade teórico-prática de dar conta da contingência gerou o recurso ao 'eu mínimo', isto é, ao indiferentismo liberal ou então à indiferenciação totalitária" (BARBOSA, 1994, p. 32). Talvez, por tudo isso é que Paulo Freire tenha falado mais em curiosidade do que em conhecimento. Para ele, a "curiosidade ingênua" deve evoluir para "curiosidade epistemológica" e nessa evolução, ela muda de qualidade, mas não de essência, uma vez que

> A curiosidade como inquietação indagadora, como inclinação ao desvelamento de algo, como pergunta verbalizada ou não, como procura de esclarecimento, como sinal de atenção que sugere alerta faz parte integrante do fenômeno vital. Não haveria criatividade sem a curiosidade que nos move e que nos põe pacientemente impacientes diante do mundo que não fizemos, acrescentando a ele algo que fazemos (1997, p. 35).

INTERROGAR O REAL

Em suma, poderíamos concluir, a partir de como Freire encara o conhecer, que a grande ciência não é a que afirma categoricamente, mas a que interroga, inteligentemente, o real. Paulo não propõe mudanças programáticas, mas transformações paradigmáticas. Insiste mais no resgate dos saberes de todos, especialmente no dos dominados, porque, conforme afirma em vários de seus livros, busca a transformação social com os oprimidos, e não, simplesmente, para os oprimidos.

Contudo, o que mais o aproxima da Razão Dialética, conduzindo-o à verdadeira construção da Razão Dialético-Dialógica, é a *contextualização*, a *historicização* dos saberes. Ou seja, mais do que falar em teoria do conhecimento ou epistemologia, justificar-se-ia reiterar a necessidade de uma reconstituição histórico-sociológica do conhecimento, pois cada saber deve ser situado nos *loci* de sua produção, circulação e recepção.

Está também preocupado com a integração de cada saber nas totalidades mais amplas que os têm como partes constitutivas. Neste sentido, aproxima-se de Lucien Goldmann, que elaborou o conceito de "compreensão" e "explicação", não no sentido em que esses termos são tomados pelo senso comum, mas enquanto categorias epistemológicas, ou como passos necessários do conhecimento. Para este pensador, "compreender um objeto" significa encará-lo como entidade relativamente autônoma de dependências internas. Significa isolá-lo, provisoriamente, da totalidade de que ele faz parte e do contexto em que ele está inserido. Assim opera a Razão Cartesiana. Contudo, ela para por aí. Já a Razão Dialética, a partir da "compreensão do objeto", "explica-o", através de sua inserção nas totalidades mais amplas que o tem como parte constitutiva. No limite, a ciência de um problema passa a ser o problema da própria ciência.

Podemos dizer que Freire é um pensador deste final de século que fez um enorme esforço por construir um novo olhar sobre a realidade. Sem o explicitar claramente, é um epistemólogo dialético e dialógico, na medida em que rechaça o caráter disciplinar da ciência, recuperando sua natureza processual e construindo pontes entre os saberes erudito e popular, racional e emocional, leigo e teológico etc.

Por isso, para ele, os saberes e as ciências podem nascer do desdobramento de antigos saberes, do hibridismo e da interação das ciências existentes, do tráfico gnosiológico entre saberes de procedências sociais diversas e de fontes as mais variadas. Uma constante na história das ciências tem sido a vitalidade e a fecundidade da disciplina que, mesmo como disciplina, abriu às demais e aos outros saberes e se colocou à disposição da inter ou da transdisciplinaridade. Tal saber do saber é extremamente necessário à educação do próximo milênio.

Segundo Paulo Freire, mais do que filosofias, devemos estudar, desenvolver, registrar e divulgar "pedagogias". Estaria o autor da *Pedagogia do oprimido* sugerindo que os filósofos ou os teóricos do conhecimento do novo século serão os pedagogos? Não é a reflexão pedagógica um campo restrito, uma teoria setorial, portanto, inadequada para a abordagem dos problemas mais gerais do cosmos, da vida e da trajetória humana na Terra? Ou será que ele estaria considerando que o século XXI será mesmo o da aprendizagem e, portanto, o da Pedagogia?

A sugestão parece inusitada, especialmente em um país onde o estatuto científico da Pedagogia é colocado em dúvida e os cursos de Pedagogia são reduzidos à formação docente, abandonando a formação do pedagogo *stricto sensu*. "Já agora ninguém educa ninguém, como tampouco ninguém se educa a si mesmo: os homens se educam em comunhão, mediatizados pelo mundo" (FREIRE, 1978, p. 79). Esta é uma das afirmações mais citadas e mais conhecidas de Paulo Freire, mas que, se não examinada em sua profundidade, pode causar estranheza. Recito-a com a finalidade de retomar uma ideia tão difícil de ser absorvida entre nós, dada nossa tradição hegemônica de um sistema educacional cujo eixo tem sido ensinar coisas. Portanto, ela se constitui como autoeducação, tem como centralidade o "aprender", não o ensinar. Neste sentido, a concepção freiriana se coloca na mesma linha do Relatório Jacques Delors. E Paulo Freire é até mais explícito nesta direção:

> É preciso, sobretudo, e aí já vai um desses saberes indispensáveis, que o formando, desde o princípio mesmo de sua experiência formadora, assumindo-se como sujeito também da produção do saber, se convença definitivamente de que ensinar não é *transferir conhecimento*, mas criar as possibilidades para a sua produção ou a sua construção (FREIRE, 1997, p. 25).

No processo educacional, homens e mulheres são irredutíveis a objetos do educador, isto é, não são informados nem formados por outrem, mas autoinformados e formados. Neste sentido, nem mesmo a motivação pode ser desencadeada em alguém a partir de seu exterior. Ela também é sempre um processo endógeno, interno. Mas, então, se isso tudo é verdade, qual é a razão de ser e qual é o papel do educador? Como se depreende da citação anterior, o educador tem razão de ser e, mais do que isso, ele é fundamental ao processo, embora seu trabalho, numa educação libertadora, seja o de "criar as possibilidades" e a ambiência adequada para a construção do conhecimento pelos educandos. E, neste sentido, no que diz respeito à motivação, sua função é a de descobrir e explicitar as que já existem nos educandos, trabalhando por sua explicitação e aguçamento.

Essa radicalidade que caracteriza o olhar freiriano sobre o processo educacional – e evitamos, propositadamente, o adjetivo "educativo", na medida em que ele se carrega de uma dimensão hétero, de fora para dentro, bancária – se esclarece na perspectiva histórica:

> Ensinar inexiste sem aprender e vice-versa e foi aprendendo socialmente que, historicamente, mulheres e homens descobriram que era possível ensinar. Foi assim, socialmente aprendendo, que ao longo dos tempos mulheres e homens perceberam que era possível –

> depois, preciso – trabalhar maneiras, caminhos, métodos de ensinar. Aprender precedeu ensinar ou, em outras palavras, ensinar se diluía na experiência realmente fundante de aprender (FREIRE, 1997, p. 26).

Ora, se incerteza é o elemento fundante do ensinar, ela passa a ser o elemento fundante do aprender, na medida em que se transforme no olhar crítico sobre a realidade. Não se trata da dúvida metódica cartesiana, que carregava, por trás da aparente humildade da dúvida, a pretensiosa e arrogante construção da verdade absoluta. A incerteza freiriana se constitui de certezas provisórias, histórica e socialmente determinadas pela visão de mundo – portanto pelos ideais, projeções e interesses de quem as formula. Não é a dúvida (negadora) sistemática que busca a construção da verdade substituta, mas a reconstrução da leitura do mundo a partir do mundo e das "leituras" anteriores.

Embora todos os itens de seu último livro publicado, *Pedagogia da autonomia*, iniciem-se por "ensinar exige...", e os organizadores da obra tenham lhe aposto o subtítulo de *Saberes necessários à prática educativa*, a pedagogia freiriana tem como centralidade o reaprender: reaprender a conhecer, reaprender a fazer, reaprender a conviver, reaprender a ser, seriam, certamente, as versões freirianas dos pilares do Relatório Jacques Delors.

Neste final de milênio encontramo-nos, aparentemente, entre dois agentes antagônicos que se apresentam como os únicos capazes de tornar realidade as duas alternativas possíveis de continuidade do processo civilizatório: o Estado e o mercado. O primeiro posiciona-se como agente superior e externo e o segundo apresenta-se como instrumento da auto-organização "espontânea" da sociedade. E a opção por qualquer dos dois, com exclusão do outro, tem implicações em todos os campos das atividades humanas, inclusive no da educação básica, que é o foco principal deste trabalho. Ambos revelam-se como manifestação cínica da terminalidade social e da impossibilidade da utopia. De fato, a imposição totalitária do primeiro buscou a "persuasão" da maioria das populações das sociedades em que teve vigência a mais brutal coerção e negação da liberdade e da democracia como valores universais. Já o mercado do Capitalismo Tardio ou Organizado busca legitimação numa forma desesperada de consumismo.

A desintegração dos regimes dos países estalinistas significa realmente a libertação do império da opressão e dos grilhões ideológicos? É realmente "natural", significa libertação, a transição dessas formas institucionais de organização social para as formações sociais reguladas pelas relações de mercado? Mesmo que não tenhamos, por enquanto, clareza suficiente para optarmos ou não por um dos modelos, temos de definir rapidamente o projeto de Nação que queremos construir, ou nosso projeto político-pedagógico não terá referências para sua própria construção.

Em nosso país, vemos intensificar-se o debate entre as duas propostas: de um lado, o Governo Federal, embora negando veementemente ter esposado as teses neoliberais, toma sistematicamente medidas cada vez mais semelhantes às adotadas pelos que não se envergonham do Neoliberalismo; de outro, os chamados partidos de esquerda tentam legitimar sua alternativa através da resistência às privatizações, ao encolhimento das políticas sociais, à morosidade da reforma agrária, à diminuição dos investimentos em saúde e educação, aos ditames das cartilhas do FMI e do Banco Mundial, mas com um claro desconforto em relação à denominação de "socialistas", autoatribuída ou imputada. São essas posturas não confessadas que geram uma certa confusão ideológica, popularmente denominada "geleia geral". De fato, posições não explicitamente assumidas pelas lideranças, institucionalizadas ou não, provocam perplexidade na população, transformando seus membros em "errantes do novo século". Além disso, em uma manobra já conhecida na história da humanidade, lutamos hoje contra uma espécie de "estetização" da política brasileira, na qual o discurso "social-democrata" se aproxima, perigosamente, dos discursos popular-democratas do fascismo.

O Neoliberalismo debate-se no interior da tese inaugurada por Maquiavel de que a ação cega dos meios legitimava-se na racionalidade dos fins. Essa é a "utopia" burguesa, radicalizada na própria "impossibilidade" de apreensão racional dos meios, mas dissimulada no absoluto "natural" de que nada haverá fora da sociedade burguesa. Se Marx desmistificou a naturalização do histórico no século passado, compete à teoria crítica hodierna a historicização do "natural".

Os socialistas ortodoxos estrebucham-se na orfandade resultante de uma confusão histórico-epistemológica, fortalecendo a arrogância dos neoliberais: "O Socialismo morreu". Quando se perde a memória das promessas não cumpridas e traídas, em cujo nome se mobilizaram as massas oprimidas, perde-se a potencialidade histórico-transformadora do presente. Morreu, como já afirmamos antes, uma versão revisionista e desviante do Socialismo – e já morreu tarde! Morreu o rei, viva o povo!

Frente ao dilema, ansiar por uma harmonia configurada no "socialismo de mercado" ou no "liberalismo social" é cair na ilusão conservadora. O mercado, por definição, nunca foi nem poderá se constituir em projeto. É preciso ter em mente uma série de contradições inerentes ao Capitalismo, das quais, por mais que evolua, ele não consegue delas se safar. Por exemplo, a transformação da economia liberal no Capitalismo Organizado, minou a base econômica do individualismo burguês. Esta e outras contradições do sistema hegemônico devem ser exploradas para a construção de uma alternativa não ecleticamente vinculada ou compactuada com os fracassos de ambos os polos anteriormente citados. Outro exemplo pode ser buscado no choque entre o nacionalismo, nivelador e legitimador interno da dominação, e o internacionalismo típico do Capitalismo Organizado. Há de se explorar o cosmopolitismo solidário inerente ao internacionalismo, desmistificando de vez a equalização formal entre opressores e oprimidos no interior de cada país.

A proposta da Escola Básica Cidadã não tem a pretensão de ser solução para todos esses problemas, engendrados pela bipolaridade ideológica fracassada; mas busca abrir um espaço de construção do sujeito transindividual a que se referia Goldmann – agente da arquitetura de uma sociedade mais democrática, mais humana e mais justa, sem medo das rotulações típicas dos "ismos". Não podemos cair na armadilha de que a ideologia acabou, porque com ela estão sendo eliminados, *ideologicamente*, todos os ideólogos. Enquanto a ideologia burguesa pretende estabelecer um fosso entre sujeito e objeto, entre fato e valor, entre teoria e prática, entre ciência e ideologia, entre pessoal e coletivo, a epistemologia crítica terá de restaurar a relativa unidade desses polos, resgatando a Razão Dialética, a Ética, a Práxis, a análise histórico-sociológica do conhecimento e o Sujeito Transindividual.

E se nos permitem um desabafo, a título de conclusão, queremos repetir a conclusão de um artigo que escrevemos a quatro mãos com Moacir Gadotti, publicado na Folha de S. Paulo: pior do que viver em um país de socialistas e neoliberais arrependidos é viver em uma sociedade de neoliberais e socialistas envergonhados.

REFERÊNCIAS BIBLIOGRÁFICAS

COSTA, Márcio da. *Crise do Estado e crise na educação*: influência neoliberal e reforma educacional. *Educação e Sociedade*. Campinas, 49, dez. 1994, 50-23.

COUTINHO, Carlos Nelson. *Democracia e socialismo*. São Paulo: Cortez, 1992.

CUNHA, Luiz Antônio. *Educação, Estado e democracia no Brasil*. São Paulo/ Niterói/Brasília: Cortez/Ed. UFF/ FLACSO, 1991.

DELORS, Jacques (coord.). *Educação: Um tesouro a descobrir*. São Paulo/ Brasília: Cortez/UNESCO/MEC, 1998.

DEWS, Peter. Adorno, pós-estruturalismo e crítica da identidade. *In*: ZIZEK, Slavoj. *Um mapa da ideologia*. Rio de Janeiro: Contraponto, 1996, p. 51-70.

FREIRE, Paulo. *À sombra desta mangueira.* São Paulo: Olho d'água, 1995a.

___. *Pedagogia da autonomia;* Saberes necessários à prática pedagógica. Rio de Janeiro: Paz e Terra, 1997 (Col. "Leitura").

___. *Pedagogia da esperança.* Rio de Janeiro: Paz e Terra, 1992.

___. *Pedagogia do oprimido.* 6ª ed., Rio de Janeiro: Paz e Terra, 1978.

GADOTTI, Moacir. *Pedagogia da Terra.* São Paulo: Peirópolis, 2000.

GENTILI, Pablo; SILVA, Tomaz Tadeu da (org.). *Neoliberalismo, qualidade total e educação: visões críticas.* Petrópolis: Vozes, 1994.

INSTITUTO PAULO FREIRE. *Projeto da escola cidadã - A hora da sociedade.* São Paulo: IPF, 1994 (mimeo.).

ROMÃO, José Eustáquio. *Dialética da diferença;* O projeto da Escola Cidadã frente ao projeto político-pedagógico neoliberal. São Paulo: Cortez/IPF, 2000.

SANTOS, Boaventura de Sousa. *Pela mão de Alice - O social e o político na pós-modernidade.* São Paulo: Cortez, 1995.

TAMARIT, José. *Educar al soberano;* *crítica al iluminismo pedagógico de ayer y de hoy.* Buenos Aires: Miño y Dávila/ IPF, 1994.

VERÓN, Eliseo (dir.). *Ideologia, estrutura e comunicação.* São Paulo: Cultrix, 1970.

ZIZEK, Slavoj (org.). *Um mapa da ideologia.* Rio de Janeiro: Contraponto, 1996.

BAIRRO-ESCOLA: UMA EXPERIÊNCIA DE REAPRENDIZADO NA RUA

Gilberto Dimenstein

Demorou para perceber que aqueles círculos formados de bolas de gude, imaginadas como simples fragmentos decorativos de vidro, tinham se transformado em uma bússola.

Em um plano de recuperação de espaços deteriorados, envolvendo crianças e adolescentes, pintamos as paredes sujas e pichadas de um bar, a poucos metros da Cidade Escola Aprendiz, na paulistana Vila Madalena, bairro de vinte mil habitantes numa cidade de dez milhões de pessoas. Em cima de um fundo azul escuro, desenhou-se um painel de sóis de um amarelo brilhante, delineados por fileiras contíguas de bolas de gude – uma referência às brincadeiras de rua. Em três anos, apenas quatro delas, entre as centenas fixadas na parede, foram arrancadas, apesar de estarem expostas em uma esquina movimentada – e, por isso, notamos que ali surgira uma bússola. O número das bolas intactas – verdadeiras joias aos olhos das crianças – mostrava que trilhávamos o caminho certo do diálogo com a comunidade.

Naquela contagem, um gosto especial de vitória. Meses atrás, fizéramos o mesmo tipo de intervenção, abraçando, com bolas de gude, os muros de uma praça, numa ação exclusiva de uma única artista plástica. O resultado ficou esteticamente estupendo. Mas, politicamente, foi um horror. Naquela mesma noite, arrancaram bola por bola, deixando apenas lições nas marcas vazias do cimento. Pela falta de envolvimento dos moradores, a obra não foi apropriada por ninguém; parecia aos olhos deles uma invasão, uma interferência indevida.

Aprender as sutilezas no respeito às bolas de gude é uma das lições adquiridas por um grupo de psicólogos, advogados, arquitetos, jornalistas, psicopedagogos e pedagogos que se propôs a fazer da Vila Madalena uma escola a céu aberto. Na experiência batizada de bairro-escola, conduzida pela Cidade Escola Aprendiz, praças, parques, ateliês, becos, estúdios, oficinas, empresas, museus, teatros, cinemas, parques de diversão, centros esportivos, bibliotecas, livrarias são exploradas como extensões das salas de aula, formando trilhas educativas a serem percorridas. Daí o efeito norteador das bolas de gude: aquelas intervenções redimensionavam o alcance da sala de aula, levada para a rua, e indicavam como a sensação de pertencimento comunitário se traduzia em respeito.

O projeto de descoberta da rua está resumido em nosso nome, inspirado na história paulistana: Cidade Escola Aprendiz. No começo do século passado, os ingleses trouxeram para São Paulo o conceito de cidade-jardim, destinado a civilizar, para as elites, os bairros, cujas casas seriam entrelaçadas por agradáveis áreas verdes. Pegamos dessa composição bucólica a ideia de civilidade, na qual as casas se mesclam e se integram harmoniosamente ao espaço público. Mas trocamos os jardins pelo saber, na busca de uma integração pelo aprendizado. Cidade Escola significa que não deveriam existir fronteiras entre a escola e a cidade, assim como não deveriam existir muros entre o viver e o aprender, entre o ser e fazer.

Dedicada a desenvolver a experiência do bairro-escola para ampliar espaços de aprendizado na comunidade, a Cidade Escola Aprendiz é um laboratório de pedagogia que se move em três direções:

- Cria programas de comunicação, artes, esportes e meio ambiente, destinados a estimular o estudante a conhecer-se e localizar-se no cotidiano e na sua comunidade. Esses estímulos devem servir como eixos de interesse para as demais matérias curriculares como História, Língua Portuguesa, Geografia, estudos sociais. O ato de aprender, portanto, é o ato de se conhecer e de intervir no seu meio.
- Participa da gestão das parceiras, envolvendo escolas, famílias, poder público, empresários, associações de bairro, artesãos, ONGs, voluntários, para que se administrem potencialidades educativas comunitárias.
- Presta-se como centro de capacitação para que as experiências desenvolvidas ajudem mais educadores e líderes sociais a nutrir os sistemas de aprendizado.

Nascemos, em 1997, com o nome de " Projeto Aprendiz". A mudança de nome tem muito a ver com as lições extraídas de São Paulo, vivendo seu pior momento, teoricamente ruim para mostrar os encantos educativos da rua – esse contexto acabaria nos empurrando, tempos depois, para o bairro-escola. Além dos crônicos congestionamentos, da poluição, da sujeira, da feiura, avolumavam-se as denúncias de corrupção municipal. Na cidade que não pode parar, o emprego parou, indústrias desapareceram. E pensar que poucas décadas antes chegavam alemães, japoneses, italianos, espanhóis, portugueses, todos hoje no primeiro mundo, em busca de oportunidade. E achavam. Desde a década de 1980, o desemprego e subemprego não paravam de subir, gerando legiões de centenas de milhares de desocupados, especialmente entre os mais jovens.

Recordes nas estatísticas de violência. Áreas como a chamada "Cracolância" pareciam territórios dominados por estrangeiros; era o pico da epidemia do *crack*. Meninos e meninas perambulando sujos, fétidos, pelas ruas, rastejando e assaltando para comprar a droga. Muros por todos os lados e cada vez mais altos. Os jornais noticiavam que mesmo famílias de classe média blindavam seus automóveis. Blindavam-se até quartos nas casas. O misto de insegurança e congestionamento produziu a segunda maior frota de helicópteros do mundo, alguns deles contratados por empresários para vigiar suas casas. Prosperavam, como nunca, empresas de segurança. Uma pesquisa do Datafolha informou que mais da metade da população sonhava em se mudar para um lugar mais tranquilo. Crianças e suas bolas de gude quase desapareceram da paisagem.

Ao lado das variadas crises, São Paulo oferece, porém, enormes vantagens em comparação com as demais cidades brasileiras. É o epicentro do terceiro setor, em que prosperam ações de responsabilidade social nas empresas; sede da maioria das fundações e entidades não governamentais mais influentes, além de centro de produção de estudos que, dentro e fora da universidade, monitoram e avaliam políticas públicas. São Paulo compõe os elementos de um laboratório de pedagogia comunitária, a partir da combinação do rico capital humano com a miserável degradação urbana. Tanto poderia servir como síntese dos principais desafios brasileiros – esse coquetel sombrio de desemprego, violência e baixa escolaridade – como *show-room* de eventuais soluções. É um local apropriado para se construírem pontes sobre os muros.

Apostamos que nesse fiapo geográfico apresentaríamos um contraste ao caos urbano, uma amostra de 1 km², com seus vinte mil habitantes, de uma cidade que priorizasse, em todos os seus espaços, o aprendizado. A pretensão, em suma, era fazer da Vila Madalena uma vitrine em movimento, viva, do *show-*

room social paulistano. O espírito do bairro, afinal, está associado à transgressão e ao prazer. Na década de 1970, a ditadura fechou a residência dos estudantes da Universidade de São Paulo. Acabaram se encontrando na Vila, com seu ar provinciano, de interior; e, mais importante, com seus aluguéis baratos. Surgiria na rebeldia estudantil a imagem de bairro alternativo; viriam depois os artistas e *hippies*, atraídos pelo espírito liberal e boêmio.

Apesar da especulação imobiliária, a Vila Madalena continua um espaço diferenciado. Ao final da tarde, crianças brincam na rua, senhoras conversam na calçada, cachorros dormem debaixo de alguma árvore. De madrugada, ouvem-se gargalhadas nas esquinas tomadas pelos jovens. A década de 1990 trouxe *designers* sofisticados e cosmopolitas. Convivem ali entre as ladeiras, provincianismo e cosmopolitismo. Não é um bairro, mas um estilo em uma cidade sem estilo. É uma zona estratégica, localizada entre duas universidades (PUC e USP), rodeada por bairros em que vive um bom pedaço da intelectualidade paulistana e de lideranças de algumas das mais importantes organizações não governamentais.

Os caminhos que levam ao bairro-escola são repletos de picadas experimentais, em meio a intenções planejadas, intuições, reflexões e apostas, tudo isso misturado ao acaso – e ensinam como se criar (e como não se deve criar) um projeto social. Aos poucos fomos entendendo o que fazíamos, como se pintássemos um quadro numa sala escura que filtrava lentamente, pelas frestas da janela, raios de luz que revelavam as linhas do desenho. Nossa primeira iniciativa foi a de criar uma redação-escola, a partir de uma *home-page*, pretexto para a produção de matérias jornalísticas e, ao mesmo tempo, reforço à formação dos estudantes em leitura crítica da mídia. Era um pequeno laboratório de educação pela comunicação, baseado na concepção de protagonismo juvenil. Provocados pela tarefa de gerar conteúdos, eles teciam conexões com o cotidiano e cruzavam as mais diversas matérias, especialmente Língua Portuguesa, História e Estudos Sociais.

Em seu primeiro ano de vida, o Aprendiz usou um canto do laboratório de informática do Colégio Bandeirantes, uma das mais reputadas instituições de ensino de São Paulo e uma das raras a dispor provedor de Internet. Aquela escola desenvolvia um programa de cidadania, no qual estudantes deveriam, além de conduzir pesquisas, assumir responsabilidades comunitárias e levar a sala de aula para a rua. Em 1998, encontramos nossa primeira sede – uma antiga oficina de cerâmica, instalada numa casa de tijolos aparentes, portas e janelas de fazenda, rodeadas por plantas, na rua Belmiro Braga, na Vila Madalena.

Além do charme da casa, um atrativo especial: o preço do aluguel. Entendia-se facilmente o preço baixo. Uma das portas de entrada da Vila Madalena, a Belmiro

Braga sintetizava as mazelas paulistanas. Pela sua localização geográfica – fundo de um vale – e por estar em cima de um córrego canalizado, a rua transformava-se, em alguns dias de chuva, em um rio. Uma criança tinha morrido afogada em seu próprio quarto. Todos os moradores dali tinham alguma boa história para contar sobre o humor das águas. Em uma das extremidades da Belmiro Braga, depositava-se lixo, conduzido para os bueiros e facilitando as enchentes. Os moradores pareciam ver aquele lixo como uma espécie de fenômeno natural imutável.

Em um sobrado, uma casa de prostituição, dividida em cubículos sem janelas. Ao seu lado, um galpão, sempre fechado, escondia operárias de uma fábrica têxtil clandestina. A poucos metros dali, comercializavam-se papel e ferro velho. Carrinheiros usavam a rua como banheiro, dormitório e estacionamento. Um terreno, em frente ao prostíbulo, há anos abandonado, prestava-se de moradia para mendigos e esconderijo de traficantes e criminosos. Esconderijo ideal: o terreno dava para um beco, depósito de fezes de animais e de homens.

Daquele beco partiam grupos para cometer assaltos nas redondezas. Deixar o carro estacionado na Belmiro Braga – isso quando os carrinheiros deixavam algum espaço – era um convite para ficar sem o rádio. Diante dessa coleção de chagas urbanas, sobrava pelo menos o consolo da compensação do aluguel. A Belmiro Braga apresentava-se como um cartão de visitas às avessas para quem se dispunha a acenar com as vantagens da educação para a cidadania.

Com os novos projetos, a casinha ficou pequena. Alugamos um galpão duas quadras acima da Belmiro Braga, na rua Aspicuelta, onde jovens de escolas públicas e privadas elaboravam *sites* para entidades sociais, desenvolvendo, além de habilidades tecnológicas, o conhecimento da realidade e o prazer de intervenção. Aprender significa mudar – e mudar significa aprender. Está nisso a essência do protagonismo e a nossa essência: o agente da mudança é beneficiário da mudança.

O jeito como montamos aquele galpão, chamado de "Design Social", revelava uma concepção de ensino. Não havia espaço para professores; o professor seria um tutor a circular entre os aprendizes. As matérias se cruzavam, conectadas ao concreto, tudo deveria gerar produtos – no caso *sites*, depois *fanzines* e programas de rádio – que pudessem ser compartilhados e divulgados. Logo viria a necessidade de um programa de complementação em língua portuguesa; mais uma vez, o norte seria a vontade de expressar e não a decoreba da norma culta. Os aprendizes partiam da leitura crítica da mídia e iam costurando as ligações entre o mundo e eles próprios. Nesse espírito empreendedor, ensinavam, juntos, idosos a navegar pela Internet. Não queríamos um projeto apenas para os mais pobres: tentávamos (e não sem muita dificuldade) unir alunos das mais diferentes origens para criar possibilidades de aprendizagens pela diversidade.

Decidimos ir mais longe e testar a educação pelas artes. Um novo galpão, também na Aspicuelta, acolheu um ateliê de arte-educação, batizado de "Escola da Rua", cuja porta, imensa, de vidro, sempre aberta, atraía artistas, presidentes de empresas, crianças curiosas, lavadores de carro. Lançamos o Projeto Sem Muros, através do qual, como uma brincadeira tipo João e Maria, crianças e adolescentes deixavam rastros de mosaico nas calçadas, praças, muros e postes, como se fossem pistas misteriosas a levar a algum tesouro. As bolas de gude fixadas no bar integravam esses rastros.

As brincadeiras se sintonizavam no clima de charme informal da vizinhança, bem diferente da suja e fétida Belmiro Braga, onde estava a sede. A algazarra de artistas acontecia nas proximidades de ruas cujos nomes parecem tirados de romance: Harmonia, Simpatia, Girassol, Original, Purpurina ou Wizard (sábio, em inglês). A poucos passos do galpão, é possível tomar um banho de ofurô, imerso em uma água com óleos exóticos. Na superfície da água aromatizada, flutuam dezenas de pétalas de flores. Corpo relaxado, exalando essências, vamos a uma sala iluminada por velas, submetidos a uma massagem de um psicanalista especializado em *do-in*. Na frente daquele recanto *zen*, em um pequeno ateliê, Kátia Vasconcelos produz velas com cheiros e cores que, combinados, ensina ela, exercem diferentes efeitos no espírito. Sempre de bermudas e tênis, Carlos Motta sai procurando nas demolições madeiras abandonadas, com as quais fez móveis que correm pelo mundo, em um *design* elegante. Já passou há algum tempo dos cinquenta anos, mas não deixou de surfar. Subindo pela Harmonia, no cruzamento com a Original, se saboreiam pães fresquíssimos, dos mais diferentes tipos, feitos por padeiros franceses, que nem sequer falam português.

Artes e comunicação recheavam a educação pela expressão, ajudavam crianças e jovens a se conhecer e a produzir conhecimento, a partir de seu entorno e de suas vidas. O diferencial, porém, estava na incorporação da comunidade aos processos de aprendizado. Se a Internet nos ensinava a tirar proveito das redes virtuais, a perspectiva de tomar o bairro e, em última instância a cidade, convidava a descobrir as redes reais. Redes virtuais e reais deveriam fundir-se na comunidade de aprendizagem, associada à escola. Precisaríamos, portanto, misturar intervenção urbana com educação. Se não existem recursos para disseminar uma escola integral de qualidade, por que não mapear os potenciais educativos da comunidade e integrá-los cotidianamente à sala de aula?

Ideias desse tipo não são novas, embora, muita vezes, apresentadas como contemporâneas em embolados textos pedagógicos. Sêneca, filósofo romano, dizia, 64 anos antes do nascimento de Cristo: "Não se educa para a escola, mas para a vida." Fala-se tanto, nos seminários, em aprender fazendo, com ares de modernidade, mas era exatamente assim que as sociedades primitivas ensinavam as crianças. Desde seus primórdios, a educação judaica colocava a comunidade como centro da disseminação de sabedoria.

Desde a década de 1970, começou a prosperar na Europa a proposta de cidade-educadora, o que, para nós, teria viabilidade se fosse uma reunião de vários bairros-escola. Antes disso, o educador Anísio Teixeira, influenciado por John Dewey, que conheceu nos Estados Unidos, implementou no Brasil as escolas-parque. Interessado em unir o saber ao fazer e formar alunos para o trabalho e para a cidadania, Anísio propunha que os estudantes, espalhados em escola-classe (as salas de aulas) se misturassem na escola-parque, espaços dedicados às mais diversas atividades práticas. Experimentar é indissociável do saber. Sabemos porque experimentamos. O que não experimentamos, esquecemos – o que, aliás, está escrito em textos ancestrais dos árabes.

Falar em princípios pedagógicos é fácil, difícil é executá-los nas escolas no geral e nas escolas públicas em particular, onde os professores tendem a ser desmotivados, sobrecarregados, atrelados a um currículo defasado. Não têm tempo nem estímulo para inovar. São vítimas de uma cultura do fracasso. Uma das escolas do bairro, Alves Cruz, era um exemplo perfeito desse clima. Estava para fechar. Não paravam professores, diretores; muros pichados, vazamentos na parede, relatos de violência. Queríamos fazer dela uma escola modelo, mas só tínhamos de interlocutores escassos alunos que frequentavam programas do Aprendiz, além de um grupo de ex-alunos, dispostos a fazer alguma coisa.

O Aprendiz se propunha, então, a mesclar a escola desmotivada com a cidade acuada. Precisava, portanto, romper a lógica do medo paulistano e manter suas portas abertas. Estávamos fragmentados pelo bairro, espalhados em vários imóveis, todos eles ligados apenas por cacos de azulejo incrustados nas calçadas. Faltava um ponto de encontro para que os educadores se reunissem e a comunidade fosse recebida. Na Belmiro Braga, decidimos criar, na fábrica clandestina, agora desativada, um Café, empreitada para a qual fomos desaconselhados. Empresários chamados a ajudar rabiscaram as contas e alertaram para os riscos. O local pequeno não comportava muitas mesas e só iríamos ficar abertos para o almoço. Aquela rua, além do mais, não atraía ninguém: o lixo na esquina, os carrinheiros, o terreno ocupado por mendigos, os traficantes, as enchentes.

Nessa decisão de serenidade empresarial duvidosa, conspirou a força do acaso para que se desse mais um passo do bairro-escola. O Café nos estimulou a mexer no terreno em frente para que virasse uma praça. Plantamos os mais diversos tipos de árvores floridas como ipês e primaveras. O beco já tinha virado a sala de aula dos grafiteiros e, ao mesmo tempo, galeria de arte. Mais do que isso, tinha virado um símbolo – um lugar sem saída que apresentava uma saída. Bem na nossa cara, nosso melhor cartão de visitas.

Desativamos nossos programas na charmosa Aspicuelta, com suas velas aromáticas, banhos de ofurô, e o beco virou um corredor a ligar todas as nossas atividades. Brotava um grão da São Paulo acolhedora e contemporânea, moldada pelo aprender e ensinar. Se a Vila Madalena servia de *show-room*, a Belmiro Braga seria a vitrine. Novos cheiros, sons e cores. O café exalava o aroma do café torrado; os ipês salpicavam flores amarelas; as primaveras traziam tonalidades roxas e vermelhas.

Nesses cheiros e cores se delineavam as forças do acaso que iriam compondo o bairro-escola. O impulso definitivo desse molde deveu-se a outro acaso. Sem nada para fazer, crianças entravam na Escola da Rua. Ficavam vendo, curiosas, as peças saírem do forno, a agitação dos artistas, os risos, as brincadeiras, homens e mulheres com roupas estranhas e jeito diferente. Parecia um misto de ateliê com circo. Vieram mais crianças até virarem uma turma. Como não queríamos expulsá-las, a alternativa foi colocar alguma ordem na algazarra. Ganharam um programa especial. Quando mudamos nossa geografia e aglutinamos todos os projetos em torno do beco, as crianças obtiveram *status* especial. Receberam a praça, recém-recuperada, como sua sede, além de uma equipe exclusiva de educadores comunitários – a própria personificação da imagem da escola a céu aberto. Surgia assim a "Escola na Praça", preservada ao máximo em todas as oscilações financeiras, por expor o que deveríamos ser. As crianças iam construindo as trilhas nas parcerias com uma oficina de invenção de brinquedos, num bufê, numa oficina de vela, num estúdio de xilogravura, numa escola de circo. Firmaram-se acordos com médicos e terapeutas.

Como as crianças tinham de ser avaliadas, conversávamos com os professores da escola formal e chamávamos os pais. A improvisada "Escola na Praça" ia abrindo as picadas, as tais trilhas, mesclando escola, comunidade e família. Ganhava-se, nessa caminhada, capital social e cultural. Um dos principais diferenciais do aluno de maior poder aquisitivo não é apenas a escola em que estuda, mas o capital cultural que recebe em casa e, depois, é mantido nas relações com amigos. Desde cedo, ele tem contato com formas de falar e de se expressar mais sofisticadas, vê os pais e parentes lendo jornais. Tudo isso é a base para uma boa formação. Inútil pensar que apenas a escola pública em nosso país conseguiria suprir todo esse capital cultural. Não há dinheiro nem mesmo para as tarefas obrigatórias. As trilhas tentam suprir essas deficiências.

Os progressos não escondiam que a Cidade Escola Aprendiz estava despedaçada; o próprio reflexo da fragmentação urbana. Cada núcleo parecia uma entidade independente, dificultando o percurso dos estudantes em nossos próprios projetos. No Brás, ajudávamos a montar detalhado programa de formação de jovens, de escolas públicas e privadas, estimulados a criar projetos sociais – uma incubadora de sonhos comunitários a serem realizados pelos jovens, acompanhados passo a passo para tirarem suas ideias do papel[1]. Ali, graças à parceria com a Comgás, havia recursos para a formação permanente dos educadores, consultorias, avaliação de impacto, monitoramento, criação de indicadores. Mas, como quase tudo no Aprendiz, comunicava-se pouco com os demais núcleos. Repetíamos o que criticávamos na escola: o ensino fragmentado, disperso. Pagávamos o preço de ser um laboratório, no qual o erro faz parte da rotina, com a imprevisibilidade externa e a sempre delicada arte da convivência.

Já é difícil, em qualquer situação, estabelecer indicadores de eficiência, ainda mais em meio à efervescência laboratorial. Como medir autonomia e senso de responsabilidade dos aprendizes? O fato de a criança ir mal na escola, mas tornar-se responsável em casa, como deveria ser pontuado? Como avaliar o envolvimento das escolas, das famílias, do poder público? Deveríamos tapar os buracos deixados pela escola, dando reforço em língua portuguesa? Qual dos critérios é o mais relevante e como deve ser monitorado? São discussões complexas, exigem noções de psicologia, psicopedagogia, didática e mesmo urbanismo. Demorou para perceber que se não agregássemos o conceito de tecido social, combinando urbanismo com educação, ficaríamos capengas teoricamente e dificultaria nosso caminhar.

Nossa situação, em 2002, era de muita visibilidade, mas com as metas em movimento. Pouco dinheiro, baixa coesão, apesar de os vários programas isoladamente não irem mal. Antigos parceiros lamentavam não poder, naquele momento, ajudar, pediam tempo até que a situação econômica ficasse mais calma; Lula tinha acabado de tomar posse. Salários reduzidos, demissões, corte de aluguéis. Nas escolas parceiras, saíam diretores e professores com os quais trabalhávamos, desfazendo projetos tão arduamente montados. Consertávamos o carro em movimento – e pior, na ladeira e em alta velocidade. Em qualquer situação, mesmo nas melhores, é difícil trabalhar em ONGs. Os salários são mais baixos do que no mercado, sempre se perdem alguns profissionais. Programas públicos, com os quais se colabora, param apenas porque mudou um secretário, e não se fala mais no assunto. Muitas fundações, todas sempre bem-intencionadas, perdem-se muitas vezes em discussões sobre seu foco, a partir das reflexões dos executivos da empresa. Algumas delas querem resultados imediatos.

Para completar a insegurança generalizada, o *crack* entrou no beco. Essa droga gera paranoia e agressividade. Ficamos ainda mais vulneráveis porque os traficantes nos encaravam como inimigos a ser derrotados, expulsos. Brigavam, faziam ameaças de morte, quebravam nossos espaços, numa guerra de território como se fôssemos mais uma gangue. Em reuniões, chegamos a avaliar a possibilidade de deixar o beco. Mais do que um território, ameaçava-se um símbolo. Perdemos nossa saída? Mas e se acontecesse alguma coisa, se alguém morresse? Tratamos de providenciar uma casa mais segura, uma extensão da praça. Mas não deixamos o beco.

Acostumada a lidar com crianças em situações de risco, a advogada Célia Pecci, diretora-adjunta do Aprendiz, apostava na ideia de que aqueles jovens no beco eram nossos adversários, mas, ao mesmo tempo, público-alvo. Deveríamos aprender a trabalhar com eles, para que nos respeitassem porque os respeitávamos enquanto indivíduos à procura de perspectiva. Com a chegada do *crack*, até Célia, há tantos anos envolvida em projetos sociais, temia que talvez não tivéssemos mais espaço e colocássemos nossas crianças em risco. Por muitas vezes passei pelo beco e testemunhei a tensão crescente. A última alternativa: seduzi-los com a proposta de que poderíamos significar uma ponte para eles saírem da marginalidade, enquanto convidávamos seus irmãos menores para estudarem na "Escola na Praça", envolvendo a família.

Ocorriam eventuais blitz de policiais; os adolescentes, presos, rapidamente estavam na rua, e nutriam a suspeita de que o Aprendiz os denunciara. A situação, portanto, só piorava – a polícia às vezes atuando sem coordenação representava mais um complicador. Um de nossos melhores grafiteiros, em acelerado processo de aperfeiçoamento, pensando cursar faculdade, toma um porre, cai em um lago e morre. Nesse clima de tensão, dois grafiteiros se desentenderam e saíram no braço.

Mas não faltavam estímulos para que persistíssemos. O Café sempre cheio de pessoas interessantes – *designers*, arquitetos, estilistas, intelectuais, pirados, artistas –, a praça com as crianças, o beco com malabaristas e grafiteiros, os jovens circulando nos mais diversos programas, nos faziam sentir o hálito da utopia. Nas manhãs, idosos se reuniam no café para aprender, com adolescentes, a navegar na Internet e iam escrevendo suas histórias de vida. Depois da aula, sentavam-se, em torno do pão quente, café, geleia e conversavam. Talvez estivessem, sem aquele programa, trancados em casa.

Flores nasciam onde antes imperava o lixo. Nos nossos trajetos habituais, passava Esmeralda Ortiz, uma ex-menina de rua e ex-viciada em *crack*, que se tornou escritora e entrou na faculdade. Sempre tinha um sorriso e uma história para contar. O responsável pela ordem do beco era o "frete", um ex-presidiário, que agora ajudava as crianças, entre meninos e meninas as quais acompanhávamos o crescimento, muitas delas superando obstáculos, vítimas de escola ruim e da família desestruturada. Um deles, Anderson Gomes, trabalhava nos bares de madrugada e, quando veio para o Aprendiz, não sabia ler nem escrever.

O bairro-escola implica trazer a vida, com suas imprevisibilidades, dores e delícias para o cotidiano do aprendizado. E devolver tudo isso melhorado para o sistema formal. Um grupo de alunos a quem ensinamos informática batizou-se de "Inconformáticos". Motivo da "rebelião": os computadores da escola estavam trancados pelo simples motivo de que os professores, envergonhados, não reconheciam a inabilidade para operá-los. Os inconformáticos trataram de dar aulas aos professores e, enfim, liberaram o laboratório. A essa deliciosa conquista de ver alunos dando aulas para professores – o sonho de Paulo Freire – seguiu-se uma frustração. Mudou a diretora e aquela "liberalidade" foi abolida.

Adversidade gera oportunidade. A saída estava em radicalizar o foco, centrar energia no que se constituía no objetivo de erguer uma comunidade de aprendizagem. Investimos na conquista de novos parceiros e consolidação dos que já há anos apoiavam[2]. Sempre em busca de sinergia, um dos novos parceiros chegou a montar sua sede dentro do Aprendiz[3]. O modelo de gestão da Cidade Escola Aprendiz, o tal desenho ia aparecendo com as luzes da fresta do quarto, revelando-se em sua complexidade, graças, em parte, ao retorno de relativa calma e o esforço de sistematizar nossas práticas. Depois de sete anos de testes, tínhamos condições de avaliar os passos necessários para implementar um bairro-escola, que, em suma, é um modelo de gestão de potencialidades educativas:

> 1) fortalecer o que já existe, apostando nas riquezas comunitárias, o que exige exploração constante;
> 2) foco espacial delimitado. Precisaríamos fortalecer nossa "vitrine", tornar o modelo de gestão mais eficiente, cada vez mais sistematizado e avaliado;
> 3) perseguir sempre as alianças nos seus mais variados níveis, todas ligadas pela noção de que jovens e crianças são agentes e beneficiárias dessas mudanças. Essas alianças incluem artesãos, lojistas, professores, secretários municipais e estaduais, subprefeituras, indivíduos, associações não governamentais;

> 4) entrar nas escolas para aprender junto com os professores e desenvolver inovações pedagógicas, a partir de nossa vocação – ou seja, os projetos de artes e comunicação, voltados à valorização do bairro.
> 5) revitalizar sempre o espaço público em um efeito-demonstração de que uma nova cidade é possível através da educação.
> 6) enfatizar que a educação tem o papel de formar indivíduos autônomos e solidários. Pessoas responsáveis por si próprios e pelos outros. E convencidos de que a escola é apenas uma fase do processo de aprendizagem e de que esse processo é algo para o resto da vida. O principal capital de um país é seu capital humano, que só poderia prosperar com o conhecimento.
> 7) treinar as lideranças comunitárias a desenvolver um olhar educativo, atento às demandas do aprendizado permanente, da necessidade de considerar menos os conteúdos e mais a criatividade.

Foram firmadas parcerias com as redes municipal e estadual de educação para que pudéssemos trabalhar, durante o horário de aula, com os professores, habilitados como capacitadores em projetos de arte e comunicação. Não dependeríamos mais da boa vontade deste ou daquele diretor. Estávamos oficialmente integrados em seu cronograma. Esses acordos permitiram que se agregassem escolas dos bairros limítrofes, como Alto de Pinheiros, Alto da Lapa, Butantã, Pinheiros, além do nosso 1 km^2. Retomaríamos, nesses acordos, nossa história inicial, marcada pela era digital, quando éramos uma redação-escola produzindo conteúdo para um *site*. Cada qual com sua ação a partir do bairro, escolas criariam *sites*[4], compondo, todas elas, uma revista digital em comum. Teriam também acesso a programas de aprendizagem desenvolvidos nos Estados Unidos. Nesse momento, nossa presença ocorria, de diferentes maneiras e graus de envolvimento, em 55 escolas estaduais, municipais e privadas, atingindo cerca de dez mil alunos.

A Vila Madalena é, assim, apenas o polo irradiador, em tese, ainda rodeado de incógnitas, desse modelo de gestão das potencialidades – um modelo que não exige construção de prédios, aluguel de imóveis, mas apenas a junção de peças para mover as engrenagens. Apesar de todas as dificuldades burocráticas escolares e da crônica falta de recursos, o clima na cidade se mostrava mais favorável a projetos de tecnologia comunitária. O governo estadual, por exemplo, decidira abrir as escolas nos finais de semana, o que revelava como os planos de integração com a comunidade saía do papel.

A prefeitura aderiu ao movimento de cidades educadoras, tema central de um fórum mundial em abril. Poucas semanas antes do fórum, a secretaria municipal da Educação procurou o Aprendiz, interessada em disseminar o bairro-escola na Vila Maria e Mooca, respectivamente distritos nas zonas norte e leste. Fomos chamados pela secretaria estadual da educação a pensar em um projeto para as escolas de ensino médio do centro da cidade. Mais uma vez, o atrativo eram os baixos custos e um possível impacto positivo no rendimento escolar via choque cultural. Na região central, há algumas das melhores "salas de aulas". Basta, para começar, alinhar o que já era desenvolvido pelo próprio Estado em seus programas educativos, por exemplo, da Pinacoteca e da Orquestra Sinfônica. Muito mais há ali disponível, como centros culturais da Caixa Econômica, Banco do Brasil, Faap.

Antes desses convites, já fazíamos parte de um grupo envolvido em uma instituição com ótima condição de desenvolver o conceito de bairro-escola. O colégio Rodrigues Alves localizado na avenida Paulista e, sintomaticamente, não aproveitava a riqueza a seu lado, embora estivesse em uma mina de ouro educativa: Instituto Cultural Itaú, Sesi, onde, além de exposições, há peças de teatro gratuitas, Masp, o parque Trianon, várias salas de cinema. Em um desses cinemas, existia um projeto para ensinar professores a usar filmes no processo educativo.

Muitos desses entendimentos podem nem sair do papel, podem sair e parar logo, podem prosseguir mas ficarem capengas, minimamente executados. Mas indicam que o modelo de gestão que testávamos demonstrava condições de assumir maiores dimensões, bem além do 1 km^2 da Vila Madalena, onde, aliás, nosso modelo nem de longe está institucionalizado. Somos um processo em construção, ainda cercados de incógnitas – se o bairro-escola já é uma operação complexa na Vila, onde somos uma liderança e moramos lá, como seria transposta a experiência para outros bairros? Educação é uma plantação que vemos as sementes e nem sempre desfrutamos das árvores. Não se muda rapidamente a mentalidade de professores, acostumados a esquemas antigos de ensino, e da comunidade, desacostumada da prática do associativismo.

A primeira e vital condição para um bairro-escola é dispor de uma liderança local, capaz de fazer todas as amarrações. Não é nenhuma liderança; tem de ser alguém ou uma instituição com um olhar educativo, preparada para fazer e manter as amarrações para melhorar o aprendizado. Esse modelo de gestão depende de uma série de engrenagens. A mais importante delas, porém, como vimos em nossas experiências, é o diretor da escola. Quando é um líder, alguém que motiva, articula, as redes de aprendizagem se tecem com menos dificuldade. O diretor é peça fundamental nessa costura, desde que se disponha a sair dos limites burocráticos da sala de aula. Por isso, participávamos de entendimentos com o poder público para ajudar na formação de educadores, até mesmo diretores, em pedagogia comunitária. A escola do futuro terá de dispor, em seu organograma, a figura do pedagogo comunitário.

Se quisermos atingir um modelo viável, devemos seguir o óbvio: tudo deve ser em conjunto e complementar. Por isso, começou a funcionar um espaço informal para ajudar a operar o bairro-escola. Os coordenadores do Aprendiz criaram uma comissão, sempre reunida para um café da manhã, para um bate-papo, convidando as várias coordenadorias da subprefeitura (educação, cultural, juventude, trabalho e saúde), delegados do orçamento participativo, professores, diretores das escolas, artesãos e ONGs – um agrupamento, com os mais diferentes atores focados na ideia de melhoria do processo educativo. Cada um oferecendo um pouco na sua especialidade e possibilidade, os custos tornam-se administráveis.

Integramos o orçamento participativo (elegemos um delegado), no comitê do Centro de Saúde, para o qual, aliás, o Aprendiz agregou as escolas. Ajudamos a organizar a associação de lojistas da Vila Madalena, cuja sede ficou em nossas instalações. Conversamos com coordenadores pedagógicos e diretores.

Cada porta aberta é uma nova sala de aula, a ser trabalhada. Por esse princípio, o músico e pesquisador Antônio Nóbrega, estudioso da tradição nordestina, colocou, em 2004, seu teatro e cursos em nossa trilha. Um centro de terapias e massagens ofereceu-se a dar cursos para aprimorar o equilíbrio dos aprendizes e de seus familiares. Quando ocorreu a "Arte na Vila" – os ateliês se abrem ao público e oferecem oficinas – estávamos lá apresentados como parte do roteiro. Artistas circenses se dispuseram a dar aulas de malabares. Em cada um daqueles ateliês e estúdios, agora delineados em mapas, vislumbrava-se a chance de trilhas.

A chave de tudo é juntar e ressignificar. Chamamos um grupo de jovens que já grafitavam e oferecemos espaço em nossas instalações. O beco foi convertido em uma galeria a céu aberto[5], apresentamos roteiros culturais para que aumentassem seu repertório cultural. Juntamos então doadores de tintas e uma fundação com a coordenadoria da Juventude, autorizando a intervenção por toda a cidade. Uma delas, os túneis que conduzem à avenida Paulista, tornaram-se a maior galeria de grafitagem de que se tem notícia. Pudemos transmitir, nos mais diferentes pontos da cidade, essa sensação de acolhimento, de pertencimento – justamente o efeito bola de gude.

Em 2004, já não era mais possível entrar na Vila Madalena, por qualquer lugar, sem esbarrar numa intervenção de arte, sugerindo um novo jeito de se olhar o espaço público – tratamos também de disseminar, por ruas das regiões vizinhas, mosaicos e grafites pelos caminhos que levavam ao bairro-escola, como se formássemos corredores com significado educativo. Mas o ponto vital, onde se vê o DNA da experiência, localiza-se em torno do conjunto arquitetônico composto pelo beco e pela praça, deixando bem para longe os tempos sombrios daquele ambiente. Aos grafiteiros, agregaram-se *skatistas*, treinados para serem monitores. Malabaristas montaram uma escola e, de noite, quando davam suas aulas, o que se via era uma exótica cena de centenas de malabares no ar. Fez-se também uma improvisada quadra de basquete; em certos dias, tinham aula de tênis. Muitos de nossos aprendizes estavam entrando ou querendo entrar na universidade, o que nos levou a criar com a Universidade de São Paulo um cursinho pré-vestibular na Belmiro Braga.

Lançamos na praça o "Clube do Saber", com as palestras ao ar livre. Convidávamos sempre alguém que estivesse inventando algo em educação. Assim, o coreógrafo Ivaldo Bertazzo explicou como levou os ritmos hindus para a favela da Maré, no Rio; o médico Dráuzio Varella falou de sua vivência como comunicador. Wellington Nogueira mostrou o processo educativo dos "Doutores da Alegria", uma escola de palhaços que atuam em hospitais. O empresário Ricardo Semler compartilhou sua proposta de criar uma escola que revolucionasse o ensino; o pianista João Carlos Martins, um dos maiores intérpretes de Bach, contou, comovido, como perdeu o movimento nas duas mãos e começou a envolver-se com a educação musical de egressos da Febem. Depois das exposições, os bate-papos se prolongavam e atraíam gente fascinada por experiências educativas. Essa fauna tão animada, divertida, provocativa, compunha os fragmentos vivos da comunidade de aprendizagem que construíamos.

É impossível ainda fazer uma avaliação de impacto do bairro-escola – o que demanda vários anos de observação e análise para medição de diferentes indicadores –, mas alguns sinais indicam a confluência positiva da comunidade com os alunos. Recebemos relatos sobre como crianças e adolescentes mudaram a relação com os pais e os pais com elas, além de maior empenho escolar. Descobríamos professores que, fugindo da modorra geral, queriam fazer a diferença. Uma professora de Química do Alves Cruz é um belíssimo (e raro) exemplo dessa mescla. Para não fazer os alunos bocejarem diante das fórmulas desconectadas do cotidiano, ela resolveu ensiná-los Fotografia. E explicava como as combinações químicas atuam na revelação das fotos, tiradas no bairro – o que também servia para Estudos Sociais. Graças à mobilização dos ex-alunos e de entidades do bairro, entre as quais o Aprendiz, o Alves não só não fechou, como prosperou e virou referência nacional de engenhosidade comunitária. A escola ofereceu os diversos programas extracurriculares e se fizeram parcerias com a

USP para a formação de professores. Muitos de seus alunos transitavam em nossas trilhas em programas de arte e comunicação.

Quando se iniciou 2004, tivemos mais uma bússola, desta vez não de esferas de vidro, mas feita de ritmos musicais, a confirmar que trilhávamos o caminho certo. O Aprendiz foi tema da Pérola Negra, a escola de samba do bairro. Para sermos entendidos pela nossa cidade – e depois, quem sabe, pelo país – precisamos ser entendidos primeiro pela nossa escola de samba. Isso é que derruba muitos muros, preserva as bolas de gude e, acima de tudo, alimenta o sonho de que as crianças voltem um dia, sem medo, para as ruas.

NOTAS

1 Projeto desenvolvido pela Comgás.

2 Lista de patrocinadores do Aprendiz – Organismos internacionais: Unicef e Unesco; Instituições públicas: Sebrae. Institutos: Ayrton Senna, Itaú, Sangari e C&A. Fundações: Bradesco, BankBoston e Fia (Fundação Instituto de Administração, da Universidade de São Paulo). Empresas: Livraria Cultura, Comgás, Microsoft, J.P. Morgan, ING e Intel. Colégios: Bandeirantes e Santa Cruz;: Sindicatos: Sindicato das Escolas Particulares do Estado de São Paulo: Faculdades: Belas Artes e Anhembi Morumbi.

3 Especializada em educação infantil, que lhe rendeu prêmios e sólida credibilidade, a Fundação Orsa resolveu associar a nós (inclusive instalou sua sede dentro do Aprendiz). A fundação implementa a ideia do "município feliz", uma inovação em educação infantil em cidades brasileiras.

4 Parceria Microsoft e Secretaria Estadual da Educação.

5 Um dos primeiros parceiros do Aprendiz, a Fundação BankBoston era o principal parceiro nos programas de arte-educação como o beco-escola.

LIVROS PARA TODOS

Galeno Amorim

Descalça, o corpo esquálido protegido pelo vestido roto que começava a se esfarelar pelo uso, a mulher estacionou no meio-fio a carroça carregada de papelão, que empurrava a muito custo. Do colo, tirou a cédula solitária. Humilde, porém com incrível dignidade, ela disparou:

– Moço, tem livro aí de um real?

Era dia de Feira Nacional do Livro. A praça principal da cidade fervilhava com a multidão de leitores, ávidos por livros. A pergunta direta pegou a todos de surpresa. Mas ela explicou:

– É pro meu menino. Quero que ele seja alguém na vida...

Entre os mais de trezentos escritores brasileiros e estrangeiros presentes naquela Feira do Livro, em Ribeirão Preto, no interior de São Paulo, estavam vários ícones da nossa literatura. Mas nada, nem ninguém, seria capaz de calar tão fundo em meio aos editores, livreiros, bibliotecários e militantes da causa da leitura, quanto aquela personagem singular e anônima. Seu gesto era carregado de forte simbolismo e, com certeza, tinha muito a ensinar a todos nós que estávamos ali reunidos. A atitude daquela mulher do povo, analfabeta e excluída da maioria dos seus direitos básicos na sociedade moderna, já era por si só uma atitude de coragem e bravura. Afinal, atravessar o gigantesco fosso social existente entre ela e aquele universo constituído por intelectuais e leitores em geral, e chegar até ali, certamente, já exigira uma dose considerável de esforço e determinação.

Com simplicidade e clareza, aquela mãe fizera, na verdade, uma veemente defesa do papel do livro e da leitura na sociedade, defesa que nem mesmo a mais apaixonada retórica acadêmica conseguiria suplantar. E, especialmente, a atitude daquela catadora de papelão evidenciava-nos o valor social do livro no imaginário coletivo, o relevante papel conferido à leitura nos setores populares da sociedade, a ideia do livro como elemento indispensável para o processo de formação do conhecimento e para o desenvolvimento pessoal e profissional. O livro compreendido como uma espécie de chave, que abre a porta e dá acesso aos direitos sociais básicos para transformar um indivíduo em cidadão.

Alheia às discussões sobre o preço do livro no Brasil, aos debates sobre a precariedade da rede de bibliotecas ou sobre a ausência de políticas públicas de leitura no país, aquela mãe do povo tinha nos dado o seu contundente recado. Ou seja: o acesso público ao livro é um direito básico de cidadania. Assim, a leitura precisa estar realmente ao alcance de todos, inclusive daqueles para quem, como ela, investir mais do que um real na compra de um livro representará um enorme sacrifício no combalido orçamento familiar.

Todas as pessoas – ricas ou pobres, brancas ou negras, com maior ou menor habilidade intelectual, independentemente de suas crenças, de suas ideias ou do lugar onde moram – precisam ter o acesso assegurado à leitura. Isso deve ser entendido como algo tão elementar quanto o direito universal aos serviços públicos de saúde, educação, saneamento ou segurança, por exemplo. No mais amplo sentido republicano.

Foi justamente essa perspectiva, a de buscar estender o acesso público ao livro – e às outras formas de leitura – ao maior número possível de cidadãos, que deu o tom das discussões que levaram à criação do Programa Ribeirão das Letras. Trata-se de um conjunto de ações e projetos que começaram a ser implementados, a partir de 2001, no município paulista de Ribeirão Preto. Desde então, esse Programa vem sendo apontado por especialistas, de várias partes do mundo, como um dos mais completos modelos de política pública colocados em prática, nos últimos anos, na área do livro, da leitura e de bibliotecas.

A concepção do livro como gênero de primeira necessidade e a questão da leitura colocada como uma política de Estado em âmbito local seria fortalecida ainda mais nos anos seguintes. Na medida em que o programa começou a gerar os primeiros resultados concretos, multiplicavam-se por toda a cidade notícias semelhantes à da catadora de papelão que desejava comprar um livro para o filho ao preço de um real. Na verdade, surgia ali, diante de nós, uma impressionante quantidade de novos leitores, com suas fantásticas experiências no mundo novo da leitura.

Houve um apoio popular tão forte, e originário de toda a sociedade, que rapidamente se legitimou a ação inicial – que já nascera com a pretensão de ser, ao mesmo tempo, ampla, profunda e o mais abrangente possível. E, se possível, levada à prática com ousadia e criatividade suficientes para se tornar um laboratório de políticas públicas, exemplo que pudesse, no futuro, colaborar com outras prefeituras e governos estaduais, ajudando assim a enfrentar o gigantesco e histórico desafio de se construir um país de cidadãos e de leitores.

COMO TUDO COMEÇOU

No início da década de 1990, ao visitar Ribeirão Preto (cidade que chegaria ao ano 2000 com uma população de quinhentos mil habitantes, uma economia vigorosa, uma das rendas *per capita* mais altas do País e, ao mesmo tempo, vários déficits sociais que contrastavam com sua controvertida fama de "Califórnia Brasileira"), o vice-diretor da Escola de Comunicação e Artes da Universidade de São Paulo (USP), Luiz Milanesi, um respeitado conhecedor do tema Biblioteconomia, comentou:

– Esta deve ser a maior cidade do mundo sem bibliotecas!

Na verdade, existia, sim, uma pequena biblioteca municipal, a Guilherme de Almeida. Mas, de tão acanhada, com funcionamento extremamente precário, ninguém na cidade sequer sabia da sua existência. Havia, ainda, duas outras – a Altino Arantes e a Padre Euclydes, mantidas por instituições filantrópicas. O Estado – representado ali pela Prefeitura – mantinha-se, confortavelmente, à margem de qualquer responsabilidade quanto a livros, leitura e bibliotecas públicas.

Quase dez anos depois, no início de 2001, quando o então prefeito Antônio Palocci assumiu a prefeitura de Ribeirão Preto para um segundo mandato, a frequência diária total nessas bibliotecas não chegava a uma centena de usuários. Nas escolas, o máximo que se via eram ações isoladas, de vários respeitáveis educadores, atuando como autênticos ativistas da leitura. E, não muito diferente do que ocorre no restante do País – onde mais da metade das crianças que chegam à 5ª série do Ensino Fundamental têm dificuldades sérias para ler e compreender um texto –, os estudantes da cidade apresentavam deficiências típicas de um quadro de baixa leitura. Não foi, aliás, por outra razão que o Brasil ficou em último lugar em compreensão leitora entre os mais de quarenta países pesquisados pelo Projeto PISA, da Organização para a Cooperação e o Desenvolvimento Econômico (OCDE).

Contudo, Ribeirão Preto tem apresentado, nas últimas décadas, inúmeras estatísticas que a colocam em uma situação mais confortável quando comparada à maioria dos municípios brasileiros. A população local de analfabetos, por exemplo, é de 3% da população, enquanto a média nacional é, de acordo com o

Índice Nacional de Analfabetismo Funcional (INAF) divulgado em 2003, de 9%. A taxa de analfabetos funcionais na cidade (aqueles que conseguem identificar enunciados simples, mas são incapazes de interpretar um texto mais longo ou com alguma complexidade) era, naquele mesmo ano, de 12% – bem inferior, portanto, aos 38% que aparecem em estudos como o *Mapa do analfabetismo no Brasil*, produzido pelo Instituto Nacional de Estudos e Pesquisas Educacionais (INEP) a partir de dados produzidos em 2000 pelo IBGE e pelo Programa das Nações Unidas para o Desenvolvimento (PNDU).

Apesar desse cenário reconhecidamente favorável, nem por isso a questão da leitura estava resolvida quando – com o testemunho dos dirigentes da Câmara Brasileira do Livro e de personalidades como a escritora Lygia Fagundes Telles – o prefeito assinou, em setembro de 2001, a Lei do Livro. Foi a primeira legislação do gênero instituída por um município brasileiro, isso dois anos antes de o presidente Luiz Inácio Lula da Silva sancionar, em 31 de outubro de 2003, a legislação que instituiu no País a política nacional do livro, que também ficou conhecida como Lei do Livro. No caso de Ribeirão, não há dúvidas sobre sua eficácia: foi ela quem deu todo embasamento e suporte político e institucional a tudo que viria a ser implementado nos anos seguintes.

Apesar da propalada riqueza das suas elites e da sua classe média forte, a verdade é que a maioria esmagadora da população de Ribeirão Preto não tinha acesso ao livro. Quem quisesse ler qualquer um dos livros lançados nos últimos dez anos dificilmente conseguiria tomá-lo emprestado nas bibliotecas locais que, como já se disse, estavam vazias e desinteressantes aos olhos desses usuários em potencial. E como quem não lê também não escreve, a cidade assistia, passivamente, à reprodução no cenário local do mesmo dilema que faz jorrar anualmente pelas torneiras do desperdício boa parte do investimento público para combater o analfabetismo. Ou seja: ao mesmo tempo em que milhões de brasileiros ingressam a cada ano na categoria de leitores em potencial, outros milhões saem por outra porta – a do analfabetismo funcional. Mesmo sem estatísticas ou estudos mais aprofundados sobre a situação no município, os depoimentos dos educadores de jovens e adultos tornavam evidente esse quadro perverso.

Ao mesmo tempo, e em total paradoxo, Ribeirão Preto consolidou, a partir da década de 1980, sua posição de uma das mais importantes e rentáveis praças do mercado editorial brasileiro, a ponto de reunir na cidade filiais e distribuidores de praticamente todas as principais editoras do País, além de um grande número de livrarias e megastores. Sede de um fervilhante polo universitário, as estatísticas têm sido ali, de fato, muito atraentes para o mercado editorial e livreiro: são mais de 120 mil estudantes só na cidade, renda média de quase US$ 8 mil, e uma população de três milhões no entorno de cem quilômetros, gerando um PIB (Produto Interno Bruto) regional de US$ 22 bilhões.

Historicamente, porém, as estatísticas generosas nunca se fizeram acompanhar de uma política pública de leitura e escrita como estratégia de cidadania ou como motor do próprio desenvolvimento econômico. Assim, o cenário encontrado na cidade em 2001 era exatamente o mesmo verificado no restante do país: baixos índices de leitura, inexistência de projetos e ações de caráter permanente para reverter o quadro e uma profunda desarticulação entre poder público e sociedade civil. Os prejuízos, nesses casos, são danosos em todos os sentidos. Afinal, a falta de hábito da leitura percebida em camadas expressivas da população não apenas influencia negativamente no desenvolvimento pessoal e profissional das pessoas, como também contribui decisivamente para ampliar o fosso social existente no país, promovendo mais exclusão social e menos cidadania.

Afinal, como enfatiza a Declaração Mundial Sobre Educação para Todos, promulgada pelo Unesco em 1990, a leitura e a escrita são "ferramentas essenciais (...), necessárias para que os seres humanos possam sobreviver, desenvolver plenamente suas capacidades, viver e trabalhar com dignidade, participar ativamente do desenvolvimento, melhorar a qualidade de sua vida, tomar decisões fundamentais e continuar aprendendo". Se o domínio dessas habilidades ou mesmo uma razoável formação escolar não são exatamente uma garantia plena de bons empregos e salários em tempos difíceis de crises econômicas e de desemprego, a ausência delas chega a ser, por sua vez, quase uma certeza de ficar à margem do processo. Melhores empregos e oportunidades são ocupados, em geral, por profissionais com maior grau de instrução.

O desafio inicial era, portanto, criar políticas públicas locais para enfrentar o problema e uma estrutura governamental mínima para executá-las. E, ao mesmo tempo, debater e combinar com a sociedade as ações e os projetos necessários e promover uma forte mobilização de educadores, universidades, editores, livreiros, escritores, outros níveis de governos, ONGs e quem mais estivesse disposto a participar de um amplo movimento pela leitura. Sem se descuidar de algo fundamental: criar mecanismos de participação popular, gerar resultados mensuráveis em curto espaço de tempo e consolidar em menos de três anos o processo para transformar isso tudo em políticas públicas permanentes – em vez de ser apenas mais um programa de governo com o risco de desaparecer a cada troca de prefeito ou de seus principais colaboradores.

UMA CIDADE DE LEITORES

Concebido em um lugar com pouca ou quase nenhuma tradição em políticas de leitura, o Programa Ribeirão das Letras nasceu com uma certa ambição. Sua visão de longo prazo sempre foi procurar tornar Ribeirão Preto uma Cidade de Leitores – e mais do que um mote que passou a ser apregoado em todas as suas comunicações, essa palavra de ordem passou a nortear todas as suas estratégias e ações. A missão do programa seria estimular e assegurar o direito à leitura para todos – independente de sua situação econômica, local de moradia, condição de saúde, gostos, preferências ou crenças. Garantir o acesso à leitura passava, assim, a ser tratado como um serviço público e básico para a sua população.

Os Objetivos Específicos que o Programa se propunha a buscar em seu primeiro Planejamento Estratégico traduzia de certa forma essa audácia:

- Estimular o desenvolvimento de uma sociedade leitora, com maior capacidade crítica para interpretar e reinventar o mundo.
- Promover a leitura como estratégia para o desenvolvimento do ser humano, o exercício da cidadania e, ainda, estimular esses leitores a também criarem.
- Desenvolver novas tecnologias sociais e ajudar a multiplicá-las para outras regiões, a fim de colaborar para aumentar o índice de leitura no País.

Para dar o sentido prático necessário a essa compreensão de política pública de leitura amplamente debatida com os educadores, bibliotecários, dirigentes comunitários e no Conselho Municipal da Cultura, o Programa Ribeirão das Letras passou a operar em três eixos principais:

- Democratização do acesso ao livro e outras formas de informação com a implantação, em três anos, de uma rede de oitenta novas bibliotecas públicas em associações de bairro, centros culturais, museus, escolas, igrejas, sindicatos, penitenciárias e comunidades negras. Essas bibliotecas seriam instaladas tanto em locais construídos com essa finalidade como em espaços próprios ou junto a outros equipamentos de natureza pública que viessem a ser construídos, reformados ou adaptados para esse fim. Cada biblioteca foi planejada para ter um acervo básico de três mil títulos, jornais, revistas e computadores conectados à

Internet onde isso fosse possível e funcionar como um pequeno centro gerador de cultura, na proporção de uma para cada grupo de seis mil habitantes. Em uma etapa posterior, todas elas deveriam ser integradas a um sistema central para permitir que o usuário tivesse acesso, via Internet ou de qualquer uma das bibliotecas da rede, ao acervo total. Para complementar e atender bairros ainda não contemplados com as unidades, o ônibus-biblioteca deveria percorrer parques, praças, canteiros de obras e festas populares. Somando-se a isso, os programas governamentais em âmbito federal e estadual de distribuição de livros didáticos e não didáticos nas escolas públicas e os programas como o cheque-livro (a compra de livros pelos professores e bibliotecários a partir das próprias demandas de cada escola e/ou bibliotecas e seus alunos e usuários).

• Fomento à leitura através de campanhas públicas, feiras de livro, contatos entre escritores e leitores, mediação e contação de histórias, grupos de menores em situação de risco, idosos e deficientes visuais. Campanhas de formação de leitores e divulgação do livro e da leitura nos meios de comunicação.

• Estímulo à criação e à produção dos autores locais com a realização de projetos como as oficinas de literatura, a organização de prêmios, fóruns de debate, capacitação de agentes de leitura e a criação de uma editora municipal.

No final de 2003, pouco mais de dois anos após o início da implementação do Programa Ribeirão das Letras – no segundo semestre de 2001 –, o município já era considerado um modelo de política pública de leitura bem-sucedida e, como tal, citado e apresentado em eventos internacionais em Cuba, na Colômbia e no México como um exemplo que deu certo. Nas palavras da diretora do Centro Regional de Fomento ao Livro na América Latina e Caribe (Cerlalc), organismo internacional vinculado à Unesco, Adelaida Nieto, que esteve na cidade em agosto 2003, trata-se de uma experiência bem-sucedida que o próprio organismo tem apresentado como referência mundial que pode ser adotada em qualquer parte do planeta.

Essa mesma impressão tem sido compartilhada pelo número incontável de delegações integradas por instituições ligadas às áreas de Educação, Cultura e Ação Social e escritores, editores, bibliotecários, educadores, dirigentes e gestores públicos que visitaram a cidade e suas bibliotecas e projetos de fomento à leitura nos últimos anos para trocar experiências e conferir de perto o que vem acontecendo por lá. Alias, esse interesse profissional mais a própria demanda local acabaram por gerar a criação de um turismo incomum: o *tour* pelas bibliotecas, feito em uma *van* do programa e com direito à leitura dramática, contação de histórias e surpresas em cada parada.

Objeto de estudos e reportagens divulgadas pelos mais importantes e influentes órgãos da imprensa brasileira, o Programa Ribeirão das Letras conseguiu articular e mobilizar um amplo arco de alianças – e talvez esteja aí um dos segredos do seu sucesso. Essa integração começou, como não poderia deixar de ser, pelas secretarias municipais da Educação e da Cultura que, convencidas de que tinham um objetivo em comum, dividiram responsabilidades e tarefas e passaram a trabalhar juntas. Isso se alastrou rapidamente para outras áreas da prefeitura – como a Social e os programas como o Primeiro Emprego e a Inclusão Digital – e algumas secretarias e autarquias municipais se ofereceram para abrigar algumas das novas bibliotecas e oferecer esse serviço aos seus funcionários. Aos poucos, com o discurso e a ação unificados no âmbito do governo, iniciou-se uma ampla mobilização dentro e fora da cidade.

Uma dezena de grupos de escritores aderiu ao programa e criou outros projetos próprios, no que foi seguida por diversas organizações não governamentais: associações de bairro, grupos e entidades de artistas de diferentes áreas, escolas, universidades, núcleos de idosos, comunidades negras, escolas de samba, igrejas, sindicatos e mesmo entidades nacionais como a Câmara Brasileira do Livro (CBL) e a Fundação Abrinq pelos Direitos da Criança, além de parceiros como o Sesc, o Sebrae e o Senac, entre outros. No início de 2004 já eram cerca de sessenta instituições e empresas – desde Petrobrás, Banespa Santander, Telefônica, Votorantim, Sistema COC e Ultragaz a médias e pequenas companhias locais – envolvidas de alguma forma com o Programa, que também foi buscar parcerias e alianças com o Ministério da Cultura, o governo estadual e organismos internacionais como a Unesco e Cerlalc.

A Lei do Livro – tornando obrigatório o investimento anual de parte do orçamento em acervos e na rede de bibliotecas, além de prever ações e projetos de estímulo à leitura e apoio aos escritores locais – passou a servir como modelo para outros municípios. Como desdobramento natural da legislação e das ações implementadas pela Prefeitura em função dela, em meados de 2003 foi criada a Fundação Instituto do Livro, que possui orçamento próprio, funcionários e maior agilidade para captar recursos a fundo perdido e patrocínios privados.

Para atender à nova demanda por bibliotecários, a Universidade de São Paulo (USP) viabilizou, em pouquíssimo tempo, a oferta de um curso de graduação de Ciências da Informação – onde tem sido recrutada boa parte dos responsáveis pelas bibliotecas. Dois anos depois da inauguração das primeiras bibliotecas, o número de bibliotecários na prefeitura saltou de um para 12 – ultrapassando, dessa forma, a média de pelo menos um para cada dez bibliotecas de bairro, conforme fora acertado, antes do lançamento do programa, com as lideranças da classe.

Fora o fato de ter conseguido aumentar, em menos de 24 meses, em cerca de 50% os índices de leitura no município – que em meados de 2003 já eram de três livros por habitante por ano, contra a média brasileira de 1,8%, conforme apurou a pesquisa Retratos da Leitura, encomendada pela Câmara Brasileira do Livro, Sindicato Nacional dos Editores de Livros e Abrelivros – uma das conquistas mais significativas do Programa foi ter, de fato, convertido a questão do livro e da leitura em uma prioridade na agenda positiva da cidade e, mais do que isso, em uma política de Estado na esfera administrativa local.

Assim, o programa municipal do livro e da leitura passou a ser tratado como prioritária nas estratégias governamentais para promover cidadania e inclusão social, progresso e desenvolvimento econômico. A população assumiu esse discurso e passou a reivindicar bibliotecas nos bairros. A exemplo do que acontece em setores como saúde, educação, segurança ou saneamento, os grupos locais de pressão – associações de moradores, entidades de classe e outros grupos sociais – passaram a organizar abaixo-assinados para exigir esse tipo de serviço público. Instalação de biblioteca pública se tornou tema de discussão até reuniões do Conselho Municipal do Orçamento Participativo, que reúne centenas de delegados eleitos nas várias regiões da cidade para definir os investimentos do orçamento do município para o ano seguinte.

Um dos grandes êxitos do Programa foi ter conseguido abrir e colocar em funcionamento em pouco mais de 24 meses nada menos do que sessenta novas bibliotecas em praticamente todas as regiões da cidade e na zona rural – de igrejas de várias religiões e sindicatos às unidades da Febem e da Penitenciária Estadual. Cumprindo à risca a meta inicial, foram inauguradas vinte bibliotecas a cada ano a partir de 2001, até completar, em fins de 2004, as oitenta planejadas inicialmente.

Algumas delas funcionam nas chamadas BACs (Bases de Apoio à Comunidade), construídas na Fábrica de Equipamentos Sociais montada em Ribeirão Preto e com capacidade para produzir e entregar, em pouco mais de trinta dias, uma nova biblioteca a partir de uma tecnologia de pré-moldados desenvolvida pelo premiado arquiteto baiano João Filgueiras, o Lelé. A essas bibliotecas geralmente estão agregados outros serviços públicos. Em função das características e necessidades dos bairros onde elas estão instaladas – e isso pode ser tanto uma sala de debates ou palestras da associação de moradores como uma creche, uma sala da polícia comunitária ou o programa médico de família.

Em todas elas, o fio condutor é sempre a biblioteca com seu centro de inclusão digital constituído por dez microcomputadores conectados à Internet. Esses locais também funcionam como pequenos centros culturais, com exposições, exibição de filmes, oficinas de criação literária, contação de histórias, palestras e debates com escritores, entre outras atividades. Cada escritor da cidade apadrinhou uma biblioteca (que recebeu o nome de um grande autor brasileiro já falecido) e o mesmo fizeram algumas ONGs locais, que assumiram a condição de madrinhas de cada uma das unidades.

A Associação dos Moradores do Simioni, por exemplo, parceira na Biblioteca Orígenes Lessa, na zona norte, uma das regiões mais violentas da cidade, programa debates semanais nas dependências da unidade (que, aliás, só foi instalada depois de uma forte pressão dos moradores do bairro, que faziam questão de ter sua própria biblioteca, muito embora houvesse uma outra a menos de quinhentos metros de distância – mas formalmente localizada já fora da divisa do bairro).

Em pouco tempo, as bibliotecas se tornaram pródigas em histórias de leitura e cada uma delas sempre tem na ponta da língua pelo menos um bom causo para contar. A Biblioteca Oswald de Andrade, por exemplo, que funciona no Jardim Paulistano, é famosa pelos concorridos concursos que promove para descobrir novos talentos. Pouco depois de aberta, ela convidou o escritor Menalton Braff – vencedor do Prêmio Jabuti 2000 de Melhor Livro de Ficção do Ano e padrinho de uma das bibliotecas – para fazer uma palestra sobre a importância da leitura para os usuários em potencial: motoristas, auxiliadores administrativos, atendentes, trabalhadores braçais e alguns vizinhos da Secretaria da Infraestrutura, onde ela foi instalada.

Para comemorar seu primeiro aniversário, em dezembro de 2002, a biblioteca organizou uma festa e chamou novamente o escritor para que ele presenteasse os leitores que mais leram nos 12 meses anteriores com suas obras autografadas. Menalton se espantou com os números: o primeiro colocado – um motorista da repartição – lera 37 livros, entre romances e dramas (ou 15 vezes mais do que a média brasileira), e o segundo – um auxiliar administrativo – ficou atrás porque leu "só" 17 títulos no ano.

Filho de pais analfabetos, Thiago de Lima Gomes, de 18 anos, leu o primeiro livro de sua vida em 2003 e se entusiasmou de tal forma que começou a escrever o seu próprio – aliás, uma prática cada vez mais comum para um grande número de moradores. Um grande jornal brasileiro soube da história e foi até lá conhecer sua história:

– Meus pais são analfabetos e isso tinha a ver com esse negócio de não querer ler antes – diz Thiago, que virou monitor da Biblioteca Irmão Rui Depine, no Centro Social Marista, um bairro pobre da periferia de Ribeirão. – Li *Carandiru* por causa do filme. Achei muito legal e peguei outros. Hoje, quero ler um atrás do outro – declarou ao jornal.

Pouco tempo depois de abertas, as bibliotecas passaram a ser enriquecidas com doações da própria comunidade ou organizadas por grupos e empresas. Assim, bibliotecas abertas em salões de igrejas evangélicas e católicas ganharam livros sobre Cristianismo, as da Febem e da Penitenciária receberam doações de exemplares que tratam de temas como Espiritismo enquanto que a unidade do Centro de Treinamento Dom Hélder Câmara, do Movimento dos Sem-Terra (MST), foram enriquecidas com títulos sobre reforma agrária ou textos sobre Che Guevara.

A Ultragaz, companhia de distribuição de gás, realizou uma ampla campanha e recolheu, em dois meses, mais de cinquenta mil livros que foram selecionados e doados para o programa. Nesse caso, muito mais do que uma política para formação de acervos, a doação funciona como estratégia para mobilizar a população e os parceiros para a causa da leitura.

Uma outra experiência que deu muito certo na rede de bibliotecas de Ribeirão Preto foi a contratação de dois monitores para cada uma delas através do Programa Primeiro Emprego. A maioria é de jovens universitários – muitos moram na própria região e boa parte está matriculada em um dos cursos de Biblioteconomia – que participam de atividades mensais de capacitação e são orientados para apoiar os usuários e ajudar a fomentar a leitura em seus locais de trabalho. Para isso, cada um recebe uma bolsa equivalente a um salário mínimo mensal e ajuda de custo.

Um grande sucesso do Ribeirão das Letras é o ônibus-biblioteca, que percorre praças, parques, festas populares, canteiros de obras e bairros que ainda não possuem a sua biblioteca. Com mesa e cadeiras, ar condicionado e atividades como os contadores de histórias, ele empresta livros e é utilizado como palco para projetos como os saraus de literatura e o Cantinho do Escritor, que reúne os escritores da cidade antes dos concertos ao ar livre da Orquestra Sinfônica local nas tardes de domingo no Teatro de Arena, localizado no Parque da Cultura.

Como resultado concreto do programa, uma rápida comparação entre as estatísticas geradas em 2004 com os parcos números existentes em 2000 dá indicativos sobre o novo cenário construído nesse período em Ribeirão Preto.

O acervo municipal, por exemplo, cresceu mais de 15 vezes (de 15 mil para 250 mil exemplares em abril de 2004). O número de usuários subiu mais de vinte vezes (para quarenta mil usuários, 62% dos quais mulheres), enquanto o número de empréstimos de livros (115 mil em 2003) é incomparavelmente maior – no primeiro semestre de 2004 a média mensal já era de vinte mil empréstimos mensais, com uma projeção de 240 mil por ano. Com cerca de trezentas atividades de leitura a cada mês, a previsão era também ampliar o número de quatrocentas mil pessoas abrangidas em 2003 por algum tipo de ação do Ribeirão das Letras (em 2004 a meta é quinhentas mil pessoas).

No eixo das ações de fomento à leitura e à valorização do livro e da leitura no imaginário coletivo o maior êxito tem sido, sem dúvida, a criação da Feira Nacional do Livro, realizada pelo quarto ano consecutivo em 2004. Ela rapidamente se tornou uma das maiores e mais importantes do mercado editorial brasileiro, com um público de 285 mil pessoas, trezentos mil livros comercializados a cada edição, presença de 330 escritores do Brasil e do Exterior e uma programação paralela com mil eventos culturais nos dez dias de feira.

Capaz de aglutinar boa parte da população nas duas praças principais da cidade e em 14 diferentes espaços culturais em seu entorno, além de estúdios da maioria das emissoras de televisão e rádio e os jornais regionais, a Feira do Livro é um evento com forte apoio popular. Em 2004, algumas centenas de personalidades de todas as áreas criaram a Fundação Feira do Livro, que além de assegurar a permanência do evento também vai ajudar a fomentar o livro e a leitura em outras cidades da região.

Durante a Feira do Livro, a prefeitura distribui – e o exemplo passou a ser seguido por diversas prefeituras da região – cheques-livros para os professores e bibliotecários que comprem os títulos de sua preferência para atender à demanda dos alunos e usuários das bibliotecas. Nessa linha, são realizados encontros entre escritores e leitores – como o Salão de Ideias, o Café Filosófico, o Simpósio de Literatura, as sessões de leitura dramática e a contação de histórias, entre outros.

Para estimular os escritores locais, o programa procura integrar as entidades e autores nos seus projetos, promove oficinas de criação para jovens – como é o caso do Projeto Talentos da Literatura – e veteranos e organiza concursos como o Prêmio Ribeirão das Letras – que premia trovas, poemas, contos e dramaturgia em várias categorias, inclusive nacional e para jovens e adolescentes. Além dos prêmios em dinheiro, os vencedores têm suas obras publicadas em livros – o que deve ser embrião para a criação no futuro da editora municipal, para apoiar aqueles que ainda não encontraram uma editora para publicá-los. Com o incentivo, está sendo formado um polo regional que já possui mais de trezentos autores – boa parte deles com livros publicados pelas mais importantes editoras brasileiras.

OS DESAFIOS FUTUROS

Ainda em fase de implantação – com duração total prevista para quatro anos – o Programa Ribeirão das Letras se preparava, em maio de 2004, para ingressar em uma nova etapa da sua existência, consolidando a rede de bibliotecas e os sistemas de monitoramento e avaliação de cada uma das ações, incluindo uma pesquisa para medir a quantidade e, especialmente, a qualidade da leitura de seus moradores. Essa etapa prevê desde a formação de um banco de empresas patrocinadoras para cada biblioteca – o Projeto Adote uma Biblioteca – até a instalação de um sistema informatizado interligando as unidades, o que deve permitir que de qualquer uma das bibliotecas ou mesmo de casa, acessando a Internet, os usuários possam pesquisar os títulos existentes no acervo municipal – que deve chegar a mais de quinhentos mil exemplares – e programar seus empréstimos.

Espera-se que, até o encerramento da fase inicial de implantação do programa, a rede de parceiros seja formada por algo em torno de mil organizações não governamentais, empresas patrocinadores e apoiadores e outros cerca de quinhentos colaboradores voluntários. Quando completar quatro anos, em agosto de 2005, a meta é atingir um total de cem mil usuários frequentes que deverão emprestar quinhentos mil exemplares por ano. Se isso tudo der certo, é bem provável que a própria comunidade se responsabilize por uma centena de projetos de leitura.

Como resultado, imagina-se que até lá mais de mil escritores locais já tenham publicado livros e que a rede de agentes multiplicares de leitura seja formada por mais de duzentas pessoas. A Lei do Livro deverá passar por uma primeira grande revisão para contemplar, entre outras coisas, um apoio mais efetivo do Poder Público – junto com organismos como o Sebrae e os bancos oficiais de fomento e as entidades setoriais – para financiar e apoiar a instalação de novos pontos de venda e, assim, multiplicar o número de livrarias pela cidade, seus bairros e praças públicas. Pelas projeções iniciais, isso deverá ocorrer quando o índice de leitura na cidade – e, por consequência, também o número de consumidores de livros – alcançar o triplo da média nacional (aqueles 1,8 livro por habitante/ano).

Um dos maiores desafios do programa é manter a mobilização da sociedade e o apoio político e institucional independente das trocas de prefeitos a cada quatro ou oito anos, em caso de reeleição. Afinal, ainda que a maior parte dos recursos venha de parceiros privados que patrocinam ações como as feiras do livro e os prêmios, uma parte significativa precisa e deve ser custeada pelo orçamento público – e é isso que torna tangível a decisão de uma sociedade em tratar determinados temas e áreas como uma política pública que merece, portanto, e apesar de todas as crises e dificuldades do Estado moderno, investimentos públicos.

Esse desembolso, afinal, nem é tão elevado – e menos ainda quando se considera o custo-benefício. O custo médio de implantação de uma biblioteca no caso de Ribeirão Preto foi em torno de US$ 12,7 mil por unidade – e quase metade desse valor foi bancado por parceiros. Já o custo médio de manutenção – sem incluir eventuais reformas ou a necessária renovação dos acervos – tem sido de US$ 354,00. Menos, evidentemente, que os investimentos em projetos de fomento à leitura previstos pelo Programa e que deverão consumir uma média anual de US$ 300 mil – incluindo a realização das feiras de livro patrocinadas pelos parceiros.

Vale a pena notar que, além de todos os benefícios sociais gerados por uma iniciativa como esta, cada nova biblioteca tem gerado, em média, 2,5 novos empregos, beneficiando tanto os jovens que estão atrás do seu primeiro emprego como, na outra ponta, professores e educadores que por alguma razão estavam fora do mercado de trabalho.

Além de buscar integrar ações e projetos e dar vazão a uma vontade irresistível da sociedade de participar de programas dessa natureza, o Ribeirão das Letras teve o mérito de, em vez de reinventar a roda, buscar, com humildade, as muitas boas experiências que se proliferam pelo país afora. E, sobretudo, procurar colocá-las em prática com uma incrível determinação da sua equipe – sem dúvida, um fator crítico de sucesso para qualquer programa.

E, através do diálogo com todos os interessados na questão, foi construído um amplo programa, sem um dono único – na verdade, trata-se de uma grande obra coletiva, escrita a centenas de mãos. Quando foi preciso, no entanto, o Programa teve a coragem de ousar e rever conceitos tradicionais e arraigados, que continuam a dar resultados positivos em muitos lugares. Foi assim, por exemplo, que se optou por, em vez de priorizar bibliotecas instaladas em grandes prédios em regiões centrais, espalhar pequenas bibliotecas com acervos menores por toda a parte e, de preferência, próximo do local de trabalho, estudo ou moradia das pessoas, facilitando o máximo possível a oferta desse serviço público.

Um centro gerador de cultura que também reúne e compartilha todo tipo de informação de utilidade para a comunidade onde atua, a biblioteca pública assume cada vez mais um perfil moderno e compatível com as necessidades da sociedade moderna, adquirindo, assim, um caráter de serviço público básico e imprescindível na vida das cidades. E assim, renovando seu compromisso com seu papel histórico de espaço privilegiado para a formação de leitores, ela tem uma missão ainda mais nobre – a de ajudar a desenvolver a cidadania e as condições para que seja exercida em sua plenitude. O Ribeirão das Letras tem mostrado, com todas as letras, o quanto isso é possível.

VOLUNTARIADO EDUCATIVO: PRIMEIROS PASSOS PARA A CIDADANIA

Milú Villela e Neide Cruz

O processo de democratização vivido pelo país nos anos 80 instigou a discussão sobre a educação escolar e sua gradativa valorização pela sociedade brasileira. Surgiram movimentos populares, a princípio reivindicando a construção de escolas públicas em suas regiões, a oferta de ensino no período noturno para alunos trabalhadores e de cursos para a população que não teve acesso à escola ou dela se evadiu. Os primeiros governantes então eleitos sentiram fortemente essas pressões. Atendida em seu anseio por mais escolas, a população rapidamente passou a se organizar para exigir processos de melhoras. No início dos anos 90, com o exemplo de sucesso dos países asiáticos, as elites empresariais verificaram que para alavancar o desenvolvimento econômico do país era necessário colocar a educação escolar entre as prioridades nacionais.

É nesse clima de participação e de reivindicações que a Constituição Brasileira de 1989 reconheceu o ensino fundamental como direito subjetivo, dever do Estado e da família, a ser promovido e incentivado com a colaboração da sociedade, visando o pleno desenvolvimento da pessoa, seu preparo para o exercício da cidadania e sua qualificação para o trabalho. No cenário mundial, a educação também era pauta de discussões que influenciaram os debates no país, a partir da

Conferência Mundial de Educação para Todos, em 1990, em Jomtien, Tailândia, onde as nações participantes assumiram compromissos com as metas de satisfazer as necessidades básicas de aprendizagem de crianças, jovens e adultos, erradicar o analfabetismo e universalizar o acesso à escola na infância.

Todos esses debates e compromissos influenciaram a elaboração da atual Lei de Diretrizes e Bases da Educação Nacional de 1996, que reafirma os princípios estabelecidos na Constituição e acrescenta que a educação deve vincular-se ao mundo do trabalho e à prática social. Recomenda uma educação inspirada nos princípios de liberdade e nos ideais de solidariedade humana, tendo por finalidade o pleno desenvolvimento do educando, seu preparo para o exercício da cidadania e sua qualificação para o trabalho.

Paralelamente ao debate educacional, o processo de democratização brasileiro trouxe visibilidade às nossas mazelas sociais e o reconhecimento quase unânime de que o Estado, único provedor, não existia. Os excluídos, os não cidadãos, eram e ainda são muitos. Não basta o direito de votar, ser votado e participar. A sociedade deveria assumir a sua parte de responsabilidade social, abrindo espaço e condições para que cada vez mais pessoas pudessem, de fato, exercer sua cidadania plena.

Em meados dos anos 90, surgem os Centros de Voluntariado, que aos poucos foram trazendo um novo padrão de voluntariado. O ano de 2001 marca o Ano Internacional do Voluntário – e a palavra "voluntário", que antes ecoava de maneira modesta, transformou-se hoje em sinônimo de cidadania ativa e de inclusão, expressando o sentimento de *fazer parte* e *pôr a mão na massa*. Em 2001, quando o Faça Parte – Instituto Brasil Voluntário coordenou o Comitê para o Ano Internacional do Voluntário, o apoio da mídia revelou-se fundamental. O interesse e o número de voluntários no Brasil quase dobrou, e a ONU deu ao Brasil o destaque dentre os 123 países participantes do Ano Internacional do Voluntário. O Faça Parte ganhou novo fôlego para prosseguir em sua missão de promover uma cultura duradoura de voluntariado no Brasil.

Atualmente é amplamente aceito o conceito de que o voluntário é o cidadão que, motivado pelos valores de participação e solidariedade, doa seu tempo, trabalho e talento, de maneira espontânea e não remunerada, para causas de interesse social e comunitário. O voluntariado atual é baseado na escolha e na motivação pessoal de cada cidadão, preocupado em promover a cidadania, formas de inclusão social e a construção de uma sociedade mais justa, responsável e solidária, visando a transformação da comunidade. Esse entendimento ganhou *status* legal por meio da Lei Federal 9.608/98.

Acreditamos firmemente que a educação é o principal instrumento de promoção de cidadania, e a escola é o *locus* onde todos podem ter acesso aos conhecimentos universais e básicos para atuar em um mundo cada dia mais avançado científica e tecnologicamente, mas com acesso limitado a uma pequena minoria. Segundo a educadora Guiomar Namo de Mello, "diante deste cenário, a educação é convocada, talvez prioritariamente, para expressar uma nova relação entre desenvolvimento e democracia, como um dos fatores que podem contribuir para associar o crescimento econômico à melhoria da qualidade de vida e à consolidação dos valores democráticos". Guiomar afirma ainda que a aquisição de conhecimentos, a compreensão de ideias e valores, a formação de hábitos de convivência em um mundo cambiante e plural são entendidas como condições para que o exercício da cidadania contribua para tornar a sociedade mais justa, solidária e integrada.

Assim, nós, do Faça Parte, descobrimos, com a experiência do Ano Internacional do Voluntário, que a participação de educadores foi fundamental e que muitos jovens no Brasil já eram voluntários. Na convicção de que uma sociedade que se pretende democrática e justa valoriza a educação escolar e colabora para que um ensino de melhor qualidade possa ser oferecido, decidimos fazer nossa parte com propostas que pudessem aliar as experiências de voluntariado à educação escolar. Pudemos participar de seminários de cidadania e voluntariado na educação promovidos pela Secretaria Estadual de Educação do Paraná, em 2001 e 2002, contando com a presença de pais e alunos de várias regiões do estado, com representantes de alunos e professores de outros estados, além de organizações sociais. Ali pudemos observar uma participação organizada de jovens estudantes em ações voluntárias comprometidas com a cidadania, com a melhora da escola e a qualidade do ensino. Jovens professores e pais reunidos em diferentes grupos participaram ativamente de discussões e troca de experiências, dando exemplos práticos de um voluntariado comprometido e engajado socialmente.

No entanto, é forçoso reconhecer, ações dessa natureza nem sempre refletem a realidade do que ocorre em todo o país, reforçando nossa convicção de que organizações da sociedade civil precisavam mobilizar-se para reconhecer os esforços de uma parcela dos educadores e cooperar para que diferentes experiências exitosas se multiplicassem pelo país. Para estabelecer as prioridades de nossa atuação, era preciso conhecer melhor o cenário. A partir de 1995, com os esforços empreendidos no país na área educacional, finalmente o Brasil alcança a universalização do ensino fundamental. Priorizar o ensino fundamental garantiu que 97% das crianças de sete a 14 anos de idade pudessem estar na escola.

Os dados do IBGE de 2002, dividindo a população por faixa etária, apontam para uma população de 169 milhões, dos quais 55 milhões são estudantes dos diferentes níveis de ensino. A maior parte da população concentra-se na faixa etária entre 15 e 24 anos de idade. Onde estariam esses jovens? Dos 33 milhões, somente 33% estão estudando. Sabemos que muitos jovens retomaram os estudos por exigência do mundo do trabalho, mas são muitos ainda os que continuam excluídos da educação formal. Sabemos também que a escola encontra dificuldade em lidar com sua própria clientela escolar, e que seus mecanismos internos podem ser excludentes.

É triste constatar que à medida que a escola avança em sua democratização, e o Brasil, pela primeira vez em sua história, consegue garantir o acesso de ampla maioria, assistimos ao acirramento da violência dentro dos muros escolares e à continuidade da evasão escolar antes da conclusão dos estudos básicos. É preciso aprender a conviver com esse grande contingente de jovens que buscam sua inserção na sociedade.

Infelizmente, tudo indica que a realidade brasileira ainda não está preparada para absorver toda essa população jovem na educação de nível médio, técnico ou superior, e muito menos no mundo do trabalho. A vida de nossos jovens, na maioria das vezes, independentemente de classe social, está marcada pela ausência de perspectivas que cerceia seus sonhos e ideais. É grande o número de jovens que vivem em situação de vulnerabilidade, frente aos perigos enfrentados no dia a dia e pela ousadia própria da idade. São jovens que, na ausência de espaços para afirmar sua cidadania, arriscam-se no trânsito, no mundo das drogas e até do crime.

Compreender esse contexto foi decisivo. Nossa escolha foi direcionar esforços para a grande parcela das crianças e jovens que estão na escola e nela precisam permanecer até completar os estudos, adquirindo as condições exigidas pelo mundo moderno. É preciso valorizar os jovens que querem mudar o mundo, dar-lhes voz, espaço e acreditar que eles podem ser protagonistas de uma nova história de cidadania. Podemos afirmar que passamos a admirar e a entender melhor o trabalho constante e comprometido de muitos dirigentes da educação, desde os que atuam nas escolas até os que estão nas secretarias dos estados e dos municípios. Aprendemos que é preciso tempo e continuidade para que as mudanças efetivadas na educação apresentem resultados.

Importante também foi conhecer de perto as experiências de muitas escolas públicas e particulares, cujas propostas pedagógicas priorizam o *aprender fazendo* por meio do estágio social, que estimula o protagonismo do jovem estudante no exercício de um voluntariado engajado em sua comunidade. Com base em estudos e nas vivências de contexto, aos poucos pudemos consolidar o Programa Jovem Voluntário – Escola Solidária, uma proposta cujos resultados constituem o fulcro de nossa experiência prática de cidadania.

O INÍCIO DO TRABALHO

A formação de jovens mobiliza indistintamente educadores de escolas públicas e privadas, pais de família, responsáveis pelos grupos familiares, políticos e a sociedade em geral. Em 2001-2002, começavam a entrar em pauta novas diretrizes curriculares nacionais, e nelas encontramos inspiração para consolidar uma proposta de mobilização que deveria somar-se aos esforços das escolas do país para apoiá-las no esforço de garantir uma educação de qualidade, voltada para as necessidades do novo milênio.

Projetos como A Escola Jovem, articulado nacionalmente pelo MEC; os pilotados pelas Secretarias de Educação: Escola Aberta, Parceiros do Futuro, Paz É a Gente que Faz, Escola da Família; o Escola Voluntária, da Rede Bandeirantes; o Amigos da Escola, da Rede Globo, e muitos outros já se utilizavam dos conceitos e da prática de voluntariado divulgados a partir do Ano Internacional do Voluntário.

No entanto, o que nos movia era o desejo de lançar uma proposta de voluntariado que pudesse somar-se a todas as experiências positivas, fossem elas protagonizadas pelos órgãos públicos ou pela sociedade civil. Uma proposta que pudesse mobilizar as escolas de todo o país, seus professores, alunos e a comunidade. Sonho ou utopia, não importa. Nosso desejo era destacar, reconhecer e divulgar o que de positivo as escolas já vinham fazendo e estimular outras para que o fizessem.

O Projeto Rondon, iniciado nos anos 60, era o único movimento de mobilização nacional de estudantes universitários que possibilitava aos jovens colocar seus conhecimentos a serviço das comunidades. Atualmente, impulsionados pelo Conselho da Comunidade Solidária e pelas atividades de extensão, recomendadas no Plano Nacional de Educação, muitos estudantes universitários prestam serviços à comunidade.

Pesquisar sobre as experiências de voluntariado em países como Itália, Espanha, Portugal, Canadá, Estados Unidos, México, Chile, Argentina foi fundamental para o amadurecimento de nossas convicções. Participar de seminários sobre voluntariado como os organizados pela Pontifícia Universidade Católica de São Paulo, pelos United Nation Volunteers, em Genebra, Suíça, e pelo Banco Interamericano de Desenvolvimento (BID), em Lima, Peru, e outros nos dava a certeza de estarmos em um caminho possível.

No entanto, nossos desafios eram cada vez maiores. Como atingir as escolas brasileiras, com realidades tão diferentes, em um país com as dimensões do Brasil? A participação e os questionamentos da Undime no Comitê Especial que se formou junto ao Consed foram fundamentais para que nossa proposta, a princípio destinada aos estudantes do ensino médio, fosse aos poucos reformulada para abranger também crianças da educação infantil e do ensino fundamental. Estaríamos dando um passo maior do que nossas pernas? Talvez. Porém, a partir de 2002, a formalização da parceria firmada entre o Faça Parte – Instituto Brasil Voluntário e o MEC, o Consed e a Undime impulsionou nosso trabalho, abrindo espaço para que pudéssemos dar nossa contribuição.

A exemplo do que ocorre em muitos países, cada vez mais professores e gestores da educação descobrem no voluntariado educativo uma motivação para a melhora do processo de ensino e aprendizagem. O voluntariado educativo complementa o trabalho do professor em sala de aula com elementos enriquecedores para o tratamento de temas transversais e o uso da metodologia de projetos. A preocupação fundamental do voluntariado educativo não é centrada apenas no serviço a ser prestado pelo aluno, mas sim na formação desse jovem, tanto pelo desempenho de sua atividade voluntária quanto pelo desenvolvimento articulado dos saberes escolares.

Ao aderir a essa ideia, a escola formula seus próprios projetos, introduzindo os conceitos e a prática do voluntariado educativo em sua proposta pedagógica. Sem desvirtuar as funções essenciais de formação e construção do conhecimento, o voluntariado educativo exerce na escola uma função catalisadora e estimuladora para o exercício da cidadania, preparando o aluno para a participação social e política. O conhecimento escolar passa a ser valorizado pelo estudante e pela comunidade, reforçando o papel primordial da escola.

É preciso estimular cada vez mais o crescimento do voluntariado entre os jovens no Brasil. É preciso criar canais para receber toda essa energia transformadora da juventude. É preciso produzir material teórico para respaldar as iniciativas desses jovens solidários. O Programa Jovem Voluntário - Escola Solidária consolida nosso propósito de difundir nas escolas a consciência da responsabilidade social que todos nós precisamos ter. O jovem precisa ser preparado para ter uma visão mais ampla do país e do mundo. Para tanto, é fundamental despertá-lo para suas responsabilidades sociais. As atividades ou projetos de voluntariado realizados pelos alunos sob orientação da escola permitem que eles sejam agentes de transformação da realidade, contribuindo para o despertar do protagonismo do jovem e de suas habilidades empreendedoras.

O voluntariado educativo valoriza o papel da escola, propiciando o exercício da convivência democrática. Seguramente, essa mobilização só ocorre quando se faz presente a liderança eficaz da direção e dos professores da escola. Mais eficaz ainda passa a ser a ação do jovem quando conta com o apoio e o incentivo da comunidade local. O programa Jovem Voluntário Escola Solidária é um dos canais que podem receber o idealismo e a vontade dos jovens de mudar o mundo. As escolas solidárias preocupam-se com a formação de cidadãos responsáveis, atuantes em causas sociais.

O SELO "ESCOLA SOLIDÁRIA"

Publicações do Faça Parte foram distribuídas às escolas de ensino médio, acompanhadas de vídeos e cartazes que facultassem atingir o maior número possível de professores e alunos. Seminários, palestras, teleconferências, mensagens na mídia foram os mecanismos utilizados para se chegar às escolas.

Quantas escolas conseguimos atingir desde 2001? Quantas aderiram ao programa? Estas e outras questões estavam sem resposta. Para tentar responder a elas, tivemos a ideia de criar o Selo Escola Solidária, como uma proposta que permitisse identificar o que estava acontecendo nas escolas, ao mesmo tempo em que fosse possível reconhecer e divulgar as experiências mais significativas. A partir do preenchimento de uma autoavaliação com nove questões de múltipla escolha, a escola foi convidada a refletir sobre sua prática educativa, sob a óptica de uma educação inclusiva, emancipadora e participativa. A escola também foi convidada a relatar uma experiência de voluntariado ou de solidariedade.

O Selo Escola Solidária contou com a inscrição de mais de dez mil escolas, e essa participação nos mostrou um mapa do Brasil que até então desconhecíamos, desenhado a partir da identificação de escolas que desenvolvem experiências socioeducativas e somam esforços no intuito de melhorar a qualidade de vida de milhares de brasileiros. Os relatos ganharam vida na voz de seus personagens – diretores, coordenadores, professores, alunos, pais –, e nos mostraram que o conhecimento pode ser construído a partir de atividades participativas dentro da escola ou fora dela.

Ao lançarmos o Selo Escola Solidária e recebermos milhares de relatos, nos encantamos e descobrimos um lado das escolas até então pouco divulgado. Talvez, como nos disseram as próprias escolas em seus relatos ou correspondências, o Selo tenha propiciado a criação de um espaço aberto, democrático, para que elas falassem sobre si mesmas. E elas nos contaram como o trabalho solidário pode melhorar a qualidade do ensino e a realidade local, em um movimento de integração da escola com a comunidade.

Pudemos perceber que algumas vezes o envolvimento da escola pode ser desencadeado por uma ação individual ou pontual que a leva a refletir e agir solidariamente, por meio de atividades de intervenção social. Outras vezes são escolas particulares que colaboram com as escolas públicas de sua região e até mesmo de regiões distantes do país. Ou ainda escolas públicas que também se unem numa troca de experiências e em colaboração mútua. Professores e alunos voluntários cooperam com aulas de reforço e atividades esportivas e de lazer. Esse estudo revelou a existência de uma rede de escolas solidárias no país, que se unem tanto para melhorar a qualidade do ensino quanto para abrir espaço para o protagonismo cidadão de jovens estudantes.

Contudo, melhor do que continuarmos a falar sobre essa rica experiência é trazer os relatos de algumas escolas que representam temas como saúde, monitoria, meio ambiente, cultura e artes e alfabetização, entre outros que pudemos identificar no resultado obtido com a certificação do Selo Escola Solidária 2003.

No Projeto Mais Vida, da Escola Municipal Professora Alcina Dantas Feijão, de São Caetano do Sul, São Paulo, trinta alunos do ensino médio foram orientados para serem monitores voluntários em um parque público junto à escola. Os alunos passam a ser multiplicadores de informações, e consolidam o aprendizado desenvolvendo atividades lúdicas, práticas e criativas – apresentações de teatro, espetáculos de marionetes, oficinas de brinquedos com material reciclado e jogos –, que motivam o aprendizado. O parque-escola passa a ser ativamente utilizado em prol de ações ecológicas, conscientização e preservação do meio ambiente, junto a alunos de educação infantil e ensino fundamental, grupos de terceira idade e a comunidade. No final do ano os voluntários recebem um certificado de estágio, atestando que atuaram como monitores do parque. "Os alunos assumem uma nova postura escolar, seja em relação à disciplina, ao desenvolvimento cultural, à socialização, solidariedade, ética, seja no desempenho escolar propriamente dito. Todo aprendizado parece ter sentido."

Ainda na cidade de São Paulo, na Escola Estadual José Rocha Mendes, os alunos do 3º ano do ensino médio vêm desenvolvendo o projeto Viva Melhor, organizado nas aulas de Ações da Cidadania e no Projeto Técnico Científico, disciplina que surgiu em 2001, quando a ONU proclamou o Ano Internacional do Voluntariado. O projeto Viva Melhor é desenvolvido por meio de oficinas pedagógicas de artes – desenho e pintura, teatro, música –, esporte e informática, realizadas uma vez por semana no período das 8 às 12 h, durante os meses de outubro a dezembro. Os alunos voluntários atuam na Escola República do Paraguai, nas oficinas para crianças da 1ª à 4ª série do ensino fundamental – crianças especiais e crianças com problemas auditivos. O projeto Viva Melhor tem como objetivo formar cidadãos socialmente responsáveis, ensinando-os a lidar com as diferenças e trabalhar a questão da inclusão social no país.

No Ceará, no pequeno município de Icapuí, a Escola Horizonte da Cidadania criou o projeto Ler para Viver Melhor. A equipe, com oito alunos voluntários, do Grupo LPN – Sou Legal, Sou da Paz, Sou pela Natureza –, desenvolve o projeto com o objetivo de tornar proficientes na leitura alunos de oito a dez anos com dificuldades – a maioria oriunda de famílias com poucos recursos. Cada voluntário trabalha com quatro alunos, em horário diferente do das aulas, três vezes por semana. O voluntário lê uma história infantil e, em seguida, pede que os alunos contem, oralmente, a mesma história. Depois os alunos leem a história, fazem um resumo, reescrevem o final e incluem a história reescrita por eles em um livro criado pelo grupo. Hoje, a maioria dos alunos participantes, além de serem leitores proficientes, estimula os companheiros a buscar o prazer da leitura.

Desde o Ano Internacional do Voluntariado, em 2001, a Escola Estadual Dom Velloso, de Ouro Preto, Minas Gerais, começou a trabalhar em seu projeto de voluntariado. Os alunos voluntários pesquisaram e mapearam problemas sociais e ações voluntárias que são desenvolvidas no Brasil, no estado de Minas Gerais e no município de Ouro Preto. O projeto culminou em uma feira cultural, na qual os trabalhos foram expostos à comunidade de Ouro Preto. O resultado foi tão positivo que surgiram novos voluntários: os alunos das 6ª e 7ª séries, que passaram a ajudar os professores de 1ª a 4ª série no processo de alfabetização, recuperando os alunos que apresentavam dificuldades de aprendizagem. "Vemos essa experiência como um resultado positivo do que vem acontecendo até hoje na escola."

A Escola Estadual Iara Bergmann se localiza na periferia de Curitiba, Paraná, área esta sujeita a enchentes, com um alto índice de criminalidade e população extremamente carente. O projeto desenvolvido pelos professores surgiu da necessidade de elevar a autoestima e diminuir a agressividade dos alunos. Assim, várias atividades são desenvolvidas com o intuito de trabalhar os valores básicos de boa convivência em comunidade e a solidariedade. Alguns exemplos da mudança de comportamento que ocorreu com os alunos desde o início do projeto: quase não há mais brigas, e os casos de furto em sala de aula diminuíram drasticamente. Os alunos, que antes eram extremamente apáticos, recusando-se a praticar qualquer tipo de atividade escolar, hoje participam, produzem e ajudam em diversos trabalhos dentro da escola. Passaram também a conservar e manter a área escolar. Não existem pichações, e os alunos se ofereceram voluntariamente para realizar a limpeza do ambiente. Outros alunos da 8ª série tornaram-se monitores, e auxiliam os professores com alunos de 5ª série que têm dificuldades de aprendizagem. E os voluntários ainda tomaram a iniciativa de realizar campanhas para ajudar os mais carentes.

O Colégio Estadual Novo Horizonte, de Goiânia, Goiás, de olho no meio ambiente, empenhou-se em um projeto de reflorestamento do córrego Macambira. Realizado pelos alunos do 2º ano de ensino médio, juntamente com os professores de Biologia, Geografia, Arte e História, conta com a parceria da Associação de Bairros e Departamento de Parques e Jardins de Goiânia, e surgiu em vista da necessidade de resolver parcialmente o problema do desmatamento e assoreamento das margens do córrego que passa nos fundos do colégio. Além do reflorestamento, o projeto conta com coleta de lixo reciclável e trabalha o problema da poluição. Essas ações são complementadas com a exibição de filmes, a montagem de peças de teatro e a exposição de fotografias no colégio, realizadas com o objetivo de esclarecer os alunos sobre os temas abordados. "Este projeto apenas se iniciou, e não tem prazo para terminar."

Em João Pessoa, Paraíba, a Escola Estadual Desembargador Boto de Menezes, não se esqueceu dos idosos. A Campanha da Fraternidade, realizada na escola em 2003, teve como tema a valorização das pessoas idosas, conferindo-lhes dignidade e esperança. Foi desenvolvido um programa pedagógico que refletiu sobre o tema, discutindo com os alunos, professores e equipe os preconceitos relativos aos idosos. Os alunos de 5ª à 8ª séries fizeram oficinas nas quais confeccionaram cartazes, escreveram cartas e programaram visitas a abrigos de idosos. Em seguida arrecadaram material de higiene pessoal para doar ao Lar da Providência Carneiro da Cunha, um abrigo de idosos da comunidade. Na visita ao abrigo, eles ouviram as histórias de vida de cada uma das pessoas; num momento de emoção e reflexão, ouviram as difíceis experiências e carências afetivas dos idosos. Os alunos esperam fazer novas visitas ao asilo e pretendem realizar outras ações solidárias como essa.

"Informática para todos" – com esse lema, a Escola Municipal Analice Maciel de Jesus, de Tartarugalzinho, Amapá, desenvolveu um projeto para proporcionar aos alunos contato com o computador e a Internet. A escola, que conta com uma rede de seis computadores conectados à Internet, ministra aulas e abre seu espaço para todos os alunos da rede de escolas municipais de Tartarugalzinho, atingindo assim mais de oitocentos alunos. Também foram ministrados cursos de capacitação para os pais dos alunos e pessoas que nunca tinham tido contato com o computador. Uma experiência que faz a diferença, integrando a comunidade à era da informação.

Mobilizar para o voluntariado educativo – entendido como um instrumento pedagógico para articular os saberes escolares a um exercício de cidadania e solidariedade nas escolas de educação básica; divulgar as experiências vivenciadas e relatadas pelas escolas; entregar uma certificação nacional e um selo que simbolizam o reconhecimento público de seus esforços revela-se como um caminho possível e gratificante.

UM SONHO EM CONSTRUÇÃO

> "O importante não é só aprender o que está no livro,
> mas compreender o que está no mundo."
> Escola Municipal José Pessoa de Carvalho, Itatira, CE

O voluntariado educativo é uma utopia possível e viável no Brasil de hoje. A parceria com MEC, Consed, Undime, Unesco e ONU, aliada ao apoio de empresas, organizações sociais e agências de publicidade e comunicação, revela-se fundamental para a difusão de práticas de cidadania no currículo escolar. O poder dessa aliança é a força mobilizadora de ações destinadas a promover a melhora da qualidade do ensino e a formação de cidadãos capazes de contribuir para a construção de uma sociedade mais justa e solidária.

Certamente os relatos de experiências das escolas solidárias, se de um lado revelam que muitos são os atores que buscam mudar uma realidade triste, sofrida e injusta de milhões de brasileiros, de outro nos mostram que a escola pode fazer sua parte contribuindo para a formação de cidadãos mais críticos, participativos e atuantes na construção de um mundo mais justo e solidário.

O lado triste dessa experiência é a clara percepção da realidade vivida por um imenso número de escolas espalhadas pelo país, que ainda convivem com a falta de condições mínimas para o desenvolvimento de uma educação de qualidade. Apesar dessa constatação, mesmo entre os relatos das escolas localizadas nas regiões mais pobres do país, percebemos que há uma dedicação para o desenvolvimento de uma educação solidária e cidadã.

No Brasil ainda não podemos dizer que todos se sentem responsáveis por suas crianças e jovens. Sonhamos com um país onde todas as escolas sejam solidárias, onde todos os professores se preocupem com a aprendizagem de seus alunos, onde ninguém se evada nem abandone a vontade de aprender. Uma escola em que o aprendizado seja continuado e progressivo e os alunos queiram aprender sempre e cada vez mais.

A imagem de um sonho em construção é o que nos vem à mente quando lemos os inúmeros casos contados pelas escolas que participaram do Selo Escola Solidária. São escolas que rompem os muros ao encontro do conhecimento vivo, transposto para questões que afetam mais diretamente o dia a dia dos estudantes e da comunidade.

Aos poucos a escola desperta para a necessidade de contextualizar seus conhecimentos, para a riqueza da diversidade cultural, e descobre, ao formar, sua capacidade de transformar jovens em cidadãos. O caminho que escolhemos está sendo trilhado. Nele, encontramos dificuldades que são superadas ao longo de nossa caminhada. Sabemos que a escola sozinha não muda a sociedade. Mas pode, partilhando seu projeto educacional com a comunidade, constituir-se em um importante núcleo da transformação social que tanto almejamos.

BIBLIOGRAFIA

MELLO, Guiomar Namo de. *Cidadania e competitividade: desafios educacionais do terceiro milênio.* São Paulo: Cortez, 1993.

UNESCO, CONSED & AÇÃO EDUCATIVA. *Educação para todos: o compromisso de Dakar.* Brasília: Unesco / Consed / Ação Educativa, 2001.

SBERGA, Adair Aparecida. *Voluntariado educativo.* Coleção Jovem Voluntário, Escola Solidária. Campinas / São Paulo: Fundação Educar DPaschoal / Faça Parte – Instituto Brasil Voluntário, 2002.

MORI, Katia Regina Gonçalves. *Voluntariado educativo.* São Paulo, 2003. (mimeo)

VILLELA, Milú. "Uma revolução silenciosa". Em *Folha de S. Paulo,* São Paulo, 7-8-2003.

COSTA, Antonio Carlos Gomes da (org.). *Casos e contos – Selo Escola Solidária 2003.* São Paulo: Faça Parte – Instituto Brasil Voluntário (no prelo, 2004).

RESPONSABILIDADE SOCIAL EMPRESARIAL

Oded Grajew

Nesse início do século XXI, nosso planeta e nós, seus habitantes, estamos diante de uma realidade inexorável: a forma como a humanidade vem mantendo suas relações de produção e de consumo estão se mostrando insustentáveis tanto do ponto de vista social quanto ambiental. A questão da sustentabilidade é o grande desafio para as atuais gerações. Encontrar uma solução positiva para essa questão representa ultrapassar um divisor de águas entre um mundo em crise e um mundo em que as futuras gerações possam viver em condições sociais e ambientais dignas. É nesse quadro que a questão da responsabilidade social empresarial está colocada hoje, pois a sua prática, seja em escala global ou local, integra a solução para esse desafio.

Ao longo do último século, vivemos um intenso processo de transformação em todos as esferas da vida social e individual. O acelerado desenvolvimento científico e tecnológico possibilitou grande geração de riquezas, com profundas alterações nas relações entre as nações e no mundo dos negócios. Vivemos atualmente uma experiência de globalização radical, que se expressa em várias dimensões da vida econômica, social e política. O volume de trocas internacionais nunca foi tão expressivo. Todos os fatores de produção têm hoje grande mobilidade: o fluxo de capitais é extremamente ágil, chegando a ser volátil; os fatores de produção, inclusive o trabalho, têm grande circulação internacional, as próprias cadeias produtivas alcançam dimensões planetárias. As facilidades de comunicação derrubaram todas as fronteiras. A informação circula em tempo real e as pessoas podem interagir a partir de qualquer ponto do globo.

Esse é o lado iluminado do exuberante processo de desenvolvimento vivenciado pela humanidade em sua história recente. No entanto, toda essa riqueza foi gerada a partir de um modelo de produção de efeitos perversos, baseado em uma exploração social e ambiental extremamente predatória. Os recursos naturais foram – e ainda estão sendo – consumidos a um ritmo superior à sua capacidade de renovação. Em todo o globo nos deparamos com o esgotamento do solo, da cobertura vegetal nativa, dos recursos hídricos, da vida marinha, e dos ecossistemas, sem falar na dilapidação dos recursos fósseis não renováveis e nos intensos processos de poluição ambiental.

Este modelo também se caracteriza pela concentração da riqueza gerada, com a consequente exclusão de amplas parcelas da população mundial de seus benefícios. Isso se traduz em uma excêntrica polaridade social em que o consumo excessivo e perdulário convive com o crescimento da marginalidade, da fome, do banditismo, das doenças endêmicas e das pandemias. As diferenças sociais se ampliam de tal forma que o fosso criado entre algumas nações e, no interior das nações, entre as classes ou grupos sociais, à primeira vista, parece intransponível. Mas isso é apenas aparente.

Na verdade, esse grande fosso social, com todas as suas consequências em termos de conflitos e miséria, é um entre os vários indicativos do caráter insustentável do atual modelo econômico instalado em escala mundial. Da mesma forma, os crescentes problemas ambientais, com o desmatamento acelerado, as ameaças à biodiversidade, com a extinção em massa de espécies, ou as recentes alterações climáticas em curso também indicam que estamos muito próximos ao esgotamento dessa forma de produção social e ambientalmente irresponsável.

A questão da sustentabilidade se torna essencial para a sobrevivência, constituindo-se na mola propulsora para a construção de um novo modelo de produção e de consumo, no qual as atividades econômicas possam contribuir para a solução de problemas sociais e ambientais. A sustentabilidade é o fio condutor para articular as dimensões local e global dentro de uma mesma lógica de desenvolvimento.

Como fazer isso?

Essa é a grande questão.

A construção de um novo modelo de produção e consumo que tenha como meta a sustentabilidade social e ambiental pressupõe uma redefinição na dinâmica das relações entre Estado, sociedade e mercado, com a redefinição de papéis entre os diversos agentes envolvidos e de cada um em particular. Para as empresas, isso vem representando o exercício da sua responsabilidade social e uma profunda reflexão sobre o conjunto de suas práticas.

A construção da sustentabilidade pressupõe que a gestão empresarial seja pautada pela busca da harmonização entre crescimento econômico e desenvolvimento socioambiental; tem de se traduzir em uma nova visão da empresa quanto ao seu papel social, internalizada como cultura gerencial. Essa nova cultura deve ser pautada pela ética e aplicada aos diversos processos e relacionamentos da prática empresarial cotidiana. Nesse sentido, a responsabilidade social empresarial se expressa no investimento e na melhoria da qualidade de todas as relações mantidas pelas empresas. Implica em rever todos os relacionamentos da empresa: as relações com acionistas, fornecedores, com as equipes de funcionários e colaboradores, com os consumidores e com as comunidades onde está inserida ou que, de alguma forma, se relacione com aspectos ou etapas de seu processo produtivo. Até a relação com os concorrentes deve ser revista sob essa nova ótica.

Responsabilidade social empresarial significa, portanto, uma gestão voltada para aperfeiçoar a qualidade das relações. Não é uma tarefa fácil nem linear. No entanto, ela não só é possível, como está ao nosso alcance. Para isso é preciso, antes de tudo, rever nossa visão de negócios de curto prazo, baseada na competitividade e nos lucros imediatos, e procurar desenvolver uma visão ampla, centrada na sustentabilidade dos negócios a longo prazo. Implica também em associar as metas empresariais com objetivos importantes para o conjunto da sociedade, como a eliminação da pobreza, a preservação dos recursos naturais e do equilíbrio ambiental.

Essas questões são verdadeiras não apenas para as empresas, mas também para os países: assim como o bom desempenho empresarial não pode ser medido apenas pelo lucro, o bom desempenho econômico de um país não se expressa apenas em seu Produto Interno Bruto. De nada vale um crescimento do PIB de 5% ao ano se isso for obtido à custa da perda do patrimônio ambiental, da dilapidação dos recursos naturais e do empobrecimento da população e em outras medidas que venham a paralisar a economia em poucas décadas – fato tão bem conhecido por nós.

Para as empresas, essa mudança no alcance da visão de negócio implica, também, em redefinir a própria noção de custo. Não basta buscar o menor custo de produção, se o custo social ou ambiental embutidos nos produtos forem extremamente elevados. É preciso construir um novo parâmetro de competitividade, com a incorporação da responsabilidade empresarial ao longo de toda a cadeia produtiva.

Na prática cotidiana, a empresa constrói esse novo modelo, começando por propiciar relações trabalhistas baseadas no respeito, na ética na busca da igualdade nas relações de gênero e raça; nas trocas justas com fornecedores e parceiros. No caso das grandes empresas, a adoção da responsabilidade social como critério para a seleção de fornecedores e parceiros para as várias etapas da cadeia produtiva tem um grande efeito multiplicador. Dessa forma, suas políticas atingem grande número de pequenas e médias empresas, contribuindo para disseminar práticas gerenciais ética e responsáveis.

A responsabilidade da empresa se estende a todos aqueles que são impactados por suas atividades. Nesse terreno, cada empresa tem uma realidade específica para a qual precisa encontrar formas próprias e eficazes de atuar em parceria com as comunidades na construção do bem-estar comum.

É importante que os próprios acionistas percebam que a adoção de práticas de gestão socialmente responsável tende a gerar benefícios estratégicos para os negócios, com impacto direto na rentabilidade das empresas, o que é relevante para o retorno de seus investimentos a longo prazo. Além disso, essas práticas resultam em benefícios palpáveis. Melhoram a imagem pública e a reputação da empresa, agregando às marcas um componente que, embora intangível, pode ser percebido em alguns diferenciais mercadológicos, como a lealdade do consumidor e maior facilidade de acesso aos mercados.

As práticas de responsabilidade social também se refletem na produtividade da empresa, pois geram maior envolvimento dos trabalhadores. Os processos de treinamento oferecidos e os ganhos obtidos pelas relações de trabalho baseadas na cooperação reforçam a identificação com a empresa, contribuindo para reter a mão de obra qualificada. Os riscos e os custos são reduzidos pela melhoria da credibilidade junto aos diferentes públicos e pelo esforço de adequação à legislação em todas as instâncias de atuação e em todos os relacionamentos da empresa.

Tudo isso faz com que até o conceito de "boa empresa" tenha mudado, ficando muito mais abrangente: empresa boa é aquela que é boa para se trabalhar, para se ter como parceira, para se investir e para se comprar seus produtos e serviços.

A RESPONSABILIDADE SOCIAL EMPRESARIAL NO BRASIL

Quando o Instituto Ethos foi criado, em 1998, com apenas 11 empresas afiliadas, muitos viam seu objetivo de promover a responsabilidade social empresarial como uma grande utopia. Em pouco mais de meia década, no início de 2004, o Instituto Ethos já contava com a participação de cerca de oitocentas empresas associadas, cujos faturamentos totalizados equivalem a cerca de 30% do PIB brasileiro. Esse crescimento notável é um indicador de que a responsabilidade social encontrou um terreno fértil por aqui.

O Brasil já conta com uma liderança empresarial conscientes de que a responsabilidade social é uma estratégia de negócio que contribui para a competitividade e sustentabilidade das empresas. Essa consciência também está presente entre os chamados formadores de opinião do setor privado da economia, o que inclui desde os órgãos associativos, como as federações de indústrias e organizações setoriais, até a mídia especializada, as universidades e centros de pesquisa. As políticas de gestão baseadas na responsabilidade social e seus resultados começam a ser objeto de investigação científica e elaboração prática. Com isso, os empresários já dispõem de instrumentos que lhes permitem planejar, implantar e avaliar essas políticas com método e segurança.

A responsabilidade social vem conquistando espaço nos aspectos claramente econômicos do mundo dos negócios. Já se observa, por exemplo, em várias esferas, uma nítida tendência de estabelecer as práticas da responsabilidade social empresarial como balizadoras de relações de mercado. Grandes corporações, como Petrobrás, CPFL e ABN Amro Bank, entre outras, começam a adotar critérios de responsabilidade social para avaliação dos seus fornecedores. O mesmo ocorre na composição de carteiras de investimentos e na inclusão de cláusulas socioambientais em contratos de concessão de crédito.

No final de 2003, os fundos de pensão brasileiros, por meio de sua entidade setorial – a Associação Brasileira das Entidades Fechadas de Previdência Complementar –, deram início à construção de um programa de responsabilidade social que terá grande impacto no mercado brasileiro. O programa, além de construir instrumentos para orientar as práticas administrativas do setor, também está consolidando diretrizes e critérios orientadores para seus investimentos, privilegiando empresas que se pautem pela gestão socialmente responsável, baseada na ética e na sustentabilidade. Considerando que os fundos são os maiores investidores institucionais do país, pois administram recursos na ordem dos US$ 70 bilhões, pode-se imaginar o efeito multiplicador dessa atitude na economia brasileira.

Outro indicador de que os investidores começam a se sensibilizar pelas questões da sustentabilidade é a criação, pela Bolsa de Valores do Estado de São Paulo (Bovespa), de um índice de acompanhamento do desempenho das ações de empresas que adotam critérios de responsabilidade social. Índices semelhantes são o Dow Jones Sustainability Index, de Nova York, e o FTSE4GOOD Index, de Londres.

Uma boa medida da penetração dessa nova mentalidade no mercado é a presença das questões de responsabilidade social na agenda sindical e na pauta de diversas organizações do terceiro setor. O mais significativo, porém, é o avanço no relacionamento das empresas com as comunidades ou que de alguma forma são afetadas pelo seu negócio. Esse avanço pode ser traduzido por vários indicadores e um dos mais evidentes é o aumento expressivo da rubrica "investimento social" nos orçamentos das empresas.

Uma investigação realizada pelo Instituto de Pesquisas Aplicadas (Ipea), em 2001 – "Bondade ou Interesse? Como e Por Que as Empresas Atuam na Área Social" –, mostrou que mais de 60% das empresas estudadas realizavam diferentes formas de investimento social. As formas variavam entre a execução direta de projetos comunitários e ações sociais e a realização de doações, com um amplo leque de combinações entre esses dois tipos de prática. Outro indicador desse avanço é o número crescente de fundações e institutos criados por grupos empresariais para gerirem suas intervenções de caráter social e cultural.

Em alguns países, e o maior exemplo são os Estados Unidos, as instituições ligadas às grandes corporações têm presença marcante em todas as esferas da vida social do país, notadamente na educação, promoção e preservação cultural, no financiamento da pesquisa científica e social e no apoio a programas de promoção social de comunidades. Um grande número dessas instituições ultrapassa as fronteiras norte-americanas, se fazendo presente em várias regiões do planeta, onde contribuem para o desenvolvimento da pesquisa e da promoção social local. No Brasil esse movimento ainda está em sua fase inicial. Nossos institutos e fundações ligados às ações de responsabilidade social das empresas defrontam-se, e são extremamente solicitados, com as diferentes facetas de nossa extensa carência social, mas, guardadas as proporções, já ocupam um espaço significativo em nosso cenário social.

É nesse contexto que observamos um outro efeito do avanço da responsabilidade social empresarial no Brasil: a crescente articulação entre investimento social privado e as políticas públicas estabelecidas por diferentes esferas de governo. Um marco nesse processo foi o engajamento das empresas no programa "Fome Zero" de políticas de segurança alimentar e combate à pobreza, ocorrido a partir do início de 2003. Nunca no país as iniciativas público-privadas se articularam de modo tão rápido e eficaz em função de um objetivo comum.

Ações e propostas do setor privado adquiriram o alcance de políticas públicas, como a criação de banco de alimentos, restaurantes populares, construção de cisternas nas áreas do semiárido brasileiro e vários outros projetos de apoio à agricultura familiar.

Além das ações de segurança alimentar e de erradicação das carências sociais, estão em curso no país diversas outras iniciativas do setor privado articuladas e complementares às políticas públicas, como as destinadas à ampliação do acesso e melhoria de qualidade dos serviços de educação; erradicação do analfabetismo; geração de emprego e renda; combate ao trabalho infantil; combate à exploração sexual de crianças e de adolescentes; além de trabalhos de inclusão social e de promoção da equidade nas relações de gênero e de raça.

A exploração dessas novas oportunidades acaba por resultar em alterações dos padrões e comportamentos que regem as relações do próprio mercado, no que diz respeito aos investidores, consumidores, governo ou qualquer outro agente indutor dos negócios das empresas. É a partir da qualificação obtida pela gestão socialmente responsável para competir em novos patamares de excelência, que as empresas, sejam elas pequenas, médias ou grandes, vêm percebendo um número crescente de oportunidades para expansão e exploração de novos nichos de mercado, e de acesso preferencial a capitais.

Na medida em que esse processo resulta em ganhos internos de produtividade e proporciona um diferencial de mercado reconhecido pelo consumidor, as empresas obtêm incrementos reais de rentabilidade e competitividade tanto no mercado doméstico como no internacional. Com isso, fica evidente que a responsabilidade social não pode ser vista como custo, mas como fator de produção ou investimento, parte integrante da estratégia do negócio.

RESPONSABILIDADE SOCIAL EMPRESARIAL NO MUNDO

No plano internacional, a responsabilidade social empresarial vem se consolidando como estratégia fundamental para a articulação da agenda corporativa com a agenda de desenvolvimento sustentável na maioria dos compromissos acordados em esfera global. Isso vem se expressando pela incorporação das questões relativas à responsabilidade social nas agendas de debates de quase todos os organismos multilaterais, agências internacionais para o desenvolvimento e instâncias da governança global. Bons exemplos são o Pacto Global das Nações Unidas (Global Compact), as diretrizes da OCDE para as multinacionais; os mecanismos de promoção do comércio sustentável no contexto da Rodada Desenvolvimentista de Doha, da OMC (Sustainable Trade Day); as políticas de ajuda do Banco Mundial (World Bank CSR Group).

Nesses e em outros diferentes fóruns de articulação econômica global, a ideia é trazer as questões relativas à sustentabilidade para o centro da discussão das relações de comércio internacional. A adesão de corporações transnacionais e de empresas que operam no mercado internacional às práticas socialmente responsáveis, com seus desdobramentos nas respectivas cadeias produtivas espalhadas por diversos países do globo, é condição indispensável para a construção de relações sociais e ambientalmente sustentáveis.

O cenário ideal a ser atingido é aquele de um mercado internacional socialmente responsável, no qual todos os elos da cadeia sejam pautados pelo compromisso com a sustentabilidade. Essa cadeia envolve o consumidor final, que deve ser exigente com aquilo que consome, recusando produtos que não sejam gerados de modo social e ambientalmente sustentável. Inclui empresas e governos, responsáveis pela prática de uma nova ética nos negócios e nos relacionamentos; e se expressa em novas regras nos mercados, incluindo o de capitais e o financeiro, tanto em escala local quanto planetária.

Já avançamos muito nesse sentido, mas ainda temos um longo caminho pela frente. E por mais que esse seja um processo que requer a participação de grandes cadeias produtivas, comunidades e governos, é importante se ter claro que a construção da sustentabilidade e de uma nova ética nos relacionamentos envolve necessariamente mudanças no comportamento individual de cada uma das pessoas envolvidas.

A construção de um mundo sustentável é, antes de tudo, uma prática de cidadania e, como tudo que diz respeito ao cidadão, requer a participação consciente dos indivíduos. Só chegaremos a uma economia sustentável, se essa for uma exigência global contra a qual não se possa lutar. Metas ousadas como essa implicam profundos processos de mudança de comportamento dos chamados "agentes econômicos", e isso depende de uma nova consciência das pessoas, e de uma nova prática nas vivências dos mais diferentes papéis que exercem no cotidiano – empresários, executivos, investidores, funcionários, educadores, consumidores, eleitores, políticos. A sustentabilidade social e ambiental em escala global está estreitamente relacionada à consciência e à prática cotidiana de cada um de nós. E a responsabilidade social empresarial é um forte instrumento móvel dessa mudança.

O PRÊMIO BEM EFICIENTE

Stephen Kanitz

Cidadania não é ajudar o outro. Esta é uma concepção equivocada da cidadania que infelizmente está sendo cada vez mais difundida por pessoas leigas no assunto, e que muitos problemas têm trazido à causa da cidadania. Temos visto um enorme crescimento de pessoas e empresas ansiosas para ajudar os outros, como forma de se tornarem pessoas responsáveis ou empresas cidadãs, sem saber o que tudo isso significa.

Temos participado de inúmeras reuniões de departamentos de marketing de empresas que nos consultam para saber o que achamos do projeto social que eles pretendem criar. Recebemos diariamente jovens com ideias maravilhosas para ajudar os outros, como criar escolas de inglês na periferia, ou projetos para ensinar balé para meninas da favela, ou projetos de inclusão digital dos mais variados tipos. São pessoas imbuídas de altruísmo que não querem fazer mal a ninguém, mas não perceberam ainda o verdadeiro espírito da cidadania.

Cidadania não é ajudar o outro, e sim servir o outro. Há uma enorme diferença entre essas duas posturas. Ninguém no fundo quer ser ajudado, é só observar a atitude de todo adolescente. Servir é colocar-se à disposição do outro. Lamentavelmente, diretores de marketing e jovens altruístas não pensam em servir os outros. Querem patrocinadores, o que no fundo significa que querem que outros os sirvam com recursos financeiros para implantarem os projetos que eles criaram. Querem ficar conhecidos pelos projetos que idealizaram sozinhos, aqui entra mais a vaidade do que o espírito de realmente ajudar o outro. Você ajuda servindo. Servindo aqueles que pedem ajuda.

Curiosamente nenhuma dessas empresas que nos consultaram sequer perguntou como poderiam "melhor servir" o Terceiro Setor. Lembra-se daquela piada do escoteiro que levou uma velhinha cega para outro lado da rua e que ficou surpreso quando ela lhe bateu com seu guarda-chuva? O escoteiro, que queria somente ajudar, esqueceu de perguntar à velhinha cega se ela queria de fato atravessar a rua.

A maioria dos projetos sociais começa na cabecinha do adolescente, do jovem altruísta ou na cabeça do gerente de marketing da empresa que pretende fazer o seu marketing usando o social. Na maioria das vezes, ninguém pensou sequer em indagar primeiro se os favelados querem aulas de balé, ou se querem de fato conversar pela Internet com alguém do outro lado do mundo. Todo esse movimento de "responsabilidade social das empresas" e da "comunicação por atitudes" precisa ser repensado urgentemente, caso contrário fará mais mal do que bem e piorará a exclusão social, como de fato já está ocorrendo. O foco do "marketing social" e da "comunicação por atitudes" tem sido, na maioria das vezes, criar um projeto social que seja bom para a empresa, e não que o projeto social seja útil para a sociedade.

Ricardo Young, do Yázigi e diretor do Instituto Ethos de Responsabilidade Social, nos procurou felicíssimo com o seu recém-criado projeto de dar aulas de inglês nas favelas. Achou que nós também ficaríamos felizes, só que a nossa pesquisa entre as entidades mostrava que isso não era, nem de longe, uma prioridade do Terceiro Setor. Dar aulas de inglês é o que uma empresa de idiomas sabe fazer, mas não o que o Terceiro Setor mais precisa. Se tivesse perguntado primeiro o que as entidades mais precisavam, teria descoberto que elas precisam de tradutores para o inglês, para ajudar a preencher os inúmeros pedidos de auxílio enviados a 44 mil fundações americanas de filantropia. Aprender inglês não é prioridade, embora obviamente ajude. Mas o objetivo é ajudar ou servir?

Infelizmente, este movimento de Responsabilidade Social das empresas iniciado é uma mera onda. É uma dessas ondas mercadológicas que logo se esvaem porque o que toda empresa sabe, é que quem assume responsabilidades, um dia será responsabilizada pelo que faz. E nenhuma empresa vai querer ser responsabilizada especialmente pelo social, pois já é difícil assumir responsabilidade sobre os produtos que fazem, imaginem assumir sobre o que não sabem fazer.

Esta onda está destruindo justamente aqueles que há anos assumiram esta responsabilidade muito antes desses empresários perceberem que eram omissos: as 14 mil entidades do Terceiro Setor.

COMBATENDO A "PILANTROPIA"

O projeto do Prêmio Bem Eficiente começou através de uma pesquisa entre as duzentas maiores entidades do país. Perguntamos às entidades quais eram os seus maiores problemas, e de que forma nós poderíamos ser úteis. Dos vários problemas que os dirigentes de entidades expuseram, havia um que nós tínhamos todas as condições de resolver. Para quem não nos conhece, por 23 anos escolhemos as melhores empresas deste país para o anuário Melhores e Maiores, da revista *Exame*, que concedia o prêmio da Melhor Empresa do ano.

Um dos problemas que o Terceiro Setor enfrentava em 1994 era a imagem de "pilantropia", de que as entidades faziam mal uso do dinheiro doado, reflexo de uma série de escândalos ligados a políticos e primeiras-damas que usavam ONGS para receber dinheiro do governo. Na dúvida, empresas e cidadãos preferiam simplesmente não doar a correr o risco de doar para uma entidade "pilantra". As entidades também se queixavam da total falta de exposição na mídia, do desinteresse da sociedade e em especial da imprensa, em como ajudá-los a eliminar essa má fama que algumas entidades acabaram semeando para as demais.

Criamos o projeto Prêmio Bem Eficiente com o objetivo de melhorar a imagem negativa do Terceiro Setor em geral, de mostrar para a sociedade de que existiam centenas de entidades sérias e bem eficientes, e que doadores em potencial poderiam doar sem susto. Graças à colaboração de empresários que ganharam o Prêmio Melhores e Maiores, aqueles que entendiam a importância da empresa receber um Prêmio como Melhores e Maiores, conseguimos sete patrocinadores necessários para desenvolver o projeto.

Portanto, o Prêmio Bem Eficiente surgiu com objetivos claros de servir a uma necessidade que as entidades haviam detectado. Além disso, achamos que era uma questão de justiça social criar um Prêmio de reconhecimento nacional ao setor que havia sido totalmente esquecido pelo governo, pela imprensa brasileira e pelas associações empresariais. O Brasil possuía inúmeros prêmios para homenagear jornalistas como o Prêmio Esso, prêmios para homenagear empresários – como o próprio prêmio Melhores e Maiores, e prêmios para todos, com exceção dos líderes sociais dos que lutam com enormes desafios, sem ter um lucro no final do ano como os empresários, ou um enorme salário como os jogadores esportivos.

Assistir à entrega do Prêmio Bem Eficiente é uma experiência comovente e, em nossa opinião, às vezes até triste. A emoção dos líderes sociais ao receberem seus merecidos prêmios é indescritível. A maioria chora de emoção, uma catarse, um tardio reconhecimento de tudo que eles fizeram para os outros. Reconhecimento é a cachaça, o lucro, a moeda de troca do Terceiro Setor. Não é fácil ser uma entidade, pois ela sofre os mesmos problemas financeiros e econômicos que a maioria das empresas brasileiras enfrenta, só que ela não recebe os lucros quando as coisas vão bem. Ela tem todos os problemas que uma empresa lucrativa tem sem nenhuma das benesses. O Prêmio Bem Eficiente é o mínimo que uma sociedade pode fazer para as pessoas abnegadas que cuidam nas nossas 14 mil entidades beneficentes.

Curiosamente, convidamos, todo ano, as maiores autoridades políticas para participarem dessa justa homenagem. O número de políticos que comparece na cerimônia é mínimo. Convidamos também as empresas que ganham estes inúmeros prêmios de Responsabilidade Social para prestigiarem e aplaudirem por sua vez os líderes sociais, e é neste momento que a hipocrisia transparece.

RESULTADOS POSITIVOS

Ao contrário do que se poderia esperar, as entidades vencedoras não se acomodam com os louros da vitória, como tantas vezes ocorre em empresas bem-sucedidas, mas elas redobram sua busca por eficiência e produtividade. A maioria aumentando em média em 23% sua eficiência nos três anos seguintes. O que nos causa até alguns problemas, porque a ideia era incentivar as não vencedoras a procurar ganhos de produtividade e não incentivar as já eficientes a ficarem ainda mais eficientes.

As cinquenta vencedoras não somente aumentaram sua eficiência, mas também suas receitas de donativos eventuais aumentaram 600% contra 80% das não vencedoras, comprovando o valor da exposição que o Prêmio Bem Eficiente oferece aos seus ganhadores. Em termos de receitas totais, aumentaram 128% contra 73% das não vencedoras. Traduzido em valores, isso equivale a praticamente 16 milhões de reais por ano de donativos a mais, comparado com as que não ganharam o valioso troféu. O mérito precisa ser dividido com as entidades, que com sua autoestima revigorada passam a não aceitar um não como resposta na hora de pedir donativos.

O número de voluntários das entidades vencedoras aumenta em 37%, o patrimônio aumenta em 100%, e o que mais nos alegrou, o dispêndio médio por beneficiado aumentou em 46%, ou seja, aumentou a qualidade dos benefícios prestados. Descobrimos também que as entidades que recebem o Prêmio Bem Eficiente têm uma redução relativa de doações de fundações empresariais. Isso não chega a causar problemas porque esses recursos são mais do que compensados com o enorme acréscimo de donativos que ocorre após o recebimento do Prêmio Bem Eficiente.

Mas mostra novamente o comportamento da atitude empresarial. Querem ser conhecidos pelo número de projetos que realizam, "somos inovadores não mantenedores". Querem a glória e o *filet mignon*, e assim que podem abandonar um projeto bem-sucedido, partem para outro. Essas fundações são conhecidas pelo Terceiro Setor como as fundações que adotam a prática *Love them and leave them*.

Essa atitude de certas fundações empresariais acaba criando para nós certo constrangimento, porque a razão fornecida é normalmente que pelo fato de a entidade ter recebido o Prêmio Bem Eficiente ela passa a ser considerada suficientemente capaz de tocar a sua missão sem ajuda da fundação. A maioria das fundações americanas, que são de pessoas físicas não de empresas, faz justamente o contrário. Elas procuram as mais eficientes para oferecer ainda mais recursos, o que permite uma redução mais eficiente da exclusão social.

O Conselho Supervisor do Prêmio Bem Eficiente tomou uma decisão em 1997, que agora prova ter sido correta, de não divulgar os 42 critérios da premiação, uma decisão polêmica na época. Todo mundo queria ter acesso aos critérios, especialmente os consultores do Terceiro Setor e professores de administração de entidades sem fins lucrativos. Era temido, com razão, que poderia surgir um negócio lucrativo de preparar entidades para ganhar o Prêmio, razão do interesse pelos critérios. A pressão vem normalmente de consultores e não das próprias entidades. Seria a repetição do que ocorreu com o ISO 9000, a proliferação de consultorias que "preparam" as empresas. Hoje tem mais empresas buscando o ISO 9000 do que buscando qualidade, o objetivo inicial da iniciativa. Graças a essa decisão, há a certeza de que as entidades de fato se tornaram mais eficientes, e não procuraram se adequar aos critérios do prêmio como ocorre nas empresas que buscam o ISO 9000.

O Prêmio Bem Eficiente é fortemente orientado para o ponto de vista do doador de recursos. Não entra no mérito se ajudar meninos de rua é mais socialmente inclusivo ou eficiente do que ajudar deficientes visuais. Esta é uma crítica comum que recebemos de leigos e engenheiros sociais e que acreditamos ser infundada. Primeiro, ninguém é capaz nem deve fazer esse tipo de comparação. Segundo, avaliar o sucesso do ensino demoraria 15 anos para ser concluído. Não existem métricas desenvolvidas para as mais variadas áreas. Pode-se é mostrar ao doador em potencial que a entidade é bem administrada, transparente, que não tem nada a esconder, e que é merecedora de sua doação.

As sete categorias nas quais os 42 critérios foram divididos são:

> 1) Repasse de Recursos
> Um doador normalmente quer que boa parte dos seus recursos acabe sendo efetivamente repassada aos beneficiados e não perdida, cobrindo elevados custos fixos e de arrecadação.
> 2) Transparência
> Entidades que são auditadas por auditores externos de renome, servem de conforto para doadores de que a entidade é idônea. Quem nada teme, nada esconde.
> 3) Eficiência
> O mote do Prêmio Bem Eficiente é "boas intenções com bons resultados". Em um mundo globalizado até a beneficência requer padrões de desempenho modernos e eficientes.
> 4) Organização
> Aqui se procura avaliar se a entidade é bem organizada e possui uma gerência relativamente moderna que lhe garanta continuidade.
> 5) Situação Financeira
> Infelizmente, o fato de que entidades beneficentes sejam sem fins lucrativos não as livram dos mesmos percalços das entidades com fins lucrativos, como a falência e a concordata. Possuem todos os ônus das entidades com fins lucrativos, mas sem a recompensa do lucro. Procura-se avaliar a estrutura financeira das entidades, pois nenhum doador quer ver sua entidade fechar as portas no mês seguinte.
> 6) Cumprimento Legal
> Estar em dia com o fisco e ser legalmente registrado deveriam ser condições *sine qua non* de uma entidade, mas nem sempre o são.
> 7) Validação de Terceiros

Algumas entidades recebem dotações de grandes fundações como Ford e Kellogg, que sabem o que estão fazendo. Enviamos também questionários para as principais fundações filantrópicas do país que informam quais entidades que elas mais admiram.

Cada um dos 42 critérios recebeu pesos que variaram de 0,3% até o máximo de 5% (neste caso a opinião das fundações brasileiras). Portanto, o peso médio foi de 1,7% por critério. Nenhum critério é perfeito. Todo critério, é discutível e o importante é basear o prêmio em mais de um critério pois assim as imperfeições tendem a ser anuladas. Na escolha das melhores empresas do país, trabalho que a nossa equipe conduziu por 23 anos, utilizavam-se somente seis critérios. Agora houve um salto qualitativo ao usar nada menos que 42 indicadores de desempenho, um trabalho sem igual no mundo. Todas as cinquenta entidades precisam ter notas mínimas em cada um dos sete critérios utilizados, com exceção do último: validação de terceiros.

Algumas entidades eficientes deixaram de ganhar o Prêmio apesar de terem obtido elevada soma de pontos, por descuidarem de uma área da sua entidade, digamos finanças, que estava abaixo dos padrões mínimos. O segredo em toda organização é o equilíbrio e o conjunto.

EDIÇÃO EM INGLÊS

Das 44 mil Fundações Filantrópicas do mundo, somente três são efetivamente atuantes no Brasil: Kellogg, Ford e MacArthur. Estas 44 mil fundações doam bilhões de dólares por ano, sendo que deste valor dois a 4% poderia ser destinado ao Brasil. Donativos Internacionais foi a categoria que mais cresceu nesses últimos anos, segundo Chronicle of Philantropy, nada menos que 6% no ano.

Infelizmente, existe uma imagem difundida no Brasil, que passa para o exterior, que a maioria das nossas entidades sem fins lucrativos não são sérias, razão pela qual criei uma edição em inglês do Prêmio Bem Eficiente, "The 100 Most Efficient Non Profits of Brazil". Curiosamente, houve imensa dificuldade em arrumar patrocinadores, porque o movimento de "comunicação por atitudes" e "marketing social" restringe qualquer ação de cidadania que não tenha imediato resultado mercadológico para a marca da empresa. Como o livro seria distribuído nos Estados Unidos para as mil maiores fundações americanas, e estas não são clientes potenciais de nenhuma empresa brasileira "socialmente responsável", nenhuma agência de propaganda aprovou o projeto.

O projeto acabou sendo custeado por duas pessoas físicas, e não jurídicas, Marcel Telles e eu. Fizemos um lançamento do livro na Embaixada Brasileira de Washington, e levamos vinte entidades para exporem os seus projetos para os convidados do Embaixador Paulo de Tarso Flecha de Lima.

DESAFIOS PARA O FUTURO

O Prêmio Bem Eficiente caminha para o seu nono ano. Ele conseguiu mostrar ao povo brasileiro que o Terceiro Setor não é dominado por pilantras, mas por entidades sérias na sua maioria. Conseguimos colocar o Terceiro Setor no mapa e na agenda jornalística do país. Conseguimos também mostrar às entidades a importância da produtividade e da eficiência no trato das questões sociais.

Antes do Prêmio Bem Eficiente, a maioria das entidades, como a maioria das empresas naquela época, ainda achava que para poder fazer mais pelo social era necessário arrumar mais recursos de doações. O Prêmio Bem Eficiente mostrou que infelizmente o mundo mudou, e que todos nós teríamos de tentar fazer mais com os recursos que já tínhamos. Como nenhum político se interessa pela área, esta ficha ainda não caiu para o governo, que só quer mais impostos.

Essa mensagem não poderia vir em melhor hora, porque durante o governo Fernando Henrique Cardoso o crescimento dos impostos passou de 28% do PIB para 38% do PIB, aumentando especialmente a taxação sobre a classe média, normalmente a maior fonte de recursos filantrópicos deste país. As empresas "Socialmente Responsáveis" doam menos do que R$ 120.000,00 por ano em média, o grosso vem da classe média. Com a pressão da globalização sobre a classe média e ao mesmo tempo a pressão sobre a renda com uma taxação cada vez maior, o primeiro item do orçamento da classe média que começou a desaparecer foi o de donativos filantrópicos para as igrejas e para o social.

Como se isso não bastasse, as entidades começaram a sentir o peso da concorrência das grandes empresas que começaram literalmente a roubar seus melhores funcionários para se associarem às fundações e institutos criados com a marca da empresa. Para piorar a situação, as empresas "socialmente responsáveis" querem projetos que enaltecem o nome e a marca de suas empresas. Hoje, quem tem de mostrar para a sociedade os projetos sociais que fazem são as empresas, quando o correto seria as entidades mostrarem o que fazem, para poderem angariar mais recursos.

No Prêmio Bem Eficiente quem aparece são as entidades, são elas que são enaltecidas. São elas, cujas marcas serão aprimoradas e reconhecidas como mais valiosas. Antes do Prêmio Bem Eficiente, o Terceiro Setor tinha um "*share of mind*" muito reduzido, limitado a duas ou três entidades, como a AACD e Abrinq. Com o Prêmio Bem Eficiente aumentamos este "*share of mind*" para 150 entidades, e não necessariamente as maiores e mais famosas, mas agora as mais eficientes. Só que o "*share of mind*" do consumidor é limitado, hoje nós temos trezentas empresas fazendo anúncios de responsabilidade social, dando a entender que quem faz o bem no Brasil são as empresas e não as entidades.

Isso é um prenúncio de algo muito grave. As entidades que foram esquecidas por quatrocentos anos antes do Prêmio Bem Eficiente voltarão a ser esquecidas novamente pela profusão de mensagens mercadológicas que são emitidas pelas trezentos maiores empresas brasileiras socialmente responsáveis. Em 1994 fizemos uma pesquisa com quarenta jornalistas e a maioria só conseguiu lembrar de três entidades que ajudavam os outros, das 14 mil existentes no Brasil. Normalmente, os jornalistas conseguem citar a Abrinq, das empresas de brinquedos, e a Fundação Bradesco. Graças ao Prêmio Bem Eficiente, hoje o jornalista da área social consegue citar 22 nomes, a maioria vencedora do Prêmio Bem Eficiente em anos anteriores.

Chegamos a tal ponto que hoje "marketing social" não significa mais o marketing que toda entidade beneficente precisa fazer para que ela possa ser conhecida e receber os recursos que ela mais necessita. Hoje, "marketing social" mudou de significado, foi apropriado pelos publicitários sociais e significa o marketing que as empresas precisam fazer para aparecer mais socialmente responsáveis do que seus concorrentes. Veja a hipocrisia, "mais responsáveis do que seus concorrentes", não mais responsáveis do que o Terceiro Setor, algo obviamente impossível.

O próprio Prêmio Bem Eficiente tem perdido patrocinadores, ao longo dos anos. Primeiro foi uma empresa de propaganda e, depois, uma empresa de cosméticos que alegou conflito de interesses. Óbvio, ela quer ser conhecida como a empresa mais socialmente responsável do país, e não quer promover o "*share of mind*" de cinquenta outras entidades que concorrem na publicidade. A que ponto chegamos: o prêmio agora está sendo visto como uma ameaça ao marketing das empresas.

Tudo isso porque esquecemos que cidadania é servir os outros e não a si.

O COMBATE À CORRUPÇÃO

Eduardo Capobianco
e Claudio Weber Abramo

A identificação da corrupção como problema das sociedades – em contraposição a comportamentos individuais questionáveis, exemplificados por casos isolados – é relativamente recente. Alguns estudos acadêmicos começaram a focalizá-la a partir da década de 1980, mas foi apenas após a criação da organização não governamental Transparency International, em 1993, que o tema ganhou visibilidade pública.

Ao mesmo tempo em que isso acontecia, ganhava corpo a ideia de que as instituições do Estado (o Executivo, o Legislativo e o Judiciário) podem não ser suficientes para garantir uma gestão justa e eficiente dos assuntos públicos. Nas democracias representativas, a identificação de problemas na própria representatividade do voto e na resposta dos representantes eleitos abriu espaço para uma atuação crescente, nos assuntos públicos, de grupos organizados na sociedade em torno de interesses ou causas específicas.

Organizações de todo tipo têm ocupado esse espaço, e aquelas dedicadas ao combate à corrupção não são exceção. Há, porém, uma importante diferença entre a anticorrupção e a maioria dos outros temas a que as ONGs se ocupam. Um grupo dedicado, por exemplo, a questões de saúde terá uma amplitude de preocupações naturalmente restringidas pelo próprio tema. O mesmo acontecerá com outra, digamos, voltada para questões relativas aos direitos humanos. Já o caráter complexo e ramificado da corrupção, a qual se manifesta em todas as interações entre o público e o privado, leva inevitavelmente à necessidade de compreender a gama mais ampla possível das circunstâncias em que essa interação se dá, para que se consiga identificar onde os problemas residem e quais são os métodos para melhor atacá-los.

De forma a conseguir isso, é necessário em primeiro lugar desenvolver uma visão de método. O primeiro aspecto a ser considerado é a própria caracterização do fenômeno. A corrupção, ao desviar recursos públicos para bolsos privados, reduz a capacidade de ação e de investimento do Estado, consequentemente prejudicando a execução de políticas e atravancando as relações econômicas. A corrupção de alto coturno induz decisões que beneficiam determinados interesses, direcionando políticas de Estado em detrimento do interesse público maior. No plano empresarial, ao introduzir fatores extraeconômicos no processo decisório, a fraude interfere com a competitividade e torna o setor privado menos eficiente.

Assim, a corrupção nada mais é do que a manifestação de ineficiência econômica. Quem sofre com a ineficiência é a coletividade, em particular os segmentos mais pobres, os quais, em um país com as carências brasileiras, são os que mais perdem com cada real desviado. Uma primeira consequência de se descrever a corrupção como ineficiência é buscar soluções para o problema focalizadas nos mecanismos concretos que a propiciam, ou seja, nas falhas sistêmicas, e não primordialmente nas pessoas que a praticam, buscando a punição dos culpados. Conforme essa perspectiva, o combate à corrupção não se configura como cruzada moral, mas como necessidade para o desenvolvimento e a redução das desigualdades sociais.

Prevenir é melhor do que remediar, e o lugar-comum aplica-se bem ao problema da corrupção. Com o agravante de que, no caso, remediar é usualmente muito difícil. Como os atos de corrupção são secretos, e como para puni-los é preciso provar que houve transferência de dinheiro entre o corruptor e o corrompido, usualmente através de "laranjas", doleiros e contas bancárias em paraísos fiscais, a probabilidade de se obter sucesso na punição dos culpados (imaginando-se que sejam detectados e investigados, o que de forma alguma é fácil de fazer) é, por sua vez, baixíssima – sem contar os custos de se fazer isso. O montante dos custos faz inevitavelmente com que os esforços de investigação se concentrem sobre casos que envolvam quantias muito elevadas, os quais, presumivelmente, são minoria. É evidente que apontar isso não significa advogar a impunidade, mas ter presente que a anticorrupção não pode ter sucesso se baseada somente na ideia de punir corruptos e corruptores.

Previne-se a corrupção aperfeiçoando-se os mecanismos institucionais e administrativos envolvidos nas decisões tomadas no âmbito do Estado. Um ato de corrupção só pode acontecer porque há oportunidade para que aconteça. O interessante, portanto, é examinar as circunstâncias que favorecem essas oportunidades e desenvolver métodos para reduzi-las.

Um exemplo pode servir para ilustrar as vantagens da prevenção sobre a punição. Um motorista que ultrapasse o limite de velocidade em uma estrada corre o risco de ser parado por um guarda rodoviário. Isso acontecendo, há a possibilidade de o guarda pedir uma propina grossa à infração. O motorista, confrontado com a opção entre pagar a multa ou a propina, pode decidir pela segunda, envolvendo-se assim em um ato de corrupção. O que permite o desenvolvimento dessa situação é o poder de arbítrio do guarda, de aplicar ou não a multa. Tentar reprimir tais atos individuais é difícil, caro e fadado ao fracasso. Buscar sua eliminação por meio de campanhas educativas ou publicitárias (sob a alegação de corrupção seria "fenômeno cultural") é inócuo, pois campanhas não mudam a realidade das oportunidades concretas que se oferecem ao arbítrio dos agentes do Estado. É muito melhor evitar que as situações aconteçam. No exemplo, isso se faz eliminando-se a possibilidade de o guarda exercer arbítrio, por exemplo instalando-se câmaras fotográficas nas estradas, que registram as placas dos veículos infratores. É evidentemente que são apenas alguns os processos do Estado que se prestam a encaminhamentos simples. Na maioria dos casos, a tomada de decisões percorre cadeias mais complexas. O princípio geral de saneamento, porém, é o mesmo.

Os processos cujo mau funcionamento levam à corrupção podem, em linhas gerais, ser divididos em duas principais categorias: os institucionais e os administrativos. Alguns exemplos de processos institucionais que, no ambiente brasileiro, são propiciadores de corrupção:

> 1) A negociação entre os Executivos municipais, estaduais e federal e os parlamentares dessas três esferas em torno de emendas aos orçamentos dos municípios, dos estados e da União, envolvendo obras públicas, muitas vezes realizadas tendo em vista o futuro direcionamento das licitações correspondentes.
>
> 2) A promulgação de projetos de lei que beneficiam setores ou grupos econômicos, que assim ganham vantagens legais sobre seus concorrentes.
>
> 3) O mecanismo de nomeação de integrantes de Tribunais de Contas, realizado sem debate suficiente, e que muitas vezes leva a esses organismos pessoas cujos comprometimentos políticos prejudicam a independência que seria imprescindível para o desempenho de suas

funções de controle do Executivo – as falhas institucionais costumam levar a grandes perdas por corrupção, pois afetam amplamente toda a sociedade.

4) A descentralização definida pela Constituição, que atribui às municipalidades a responsabilidade pelo planejamento e execução de seus orçamentos (no caso de gastos ditos sociais, compartilhada com a sociedade civil, em Conselhos específicos), mesmo quando a quase totalidade do dinheiro provém não de arrecadação local, mas de repasses da União e dos estados. Isso coloca no plano local uma responsabilidade de controle que os municípios brasileiros em sua maioria não conseguem exercer, e que as entidades locais de cidadãos tampouco têm condições de desempenhar.

Quanto às falhas administrativas que levam à corrupção, elas são imensamente variadas, pois afetam as centenas de milhares, talvez milhões, de diferentes tipos de procedimentos que fazem o dia a dia da gestão dos órgãos do Estado. Por exemplo:

1) A baixa racionalidade (por vezes deliberada) dos mecanismos de coleta e registro de impostos, facilitando a ação individual de funcionários inescrupulosos.

2) A presença de níveis decisórios microscópicos ao longo da tramitação de processos administrativos, dando origem ao fenômeno da criação de dificuldades para vender facilidades.

3) A pouca disseminação do princípio da máxima abertura de informações, o que não apenas dificulta a vigilância da sociedade e dos órgãos de imprensa sobre as decisões dos agentes do Estado como desgasta a eficiência da própria gestão. No Brasil, o Judiciário, em especial o dos estados, é notoriamente impermeável ao escrutínio público, justificando a avaliação frequente de que se trata de uma "caixa preta".

A identificação e retificação de falhas sistêmicas não acontecem por geração espontânea. Pressões sociais suficientemente articuladas são importantes para levar a mudanças. É nisso que o papel da sociedade civil organizada ganha seu contorno e sua justificação. Ao exprimir um conjunto de demandas ou expectativas a respeito de algum assunto para o resto da comunidade, as organizações sociais levantam temas que passam a integrar a agenda pública.

Note-se, porém, que a atuação dessas organizações nunca pode almejar diretamente transformações profundas e abrangentes. Só as instituições do Estado têm esse alcance. Isso é muito nítido no terreno da anticorrupção. Não há nada que as entidades voltadas para esse tema podem fazer para alterar diretamente, por elas mesmas, o ambiente administrativo e institucional. Elas podem apenas procurar articular e estimular pressões voltadas para induzir transformações na relação entre o Estado e a sociedade.

O poderoso papel que a vigilância da sociedade pode exercer sobre o Estado tem sido exemplificado em algumas comunidades brasileiras, nas quais movimentos organizados conseguiram trazer à luz desmandos, levando à punição dos responsáveis. Foi o que aconteceu em Guarulhos (SP), onde o prefeito e vários vereadores foram indiciados judicialmente e cassados, como consequência direta da ação coordenada por lideranças da sociedade local. Coisa semelhante aconteceu na cidade paranaense de Londrina, em que um movimento que chegou a congregar oitenta entidades locais perseverou durante mais de um ano, em colaboração com o Ministério Público, e conseguiu induzir a Câmara de Vereadores a cassar o mandato do prefeito.

A vigilância dos atos praticados no Estado cresce em importância quando se observa que é muito grande a variedade de assuntos que, todos os dias, são sujeitos a decisões por agentes públicos. Ninguém pode, isoladamente, acompanhar todos os processos decisórios que acontecem. Além de impossível materialmente, faltaria motivação – ninguém é motivado genérica e inespecificamente. A monitoração de qualquer aspecto determinado do funcionamento do Estado exige a presença de um interesse por aquele assunto. É do interesse (que é mais frequentemente material, mas também pode ser abstrato, embora em qualquer caso sempre seja afetado por naturais limitações de escopo) que decorre o recurso mais importante para o sucesso de qualquer atuação: a competência específica. É essa competência, colocada a serviço do interesse em questão, que confere eficácia e autoridade às iniciativas de monitoramento.

É também preciso ter em conta de que a participação da sociedade organizada tem seus limites. Nem todas as vulnerabilidades à corrupção presentes em um ambiente podem ser resolvidas pelo aperfeiçoamento das leis ou dos mecanismos administrativos. Isso é especialmente verdadeiro quanto aos mecanismos que dependem de forma direta da ação e participação dos cidadãos. Tome-se, por exemplo, o grau de responsabilização dos representantes eleitos. Quanto menos o eleitor cobra do eleito um comportamento condizente com suas propostas eleitorais, mais este último fica livre para descumprir o que se esperava dele, ou o que ele prometera.

O comportamento do eleito é função direta da intensidade da cobrança do eleitor. Ora, notoriamente, no Brasil as relações entre o eleitor e o eleito são tênues. (Isso pode ser constatado pelo elevado grau de renovação dos parlamentos brasileiros, que costuma girar em torno de 50%; em média, a cada eleição cerca de metade dos parlamentares deixa de se reeleger.) O motivo fundamental para isso é a baixa consciência política do eleitorado, por sua vez decorrente da pobreza. Não se pode esperar de uma população desempregada, majoritariamente analfabeta funcional, carente de serviços sociais mínimos, mantida na desinformação e sem perspectivas de melhoria de suas condições materiais de vida que consiga desenvolver consciência política.

Sempre levando-se em conta esses condicionantes, a Transparência Brasil conduz diversas atividades orientadas para a transformação do ambiente visando reduzir a incidência da corrupção. Uma delas é a realização de pesquisas e levantamentos junto a diferentes segmentos da sociedade, tendo em vista melhorar o diagnóstico sobre as práticas da corrupção e, assim, incrementar a consciência pública sobre o problema e contribuir para o aperfeiçoamento do Estado. Dessa forma, a Transparência Brasil realizou as primeiras pesquisas empíricas sobre a compra de votos jamais realizadas no país. Os resultados têm mostrado que se trata de um problema relativamente sério, mas provavelmente não nas dimensões catastróficas que às vezes se ouve.

É interessante observar (ver detalhes em www.transparencia.org.br) que boa parte das crenças a respeito da compra de votos não parece justificada. Assim, embora haja nítida piora nas regiões Nordeste e Norte/Centro-Oeste, não há diferença significativa entre municípios pequenos e grandes, ou entre capitais e cidades do interior. Os números disponíveis tampouco autorizam a crença comum de que quanto mais baixa a escolaridade do eleitor, mais ele seria vulnerável à compra de votos: o grupo mais vulnerável é o das pessoas situadas entre primário completo e nível médio completo. A conclusão talvez mais surpreendente das pesquisas sobre compra de votos realizadas pela Transparência Brasil é que a vulnerabilidade do eleitor aumenta na razão inversa de sua idade: quanto mais jovem o eleitor, mais ele é submetido à oferta de vender seu voto.

Esse tipo de levantamento serve, entre outros objetivos, para informar aqueles que conduzem campanhas de combate à comercialização ilícita do voto. O que os dados empíricos mostram é que vale mais a pena dirigir essas campanhas prioritariamente ao eleitor jovem. Por outro lado, concentrar esforços em comunidades menores pode deixar de lado o importante contingente das capitais e polos econômicos mais importantes do interior.

Ainda no território das pesquisas, a Transparência Brasil realizou, juntamente com o Banco Mundial e a prefeitura de São Paulo, um extenso levantamento sobre a corrupção nessa que é uma das maiores cidades do mundo, com o objetivo de orientar políticas corretivas. O levantamento demonstrou que a corrupção é disseminada na cidade, e apontou para diversas áreas de ação prioritária. Infelizmente, a prefeitura da cidade decidiu interromper seu compromisso com a iniciativa quando chegou o momento de o relatório ser tornado público, não aproveitando suas constatações no traçado e execução de estratégias de anticorrupção. O relatório pode ser encontrado no *site* da Internet da Transparência Brasil.

Um poderoso estímulo à corrupção é a desinformação. Reciprocamente, o melhor inseticida contra a corrupção é a informação. Para ampliar a informação sobre o tema eleitoral, a Transparência Brasil mantém desde 2003 o projeto Às Claras (www.asclaras.org.br), dedicado à divulgação de informações sobre o financiamento de candidatos a eleições. Nesse *site* da Internet, são apresentados todas as contribuições a candidatos a eleições, correspondentes aos informes que eles são obrigados a fornecer à Justiça Eleitoral. Além dos dados de cada candidato, realizam-se estatísticas sobre a concentração de financiamentos, a relação entre quantidade de dinheiro coletado e sucesso eleitoral, eficiência do financiamento e assim por diante.

Entre as conclusões que o projeto Às Claras permite atingir está o fato de que o maior eleitor no Brasil é o dinheiro: há fortíssima correlação entre o montante arrecadado pelos candidatos e seu sucesso eleitoral. Por outro lado, o perfil do financiamento a candidatos revela que a esmagadora maioria das doações é de pequeno porte, sendo as grandes contribuições em número reduzido, e concentradas entre um conjunto relativamente pequeno de candidatos. Essa constatação induz a um diagnóstico talvez inesperado – o de que, ao menos em parte, o padrão brasileiro de financiamento eleitoral parece atingir o objetivo de atingir contingentes elevados de pequenos doadores, fato em geral tomado como sinal de boa saúde eleitoral.

Evidentemente, o Às Claras não inclui o famoso "Caixa 2" de campanhas, proveniente de financiamentos escondidos (e ilegais). A extensão com que o financiamento oculto está presente em eleições é sujeito a estimativas disparatadas entre si, e mais estudos precisam ser realizados para que se possa estimar suas dimensões com algum grau de segurança.

A informação sobre quem paga quem nas eleições é muito importante para o eleitor (e para os observadores da cena política, como a imprensa), pois fornece indicações sobre a natureza dos possíveis compromissos dos candidatos em relação a seus financiadores. O desempenho dos eleitos no Executivo e no Legislativo pode ser comparado com o padrão do financiamento que receberam, permitindo assim identificar possíveis favorecimentos. A eficácia do instrumento é grandemente ampliada quando suas informações são combinadas com dados sobre como deputados e vereadores votam – o que, por sua vez, depende do desenvolvimento de iniciativas voltadas para a coleta, sistematização e divulgação dessas informações em cada comunidade ou grupo de interesse.

Nisso a imprensa tem papel central. A eficiência com que ela realiza o monitoramento da vida pública, a constância com que o faz e a isenção do noticiário refletem-se diretamente na consciência de seu público. A imprensa escrita, em particular, tem grande responsabilidade na formação da opinião de seu leitorado. Mesmo levando-se em conta a porcentagem muito reduzida de pessoas que leem jornais, elas tendem a ser formadoras de opinião. Reciprocamente, todos os formadores de opinião são leitores de jornais e revistas.

Com o objetivo de compreender melhor como a imprensa brasileira funciona, a Transparência Brasil desenvolveu uma iniciativa, inédita no país, de efetuar um monitoramento sistemático do noticiário sobre a corrupção ("Deu no Jornal"). Todos os dias, cerca de cinquenta jornais e revistas publicados em todos os estados brasileiros têm suas edições eletrônicas examinadas, em busca de material relacionado à corrupção. As matérias são reunidas em um banco de dados (www.deunojornal.org.br), ensejando a realização de análises estatísticas e conceituais.

O estudo estatístico desses dados mostra que a distribuição da informação pelas regiões e estados brasileiros acompanha o mapa da pobreza brasileira. Observa-se que, do total de matérias publicadas, mais de 60% do volume (em número de caracteres) corresponde a jornais da região Sudeste. Em seguida vêm a região Centro-Oeste (que inclui Brasília), com cerca de 10%, seguindo-se em ordem decrescente Nordeste, Norte e Sul. Dentro da região Sudeste, os jornais de São Paulo e Rio de Janeiro, juntos, são responsáveis por 60% de todo o noticiário sobre corrupção publicado (sendo que São Paulo publica 45% do total nacional e o Rio de Janeiro apenas 15%). Juntando-se a Rio e São Paulo os cerca de 7% correspondentes a jornais publicados em Brasília, atinge-se a cifra de 67%.

Observe-se que esses 67% são publicados por apenas cinco jornais (dois em São Paulo, dois no Rio e um em Brasília). Resulta que o resto do país é muito mal informado pela imprensa local. Um dado importante a ser considerado nesse quadro é o fato de que, especialmente nas regiões mais pobres, a imprensa tende a ser controlada pelos mesmos interesses oligárquicos que dominam a vida política e econômica, o que coloca em questão a possibilidade de independência dessa imprensa. Uma imprensa pouco independente não cumprirá de forma adequada seu papel de informar o público. Em particular, será inadequada na informação a respeito de corrupção.

Quando a corrupção é um problema sério, seu combate exige liderança desde o nível mais alto. Somente o poder de mando da alta hierarquia pode forçar a estrutura do Estado a mudar suas práticas de gestão. Por outro lado, a grande multiplicidade e os diferentes graus de gravidade das situações afetadas pela corrupção impõem a escolha de prioridades. Não se pode reduzir os níveis de corrupção alvejando indiscriminada e simultaneamente todos os alvos. Ou seja, é necessário planejamento, coleta e análise sistemática de dados, definição de programas. Exige-se o traçado, a execução e o acompanhamento de políticas. Em outras palavras, exige-se uma estratégia e estruturas pensantes.

Foi isso o que a Transparência Brasil propôs formalmente aos candidatos presidenciais às eleições de 2002. O candidato vencedor assinou um compromisso público de empreender um combate estratégico à corrupção, ao longo de uma série de linhas definidas explicitamente. O compromisso não foi cumprido.

A implantação de controles à corrupção requer transformações não apenas no Executivo mas também nos demais poderes. Embora a organização republicana do Estado brasileiro garanta a independência entre os Poderes, uma das peculiaridades de muitos países, característica também do Brasil, é a concentração de maiores poderes reais nas mãos dos Executivos. Na prática, o interesse do Executivo tende a predominar, e reciprocamente: o que é desinteressante para o Executivo tende a não vingar. O combate à corrupção não é exceção.

O poder de pressão do Executivo sobre os demais poderes e os diversos segmentos da sociedade é condição essencial para o sucesso de quaisquer iniciativas, as de anticorrupção incluídas. Se o Executivo não quiser fazer isso, não haverá combate eficaz à corrupção. É o que tem acontecido no Brasil ao longo de sucessivas administrações dos três níveis, estado de coisas que perdura. Enquanto perdurar, não haverá combate à corrupção no Brasil.

PRÁTICAS DE CIDADANIA CONTRA O CRIME E A VIOLÊNCIA

Eduardo Capobianco
e Paulo de Mesquita Neto

No Brasil, desde a transição para a democracia, há um processo de fortalecimento das práticas de cidadania. Hoje, além de votar em eleições, a maioria da população participa, em menor ou maior grau, de atividades políticas ou públicas na esfera municipal, estadual ou federal. Essa participação pode ser realizada de maneiras diversas, incluindo atividades relacionadas à divulgação de informações, expressão de opiniões, manifestações públicas, contatos com autoridades, colaboração na solução de problemas comunitários, colaboração com organizações da sociedade civil ou com partidos políticos.

A organização e a mobilização da sociedade civil têm contribuído de maneira significativa para o fortalecimento das práticas de cidadania. Frequentemente, a participação em assuntos políticos ou públicos se efetiva por meio ou com apoio de organizações da sociedade civil, que, de maneira crescente, reivindicam junto às instituições públicas mais transparência, respeito à lei e maior garantia dos direitos civis, políticos e sociais, atenção às necessidades da população e abertura para a participação da população no desenvolvimento de políticas públicas. Além de reivindicar, as organizações da sociedade civil passaram, mais recentemente, a propor mudanças para aumentar a legitimidade, eficácia e eficiência das instituições e políticas públicas, visando torná-las não apenas mais democráticas, mas também capazes de resolver os problemas que afetam a qualidade de vida da população e limitam as possibilidades de desenvolvimento da sociedade.

Este artigo procura analisar a organização e a mobilização da sociedade civil na área da segurança pública, apresentando um breve histórico da atuação da sociedade civil e apontando as possibilidades abertas pelo fortalecimento de práticas de cidadania para o aperfeiçoamento das políticas de controle e prevenção do crime e da violência, bem como as limitações dessse processo e as dificuldades encontradas. Em particular, o artigo focaliza a atuação de entidades e grupos empresariais no Estado de São Paulo, que se engajaram, a partir de 1997, na construção do Instituto São Paulo Contra a Violência. O artigo conclui indicando alguns desafios que ainda precisam ser enfrentados pelas organizações da sociedade civil para a democratização das instituições e o aperfeiçoamento das políticas governamentais na área da segurança pública.

DEMOCRACIA, CIDADANIA E SOCIEDADE CIVIL

No Brasil, a organização e a mobilização da sociedade civil cresceu durante as décadas de 1970 e 1980, período marcado pela luta contra o regime autoritário, pela abertura política e pela transição para a democracia. A organização da sociedade civil contribuiu de maneira decisiva para a transição e consolidação democrática e para o fortalecimento das práticas de cidadania no país, tendo sido o fator que diferenciou a última transição das demais transições políticas realizadas na história brasileira.

Entretanto, duas décadas após a transição para a democracia, a sociedade brasileira continua a conviver com problemas sociais graves, particularmente nas áreas do emprego e distribuição de renda, da segurança e justiça e dos direitos humanos. Baixos índices de crescimento econômico, altos índices de desemprego e desigualdade social, altos índices de criminalidade e violência, e a persistência de um quadro de graves violações dos direitos humanos, particularmente dos direitos civis e sociais, minam a confiança da população nas instituições públicas e nas políticas governamentais. Esses problemas afetam também outros países que fizeram a transição para a democracia na América Latina, mas se manifestam de forma particularmente aguda e dificultam o processo de consolidação da democracia e fortalecimento das práticas de cidadania no Brasil.

O relatório *La Democracia en América Latina*, preparado pelo Programa das Nações Unidas para o Desenvolvimento, com base em pesquisa realizada em 18 países pelo Latinobarômetro, mostra que apenas 30,6% da população brasileira tem orientação favorável à democracia, enquanto 42,4% é ambivalente e 27,0% tem orientação contrária à democracia. Entre os 18 países pesquisados, apenas Colômbia (16,9%), Paraguai (22,0%) e Equador (23,1%) registram taxa de apoio à democracia menor do que a registrada no Brasil (Pnud 2004).

Na esfera da sociedade civil, a persistência de graves problemas sociais parece levar a uma reflexão e uma discussão sobre as estratégias de organização e mobilização adotadas nas décadas de 1970 e 1980, que estavam apoiadas em duas ideias fundamentais. Primeiro, a ideia de uma polarização nas relações entre estado e sociedade, segundo a qual o estado seria o polo autoritário, a sociedade seria o polo democrático, e a construção da democracia dependeria fundamentalmente do fortalecimento da sociedade e da limitação do poder do estado. Com a transição para a democracia, começou a ficar cada vez mais claro que a realidade é mais complexa, havendo grupos desenvolvendo práticas democráticas no estado, assim como grupos desenvolvendo práticas autoritárias na sociedade – que levou alguns autores a usar os termos "autoritarismo socialmente implantado", "democracia sem cidadania" para caracterizar esta realidade (PINHEIRO, 2000).

Além disso, havia a ideia de uma polarização no interior da sociedade, particularmente nas relações entre o capital e o trabalho, segundo a qual o capital seria o polo conservador e o trabalho seria o polo progressista, e a construção da democracia dependeria fundamentalmente do fortalecimento das organizações dos trabalhadores e da limitação do poder das organizações dos empresários. Também nesta área, a realidade se mostrou mais complexa, havendo grupos de empresários desenvolvendo práticas progressistas, grupos de trabalhadores desenvolvendo práticas conservadoras, assim como alianças de empresários e trabalhadores por setor de atividade (DAGNINO 1994; O'DONNELL e REIS 1988).

A partir do Governo Fernando Henrique Cardoso, o processo de reorganização da sociedade civil passou a se desenvolver de uma forma mais clara, com base na articulação de redes integrando grupos e organizações que atuam na esfera do estado e da sociedade civil, assim como redes e organizações de empresários e trabalhadores, visando fortalecer processos de reforma institucional e de aperfeiçoamento das políticas públicas.

Em várias áreas, até na área da segurança e justiça, as organizações da sociedade civil, cujas estratégias estavam originalmente centradas na denúncia do estado e das elites políticas e econômicas, passaram a articular a crítica com a participação na formulação, implementação, monitoramento e avaliação de políticas públicas (PINHEIRO et al 1998).

SOCIEDADE CIVIL, SEGURANÇA E JUSTIÇA

Na área da segurança e da justiça, a organização e mobilização da sociedade civil foi impulsionada por dois fatores principais nas décadas de 1980 e 1990. Primeiro, a persistência de graves violações de direitos humanos, inclusive aquelas praticadas por parte de agentes do estado, levou grupos e organizações da sociedade civil a se mobilizarem em defesa das vítimas dessas violações, especialmente crimes e violências praticadas contra crianças e adolescentes, mulheres, membros de grupos de baixa renda e de grupos minoritários. Uma série de reformas da polícia, da justiça, do sistema prisional, além de políticas de prevenção foram propostas para reduzir as violações de direitos humanos no país (AMARAL JR e PERRONE-MOISÉS 1999; PINHEIRO 1996).

Segundo, o aumento do crime e da violência, principalmente nas áreas urbanas e regiões metropolitanas, levou grupos e organizações da sociedade a se mobilizarem reivindicando soluções para o problema. De 1980 a 2000, 598,4 mil pessoas morreram vítimas de homicídio no Brasil (IBGE 2004). No ano 2000, foram 45.919 mortes – uma taxa de 27 mortes para cada cem mil habitantes (Waiselfisz 2002). Segundo dados da Organização Mundial da Saúde, para um conjunto de 74 países, o Brasil é o país que registra a terceira maior taxa de mortalidade por homicídio. Apenas a Colômbia (61,6/100.000) e El Salvador (55,6/100.000) têm taxas superiores à taxa do Brasil (KRUG et al 2002).

Entretanto, diante do aumento do crime e da violência, emergiu uma divisão na sociedade brasileira em relação à estratégia de enfrentamento do problema. De um lado, se posicionam os grupos para os quais a persistência de graves violações dos direitos humanos, particularmente dos direitos civis, é um fator que contribui de maneira significativa para o descrédito das instituições públicas e políticas governamentais, a intensificação dos conflitos sociais e a "privatização" da segurança e da justiça, que por sua vez contribuem para o aumento da criminalidade e da violência. Deste ponto de vista, o fortalecimento das instituições e práticas de defesa dos direitos humanos é percebido como condição necessária para o aperfeiçoamento das políticas públicas na área da segurança e justiça e para a redução do crime e da violência (CALDEIRA 2000).

De outro lado, se posicionam os grupos para os quais o fortalecimento das instituições e práticas de defesa dos direitos humanos não é parte da solução, mas, parte do problema. Deste ponto de vista, o fortalecimento das instituições e práticas de defesa dos direitos humanos desde a transição da democracia, particularmente dos direitos civis, cria obstáculos ao desenvolvimento de políticas públicas na área da segurança e da justiça e contribui para a impunidade dos responsáveis por crimes e violências, que por sua vez contribui para o aumento do crime e da violência (CALDEIRA 1996).

Esse conflito tem produzido uma série de impasses que frequentemente paralisam o desenvolvimento de políticas de prevenção do crime e da violência e melhoria da segurança pública. Gradativamente, entretanto, defensores dos direitos humanos passaram a entender que a luta contra a violência da polícia, a violência nas prisões e a discriminação no sistema de justiça criminal não pode inibir, ao contrário, deve contribuir para o desenvolvimento de políticas na área da segurança e da justiça. Por outro lado, seus adversários também passaram a entender que o desenvolvimento de políticas na área da segurança e da justiça não pode prescindir, ao contrário, deve-se pautar pelo respeito à lei e aos direitos humanos.

A elaboração do Programa Nacional de Direitos Humanos, lançado em 1996 e atualizado em 2002, e do Programa Nacional de Segurança Pública, lançado no ano 2000, contou com a participação de centros de estudos e pesquisas, organizações da sociedade civil e organizações governamentais de diversos estados do país. Esses processos contribuíram para promover e ampliar o diálogo sobre o problema da criminalidade, da violência e das violações de direitos humanos, envolvendo grupos cuja atuação estava centrada na área dos direitos humanos e grupos cuja atuação estava centrada na área da segurança e da justiça.

Nos dois programas, assim como no programa para a área da segurança pública preparado pelo Instituto da Cidadania, e adotado pelo governo Luiz Inácio Lula da Silva em 2003, há uma preocupação com a reforma, fortalecimento e aperfeiçoamento das instituições do sistema de justiça criminal de forma que elas sejam capazes de desenvolver políticas capazes de aliar a eficácia e eficiência na prevenção do crime e da violência e o respeito às leis e aos direitos humanos. Há uma preocupação em superar conflitos políticos e ideológicos e focalizar atenção em problemas de gestão das instituições do sistema de justiça criminal, que contribuem para minar sua legitimidade, eficácia e eficiência.

Além disso, há uma ampliação do campo de debate sobre o problema do crime e da violência, para além das instituições do sistema de justiça criminal, que se volta também para as políticas e programas de prevenção. Não se trata de minimizar a importância da repressão criminal, mas de apontar fatores na esfera da economia, sociedade e cultura que aumentam o risco de crimes e violências, bem como políticas, programas e ações capazes de reduzir esse risco. Em particular, procurou-se apontar fatores que aumentam o risco de morte violenta entre os adolescentes e jovens, particularmente do sexo masculino, nas periferias das regiões metropolitanas, bem como do envolvimento de jovens e adolescentes com grupos e organizações criminosas (ADORNO 2002, ASSIS 1999).

Entretanto, os programas federais para a área da segurança pública e dos direitos humanos dispõem de recursos limitados e nem sempre contam com o apoio dos governos estaduais. Diante de crises na área da segurança pública e do sistema prisional, as ações previstas nos programas federais, acabam cedendo lugar na agenda de prioridades para ações emergenciais que nem sempre são compatíveis e acabam enfraquecendo ou tomando o lugar das ações previstas nos programas federais. Intervenções das forças armadas, constituição de forças-tarefas, aumento do efetivo, equipamento e armamento das forças policiais, e endurecimento da legislação penal são exemplos de propostas emergenciais que ganham força em situações de crise.

INSTITUTO SÃO PAULO CONTRA A VIOLÊNCIA

As organizações da sociedade civil têm desempenhado um papel fundamental na construção da democracia e no fortalecimento das práticas de cidadania na área da segurança pública. Além da participação na eleição dos governantes, essas organizações têm desempenhado um papel fundamental na reforma das instituições, na limitação e no controle do exercício do poder político, no monitoramento e avaliação das políticas públicas e na formulação e implementação dessas políticas. A produção e divulgação de informações sobre crimes e violências, ouvidorias de polícia, experiências de policiamento comunitário, centros de atendimento a vítimas de crimes, ampliação do acesso à justiça, programas de aplicação de penas alternativas e de reintegração social de autores de crimes e atos infracionais, programas de prevenção do crime e da violência na esfera da família, da escola e da comunidade, leis regulando comércio e porte de armas de fogo, por exemplo, são em parte reflexo e resultado da mobilização da sociedade civil.

Devido aos seus recursos econômicos, políticos e técnicos, as entidades empresariais podem desempenhar um papel positivo no processo de reforma das instituições e aperfeiçoamento das políticas públicas na área da segurança e da justiça. Entretanto, na medida em que defendem prioritariamente os interesses do setor empresarial, que nem sempre coincidem com os interesses da maioria da população, há sempre o risco de que as entidades empresariais desempenhem um papel ambivalente. Podem contribuir para aperfeiçoar as políticas de prevenção do crime e da violência e melhoria da segurança pública, mas também para manter uma situação de desigualdade social que limita o alcance e impacto dessas políticas.

O tipo de influência que as entidades empresariais exercem é condicionada pelo tipo de inserção dessas entidades na sociedade civil e pelo tipo de alianças que essas entidades estabelecem com outras organizações da sociedade civil e com organizações governamentais. De maneira geral, na área da segurança e justiça, entidades empresariais tendem a defender propostas voltadas para o aperfeiçoamento da gestão e o aumento da eficácia e eficiência dos serviços públicos, mas há também propostas voltadas para a expansão dos serviços privados na área da segurança pública e administração penitenciária (BIEBESHEIMER e PAYNE 2001).

No Estado de São Paulo, um grupo de entidades empresariais criou o Instituto São Paulo Contra a Violência em 1997, com o apoio de centros universitários, associações comunitárias e organizações da mídia, com o objetivo de apoiar o desenvolvimento de políticas, programas e ações para redução do crime e da violência e melhoria da segurança pública. Entre essas entidades empresariais estão: Federação do Comércio do Estado de São Paulo, Federação das Indústrias do Estado de São Paulo, Associação dos Bancos do Estado de São Paulo, Federação das Empresas do Transporte de Carga do Estado de São Paulo, Sindicato das Empresas de Seguros Privados e Capitalização no Estado de São Paulo, Sindicato das Empresas de Transporte Coletivo Urbano de Passageiros de São Paulo, Pensamento Nacional das Bases Empresariais e Associação Brasileira de Agências de Publicidade. Além das entidades empresariais, apoiaram a criação do Instituto a Fundação Roberto Marinho, Associação Viva o Centro, Núcleo de Estudos da Violência da Universidade de São Paulo, Faculdade de Saúde Pública da Universidade de São Paulo e Centro de Estudos do Terceiro Setor da Fundação Getúlio Vargas.

Por que essas entidades empresariais decidiram unir forças e criar uma organização não governamental como o Instituto São Paulo Contra a Violência, para atuar na área da segurança pública? Múltiplos fatores podem ter influenciado e contribuído para esse processo. Primeiro, há líderes empresariais comprometidos com a democracia, que percebem a necessidade de mudanças nas instituições públicas e políticas governamentais na área da segurança e da justiça, e a importância da participação das entidades da sociedade civil e do setor privado para a realização dessas mudanças. Segundo, o crescimento do crime e da violência nas décadas de 1980 e 1990 aumentou o custo de investimentos, dificultou o desenvolvimento econômico e agravou os problemas sociais — fatores estes que afetam negativamente no desempenho do setor privado. Terceiro, a segurança privada, apesar da sua expansão nos anos 90, ainda é cara e não é suficiente para proteger os negócios, o patrimônio e a família da maioria dos empresários. Quarto, a mídia tem enfatizado de maneira crescente a responsabilidade social das empresas e dos empresários em várias áreas, inclusive na área da segurança pública.

Para entidades e grupos empresariais com interesses diferentes e às vezes conflitantes, é um desafio constante unir forças e atuar de forma integrada com outras entidades da sociedade civil e do governo no desenvolvimento de ações visando à melhoria da segurança pública. Entretanto, na medida em que há um interesse no desenvolvimento de ações nesta área, a criação de uma organização não governamental é uma alternativa que produz alguns benefícios. Primeiro, as entidades empresariais podem dividir os custos de participação. Segundo, as entidades empresariais podem aumentar sua legitimidade e influência. Terceiro, um fator importante na luta contra o crime organizado e a corrupção ou violência policial, as entidades e grupos empresariais podem manter um certo grau de anonimato.

Desde a sua criação, o Instituto São Paulo Contra a Violência procura atingir seu objetivo, de contribuir para o desenvolvimento de políticas, programas e ações capazes de reduzir o crime e a violência e melhorar a segurança pública no Estado de São Paulo, promovendo a formação de parcerias entre organizações da sociedade civil e organizações governamentais e apoiando o desenvolvimento de projetos em quatro áreas estratégicas:

- Aperfeiçoamento do sistema de segurança pública e dos serviços policiais;
- Aperfeiçoamento do sistema judiciário e do processo judicial;
- Aperfeiçoamento do sistema penitenciário e da execução penal;
- Promoção de políticas, programas e ações sociais e urbanas para a prevenção do crime e da violência.

Os principais projetos desenvolvidos e mantidos pelo Instituto São Paulo Contra a Violência são o Disque-Denúncia e o Fórum Metropolitano de Segurança Pública. Além desses dois projetos, o Instituto desenvolveu, juntamente com o Núcleo de Estudos da Violência da Universidade de São Paulo, o projeto da Rede Nacional de Observatórios de Direitos Humanos e a pesquisa "O Policiamento que a Sociedade Deseja", e produziu o manual "Pode ser Diferente: Caderno sobre Violência e Discriminação".

Atualmente, o Instituto desenvolve dois novos projetos. Um projeto, em parceria com o Centro de Referência e Apoio à Vítima (Cravi), da Secretaria de Estado da Justiça e da Cidadania, com o objetivo de ampliar e aperfeiçoar a prestação de assistência jurídica, social e psicológica a familiares de vítimas de homicídio na Cidade de São Paulo. Outro projeto, "Abrace o seu Bairro", em parceria com o Movimento Adolescência e Violência, com o objetivo de promover a prevenção da violência a partir do incentivo à participação dos jovens na discussão e identificação dos fatores geradores de violência.

Além de desenvolver projetos, o Instituto participa ativamente do debate público por meio de intervenções na mídia, da participação em seminários e conferências, assim como em grupos de trabalho e comissões sobre assuntos de interesse da segurança pública. Em todas as suas iniciativas e atividades, o Instituto procura demonstrar a importância da integração de ações do governo e da sociedade, e da integração de ações do governo federal, do governo estadual e dos governos municipais. Procura demonstrar ainda a importância da integração de ações repressivas, na área da segurança pública, da administração da justiça e da execução penal, para reduzir a impunidade dos autores de crimes e violências, e propostas de ações preventivas, nas áreas econômica, social e cultural, para reduzir o risco de crimes e violências na sociedade. Finalmente, procura demonstrar a importância do direcionamento das ações repressivas e preventivas para as áreas de maior risco de crimes e violências.

DISQUE-DENÚNCIA

O Disque-Denúncia é um projeto do Instituto São Paulo Contra Violência, em parceria com a Secretaria de Estado da Segurança Pública, a Polícia Civil e a Polícia Militar. O Instituto mantém uma central de atendimento que recebe da população denúncias sobre crimes e as disponibiliza para uma equipe de policiais civis e militares. Essa equipe de policiais analisa e encaminha as denúncias para as unidades policiais adequadas, que tomam as providências necessárias e, posteriormente, informam à central de atendimento quais foram as providências adotadas e os resultados obtidos a partir das denúncias. Os usuários do serviço têm a garantia do anonimato e recebem uma senha com a qual podem ligar novamente para complementar as denúncias apresentadas anteriormente ou receber informações sobre as providências adotadas e resultados obtidos pela polícia a partir das denúncias.

Desde sua criação em outubro de 2000, o Disque-Denúncia tem contribuído para aumentar a legitimidade, eficácia e eficiência da polícia e para a melhoria da segurança pública no Estado de São Paulo. Até março de 2004, o Disque-Denúncia recebeu mais de 235 mil denúncias com informações, que permitiram que a polícia solucionasse mais de seis mil crimes, principalmente na Região Metropolitana de São Paulo. A partir de 2001, o Disque-Denúncia tornou-se um instrumento importante na localização e cativeiros, libertação de vítimas e prisão de sequestradores. Com a ajuda do Disque-Denúncia, houve uma redução significativa do número de sequestros registrados no estado em 2002 e 2003. Depois de atingir um recorde de 56 sequestros em outubro de 2001, o número de sequestros caiu para 11 em junho de 2003, mantendo-se neste patamar de 9-11 sequestros por mês até o final de 2003. Apesar deste número ser ainda muito elevado, comparativamente à média de um sequestro por mês registrada em 1996-1998, já indica uma melhoria da situação crítica registrada nos anos 2001 e 2002, quando a média mensal de sequestros registrados no estado chegou a 25,5 e 26,2 respectivamente.

O sucesso deve-se em grande parte ao fato de que o Disque-Denúncia é um serviço público, mantido por uma organização da sociedade civil, independente do governo e da polícia, através do qual cidadãos e cidadãs participam, ao lado do governo e da polícia, da resolução dos problemas de segurança pública na sua cidade, no bairro em que moram ou em que trabalham, e por meio do qual o governo e a polícia prestam contas aos cidadãos que utilizam o serviço e à população por suas ações na área da segurança pública.

O Disque-Denúncia não é um serviço da polícia, como muitos outros telefones para oferecimento de denúncias que a polícia mantém sem tanto sucesso. A diferença é que, ao contrário do que acontece com os telefones mantidos pela polícia, no Disque-Denúncia há de fato uma garantia do anonimato, que oferece aos cidadãos a tranquilidade que eles ou elas precisam para fornecer informações sobre crimes sem medo de retaliação por parte das pessoas envolvidas nos crimes denunciados. Essa garantia do anonimato é fundamental para permitir a colaboração dos cidadãos na luta contra o crime organizado, como acontece no caso dos sequestros, e na luta contra a corrupção e a violência policial.

Além disso, o Disque-Denúncia não é simplesmente um serviço através do qual os cidadãos se comunicam com a polícia, para colaborar com a polícia ou para solicitar o auxílio da polícia diante de ocorrências de crimes, violências e emergências, como, em São Paulo, os telefones 190 (polícia militar), 193 (bombeiros) ou 147 (polícia civil). A diferença, além da garantia do anonimato, é que, ao contrário do que acontece com os telefones mantidos pela polícia, no Disque-Denúncia há uma obrigação por parte da polícia de prestar contas por suas ações, fornecendo informações sobre as providências adotadas e os resultados obtidos pela polícia a partir das informações fornecidas pela população. Essa prestação de contas por parte da polícia é, muitas vezes, mais importante para os usuários do serviço e a população do que a resolução do problema denunciado. O que importa para os usuários do serviço e a população, principalmente quando o problema denunciado é complexo e não pode ser resolvido imediatamente ou a curto prazo, é saber que pelo menos a polícia está dando atenção ao problema e procurando uma forma de solucioná-lo.

A independência do Instituto São Paulo Contra a Violência, principalmente em relação ao governo e à polícia, mas também em relação aos partidos políticos e a grupos econômicos e políticos fortes, é absolutamente imprescindível para o sucesso do Disque-Denúncia. É esta independência que torna possível sustentar a garantia do anonimato dos usuários do serviço e a obrigatoriedade de prestação de contas por parte da polícia, que impede a instrumentalização do Disque-Denúncia, pelo governo e pela polícia, e dá legitimidade e credibilidade ao Disque-Denúncia perante os cidadãos que o utilizam, os empresários que o financiam e as prefeituras municipais, organizações da sociedade civil e organizações da mídia que divulgam o serviço e seus resultados. Sem essa independência, mesmo uma organização da sociedade civil relativamente forte, mantida por entidades e grupos empresariais, poderia tornar-se objeto de pressões para "auxiliar" ou "colaborar" com o governo e a polícia em situações difíceis e "relaxar" as exigências do anonimato ou da prestação de contas – o que comprometeria a integridade e inviabilizaria o projeto do Disque-Denúncia.

FÓRUM METROPOLITANO DE SEGURANÇA PÚBLICA

O Fórum Metropolitano de Segurança Pública/São Paulo é uma organização informal sem fins lucrativos, supra partidária, que congrega os prefeitos dos 39 municípios da Região Metropolitana de São Paulo para, juntamente com especialistas, representantes da sociedade civil, do governo estadual e do governo federal, discutir, propor, avaliar e apoiar ações para a redução do crime e da violência na Região Metropolitana de São Paulo. O Instituto São Paulo Contra a Violência é o responsável pela secretaria-executiva do Fórum desde a sua criação em março de 2001.

O Fórum Metropolitano realiza reuniões plenárias trimestrais dos prefeitos da Região Metropolitana, para debater e promover programas e ações municipais visando à redução da criminalidade e da violência. O Fórum conta ainda com cinco grupos de trabalhos – informações criminais, guardas municipais, prevenção da violência, comunicação social, legislação e políticas criminais e penitenciárias – para debater e promover programas e ações nessas áreas específicas.

Entre as ações desenvolvidas pelo Fórum Metropolitano, destaca-se a assinatura de um protocolo de intenções e de convênios entre as prefeituras municipais e o governo do estado, com o apoio do governo federal, visando a disponibilização de mapas de ocorrências criminais do Sistema de Informações Criminais (Infocrim) para subsidiar o desenvolvimento de programas municipais de prevenção do crime e da violência. Até março de 2004, 11 municípios haviam assinado convênios e 3 municípios já tinham acesso aos mapas de ocorrências criminais (São Paulo, Guarulhos e Mogi das Cruzes). O Fórum Metropolitano também elaborou um Programa Metropolitano de Prevenção da Violência, apresentando diretrizes para o desenvolvimento de políticas e programas municipais de prevenção da violência na Região Metropolitana de São Paulo.

Como acontece no caso do Disque-Denúncia, a participação do Instituto São Paulo Contra a Violência e de outras organizações da sociedade civil tem sido fator importante para sustentação e sucesso do Fórum Metropolitano. Sem a participação do Instituto na secretaria-executiva e de outras organizações da sociedade civil nas plenárias e nas reuniões e atividades organizadas pelos grupos de trabalho, seria mais difícil manter o caráter suprapartidário do Fórum Metropolitano. Seria mais difícil desenvolver projetos integrando ações das prefeituras municipais, do governo estadual e do governo federal, que são essenciais para a melhoria da segurança pública na Região Metropolitana de São Paulo, quando essas prefeituras e governos são administrados por partidos diferentes. Neste contexto, a participação da sociedade torna-se fundamental para "despartidarizar" o debate e a política, programas e ações desenvolvidas pelas prefeituras e governos na área da segurança pública.

RESULTADOS

O Disque-Denúncia e o Fórum Metropolitano de Segurança Pública são exemplos do potencial das parcerias entre as organizações da sociedade civil, as prefeituras municipais e o governo estadual na área da segurança pública. Por intermédio do Disque-Denúncia e do Fórum Metropolitano de Segurança Pública, o

Instituto São Paulo Contra a Violência contribui para o desenvolvimento de políticas, programas e ações que ampliam a participação da sociedade civil e da população nos assuntos de segurança pública e podem contribuir efetivamente para a redução do crime e da violência no Estado de São Paulo.

Na Região Metropolitana de São Paulo, a partir do ano 2000, houve uma redução no número de homicídios e de roubos e furtos de veículos por cem mil habitantes. De 2000 para 2003, o número de homicídios por cem mil habitantes diminuiu de 49,29 para 39,19 (-20,49%). No mesmo período, o número de roubos e furtos de veículos por cem mil habitantes diminuiu de 995,06 para 731,37 (-26,50%).

A queda da taxa de homicídio e da taxa de roubo e furto de veículo é sinal positivo. Ainda não é suficiente para afirmar que houve uma reversão da tendência de crescimento registrada nas décadas de 1980 e 1990. Mas é significativo que a queda aconteceu na Cidade de São Paulo e na maioria dos municípios da Região Metropolitana. Considerando as estatísticas criminais de 2000 a 2003, é possível verificar que: a) 29 dos 39 municípios da Região Metropolitana de São Paulo registraram queda no número de homicídios por cem mil habitantes, e b) 35 dos 39 municípios da Região Metropolitana de São Paulo registraram queda no número de roubos e furtos de veículos por cem mil habitantes.

Ainda não há estudos capazes de oferecer explicações para a redução do número de homicídios e de roubos e furtos de veículos na Região Metropolitana de São Paulo nos últimos anos. Entretanto, é possível apontar pelo menos quatro fatores que podem ter contribuído para este resultado:

- A atuação da polícia, direcionada para as áreas de maior risco de crimes e violências, reforçada pela implantação do sistema informatizado de registro e mapeamento de ocorrências criminais (Sistema Infocrim) na Cidade de São Paulo e, posteriormente, nos demais municípios da Região Metropolitana de São Paulo.

- A participação da população em assuntos de segurança pública, por meio de projetos desenvolvidos por organizações da sociedade civil e também da comunicação de denúncias e informações sobre ocorrências criminais para a polícia, estimulada pelas experiências de policiamento comunitário, pelo fechamento das carceragens em distritos policiais e implantação de delegacias participativas, e pelo Disque-Denúncia.

- A participação das prefeituras municipais e associações locais em assuntos de segurança pública, reforçada com a criação do Fórum Metropolitano de Segurança Pública.

- O aumento de debate público em torno dos custos e das causas da violência, assim como das melhores estratégias para controlar e prevenir a violência, intensificado nas eleições de 2000 e 2002.

DESAFIOS E PERSPECTIVAS

Na área da segurança pública, como acontece em outras áreas, a participação de organizações da sociedade civil tem sido fundamental para fortalecer as práticas de cidadania, democratizar as instituições públicas e aperfeiçoar as políticas governamentais. Não se trata de superestimar o papel desempenhado pela sociedade civil ou subestimar o papel desempenhado pelo estado e pelas polícias na prevenção do crime e da violência e na melhoria da segurança pública. Muito menos de confundir os papéis da sociedade civil, do estado e da polícia. Trata-se de reconhecer que, no Brasil, os problemas de segurança pública se tornaram demasiadamente complexos para que seja possível a sua resolução simplesmente por meio de ações policiais ou mesmo de ações governamentais. Ações policiais e governamentais são fundamentais, mas seu alcance e impacto são maiores quando são integradas a ações da sociedade civil e são sustentadas por políticas públicas formuladas, implementadas, monitoradas e avaliadas com a participação da sociedade civil.

Um desafio permanente das organizações da sociedade civil para atuar na área da segurança pública é superar a dicotomia existente entre estado e sociedade civil e a dicotomia entre grupos atuando na área dos direitos humanos e grupos atuando na área da segurança e da justiça, visando formar redes e parcerias e ampliar a participação da sociedade civil e da população na formulação, implementação, monitoramento e avaliação de políticas para prevenção do crime e da violência e melhoria da segurança pública.

A participação da sociedade civil é fundamental para o desenvolvimento de políticas públicas capazes de integrar ações repressivas, que visam reduzir a impunidade, com ações de natureza preventiva, visando a redução do risco de crimes e violências na sociedade. Entretanto, as ações repressivas dependem fundamentalmente da atuação dos órgãos do sistema de justiça criminal (incluindo as polícias, as promotorias, os tribunais e as prisões), enquanto ações preventivas dependem em grande parte da atuação de outros órgãos governamentais, na área da saúde, educação, trabalho, assistência social, cultura, habitação, urbanização etc.

Não há soluções mágicas, de curto prazo, para o problema do crime e da violência nos grandes centros urbanos brasileiros. São necessárias políticas de longo prazo, visando aperfeiçoar a prevenção do crime e da violência, a investigação criminal, o processo judicial e a aplicação da pena, cuja formulação e implementação exigem a mobilização de recursos políticos, econômicos e técnicos, do governo e da sociedade. Ao mesmo tempo, entretanto, crises e emergências exigem respostas imediatas, que frequentemente consomem os recursos disponíveis para políticas e programas de longo prazo.

Nesse contexto, as organizações da sociedade civil, atuando ao lado do governo federal, dos governos estaduais e dos governos municipais, frequentemente se defrontam com uma série de dilemas, de cujo gerenciamento dependerá sua capacidade de exercer uma influência positiva no processo de fortalecimento das práticas de cidadania, no aperfeiçoamento das políticas de prevenção do crime e da violência, e na resolução dos problemas na área da segurança pública. Cinco dilemas inter-relacionados poderiam ser destacados:

Primeiro, as organizações da sociedade civil têm de conciliar as críticas, as denúncias e as reivindicações de mudanças junto a organizações governamentais, e o estabelecimento de parcerias com essas organizações, visando a formulação, implementação, monitoramento e avaliação de políticas públicas.

Segundo, as organizações da sociedade civil têm de encontrar formas de estabelecer parcerias com organizações governamentais, mas sem que haja instrumentalização das organizações da sociedade civil pelas organizações governamentais ou vice-versa. E, ao mesmo tempo, sem que haja transferência de responsabilidades e recursos do setor público para o setor privado e vice-versa.

Terceiro, as organizações da sociedade civil têm de procurar formas de conciliar as ações para aumentar a eficácia e a eficiência das instituições do sistema de justiça criminal e reduzir a impunidade e as ações para aumentar o respeito à lei e aos direitos humanos.

Quarto, as organizações da sociedade civil têm de procurar formas de conciliar propostas de ações repressivas, na área da segurança e da justiça, para reduzir a impunidade dos autores de crimes e violências, e propostas de ações preventivas, nas áreas econômica, social e cultural, para reduzir o risco de crimes e violências.

Quinto, as organizações da sociedade civil têm de procurar formas de conciliar políticas de longo prazo visando a prevenção do crime e da violência e a melhoria da segurança pública e ações emergenciais visando a solução de crises na área da segurança pública, da administração da justiça e do sistema penitenciário.

REFERÊNCIAS BIBLIOGRÁFICAS

ADORNO, Sérgio (org.). 2002. *Temas e Tendências: Violência – Revista Ciência e Cultura* 54(1).

AMARAL JR, Alberto do e PERRONE-MOISÉS, Cláudia. 1999. *O Cinquentenário da Declaração Universal dos Direitos do Homem*. São Paulo: Edusp.

ASSIS, Simone G. de. 1999. *Traçando caminhos em uma sociedade violenta: a vida de jovens infratores e seus irmãos não infratores*. Rio de Janeiro: Editora Fiocruz.

BIEBESHEIMER, Christina e Payne, J. Mark. 2001. *IDB Experience in Justice Reform: Lessons Learned and Elements for Policy Formulation*. Washington, DC: Inter-American Development Bank.

CALDEIRA, Teresa. 2000. *Cidade de Muros: Crime, Segregação e Cidadania em São Paulo*. São Paulo: Edusp.

CALDEIRA, Teresa. 1996. "Crime and Individual Rights: Reframing the Question of Violence in Latin America". Em Jelin, Elizabeth e Hershberg, Eric (eds.), *Constructing Democracy: Human Rights, Citizenship and Democracy in Latin America*. Boulder: Westview Press.

DAGNINO, Evelina (org.). 1994. *Anos 90: Política e Sociedade no Brasil*. São Paulo: Brasiliense.

IBGE, 2004. *Síntese de Indicadores Sociais 2003*. Disponível no *website* do IBGE (www.ibge.gov.br).

KRUG, Etienne G. et al. 2002. *Relatório Mundial sobre Violência e Saúde*. Genebra: Organização Mundial da Saúde.

PINHEIRO, Paulo Sérgio. 2001. "Transição Política e Não Estado de Direito na República". Em Sachs, Ignacy, Wilheim, Jorge e Pinheiro, Paulo Sérgio (orgs.), *Brasil: Um Século de Transformações*. São Paulo: Companhia das Letras.

PINHEIRO, Paulo Sérgio. 2000. "O Estado de Direito e os Não Privilegiados na América Latina". Em Méndez, Juan E., O'Donnell, Guillermo e Pinheiro, Paulo Sérgio (orgs.), *Democracia, Violência e Injustiça: O Não Estado de Direito na América Latina*. São Paulo: Paz e Terra.

PINHEIRO, Paulo Sérgio. 1996. "O passado não está morto: nem passado é ainda". Em Dimenstein, Gilberto, *Democracia em Pedaços: Direitos Humanos no Brasil*. São Paulo: Companhia das Letras.

PINHEIRO, Paulo Sérgio et al. 1998. *São Paulo Sem Medo: Um Diagnóstico da Violência Urbana*. Rio de Janeiro: Garamond.

Pnud. 2004. *Democracia en América Latina*. Disponível no *website* do Pnud (www.pnud.br).

REIS, Fábio Wanderley e O'Donnell, Guillermo (orgs.). 1988. *A Democracia no Brasil: Dilemas e Perspectivas*. São Paulo: Paz e Terra.

WAISELFISZ, Jacobo. 2002. *Mapa da Violência* III. Brasília, DF: Unesco, Instituto Ayrton Senna, Ministério da Justiça/Secretaria de Estado dos Direitos Humanos.

WEBSITES

Fórum Metropolitano de Segurança Pública: www.forumsp.org.br.

Instituto São Paulo Contra a Violência: www.spcv.org.br.

Núcleo de Estudos da Violência da Universidade de São Paulo: www.nev.prp.usp.br.

DOCUMENTOS

Brasil, Ministério da Justiça, Secretaria Nacional dos Direitos Humanos. 1996. *Programa Nacional dos Direitos Humanos*. Brasília: Ministério da Justiça, Secretaria Nacional dos Direitos Humanos.

Brasil, Ministério da Justiça, Secretaria de Estado dos Direitos Humanos. 2002. *Programa Nacional dos Direitos*

Humanos 2. Texto disponível no *website* da Secretaria de Estado dos Direitos Humanos (www.mj.gov.br/sedh).
Brasil, Ministério da Justiça, Secretaria Nacional de Segurança Pública. 2000. *Programa Nacional de Segurança Pública*. Brasília: Ministério da Justiça, Secretaria Nacional de Segurança Pública.
Instituto da Cidadania. 2002. *Projeto Segurança Pública para o Brasil*. Texto disponível no *website* da Secretaria Nacional de Segurança Pública (www.mj.gov.br/senasp).
Instituto São Paulo Contra a Violência. 2004. *Relatório de Atividades 2002-2003*. São Paulo: Instituto São Paulo Contra a Violência. Disponível no *website* do Instituto São Paulo Contra a Violência (www.spcv.org.br).

CIDADANIA GLOBAL É POSSÍVEL?

Flávia Piovesan

Os direitos humanos não são um dado, mas um construído, uma invenção humana, em constante processo de construção e reconstrução. São fruto da nossa história, de nosso passado e de nosso presente, a partir de um espaço simbólico de luta e ação social. Realçam, sobretudo, a esperança de um horizonte moral, pautado pela gramática da inclusão, refletindo a plataforma emancipatória de nosso tempo.

O movimento de internacionalização dos direitos humanos constitui um movimento extremamente recente na história, surgindo, a partir do pós-guerra, como resposta às atrocidades e aos horrores cometidos durante o nazismo. O legado do nazismo foi condicionar a titularidade de direitos, ou seja, a condição de sujeito de direitos, à pertinência a determinada raça - a raça pura ariana. Se a II Guerra significou a ruptura com os direitos humanos, o Pós-Guerra deveria significar a sua reconstrução. É neste cenário que se desenha o esforço de reconstrução dos direitos humanos, como paradigma e referencial ético a orientar a ordem internacional contemporânea.

Fortalece-se a ideia de que a proteção dos direitos humanos não deve ser reduzida ao domínio reservado do Estado, isto é, não deve se restringir à competência nacional exclusiva ou à jurisdição doméstica exclusiva, porque revela tema de legítimo interesse internacional. Por sua vez, essa concepção inovadora aponta para duas importantes consequências: 1ª) a revisão da noção tradicional de soberania absoluta do Estado, que passa a sofrer um processo de relativização, na medida em que são admitidas intervenções no plano nacional em prol da proteção dos direitos humanos – transita-se, assim, de uma visão hobbesiana de soberania centrada no Estado para uma visão kantiana de soberania, centrada na noção de cidadania universal; 2ª) a consolidação da ideia de que o indivíduo deve ter direitos protegidos na esfera internacional, na condição de sujeito de Direito.

Inspirada por essas concepções, surge, em 1945, a Organização das Nações Unidas. Em 1948, é aprovada a Declaração Universal dos Direitos Humanos, como um código de princípios e valores universais a serem respeitados pelos Estados. A Declaração de 1948 inova a gramática dos direitos humanos, ao introduzir a chamada concepção contemporânea de direitos humanos, marcada pela universalidade e indivisibilidade desses direitos. Universalidade porque a condição de pessoa é o requisito único e exclusivo para a titularidade de direitos, sendo a dignidade humana o fundamento dos direitos humanos, na medida em que o ser humano é um ser essencialmente moral, dotado de unicidade existencial e de dignidade como valor intrínseco. Indivisibilidade porque, ineditamente, o catálogo dos direitos civis e políticos é conjugado ao catálogo dos direitos econômicos, sociais e culturais. A Declaração de 1948 combina o discurso liberal e o discurso social da cidadania, conjugando o valor da liberdade ao valor da igualdade. Não há, assim, liberdade sem igualdade, nem tampouco igualdade sem liberdade.

A partir da Declaração de 1948, começa a se desenvolver o Direito Internacional dos Direitos Humanos, mediante a adoção de inúmeros instrumentos internacionais de proteção. A Declaração de 1948 confere lastro axiológico e unidade valorativa a este campo do Direito, com ênfase na universalidade, indivisibilidade e interdependência dos direitos humanos. O sistema internacional de proteção é integrado por tratados internacionais de direitos humanos que refletem, sobretudo, a consciência ética contemporânea compartilhada pelos Estados, na medida em que invocam o consenso internacional acerca de parâmetros de proteção mínimos afetos à dignidade humana. Traduzem um mínimo ético irredutível para uma vida com dignidade.

Neste sentido, cabe destacar que, até 2003, o Pacto Internacional dos Direitos Civis e Políticos contava com 149 Estados-partes; o Pacto Internacional dos Direitos Econômicos, Sociais e Culturais contava com 146 Estados-partes; a Convenção contra a Tortura contava com 132 Estados-partes; a Convenção sobre a Eliminação da Discriminação Racial contava com 167 Estados-partes; a Convenção sobre a Eliminação da Discriminação contra a Mulher contava com 170 Estados-partes e a Convenção sobre os Direitos da Criança apresentava a mais ampla adesão, com 191 Estados-partes.

Ao lado do sistema normativo global, surgem os sistemas regionais de proteção, que buscam internacionalizar os direitos humanos nos planos regionais, particularmente na Europa, América e África. Consolida-se, assim, a convivência do sistema global da ONU com instrumentos do sistema regional, por sua vez, integrado pelo sistema americano, europeu e africano de proteção aos direitos humanos.

Os sistemas global e regional não são dicotômicos, mas complementares. Inspirados pelos valores e princípios da Declaração Universal, compõem o universo instrumental de proteção dos direitos humanos, no plano internacional. Nesta ótica, os diversos sistemas de proteção de direitos humanos interagem em benefício dos indivíduos protegidos. Ao adotar o valor da primazia da pessoa humana, esses sistemas se complementam, somando-se ao sistema nacional de proteção, a fim de proporcionar a maior efetividade possível na tutela e promoção de direitos fundamentais. Esta é inclusive a lógica e principiologia próprias do Direito dos Direitos Humanos.

Cabe ressaltar que a Declaração de Direitos Humanos de Viena, de 1993, reitera a concepção da Declaração de 1948, quando, em seu parágrafo 5º, afirma: "Todos os direitos humanos são universais, interdependentes e inter-relacionados". Logo, a Declaração de Viena de 1993, subscrita por 171 Estados, endossa a universalidade e a indivisibilidade dos direitos humanos. A Declaração de Direitos Humanos de Viena de 1993 afirma ainda a interdependência da Democracia, Direitos Humanos e Desenvolvimento, enfatizando que não há direitos humanos sem democracia nem tampouco democracia sem direitos humanos. Vale dizer, o regime mais compatível com a proteção dos direitos humanos é o regime democrático. Note-se que atualmente 140 países, dos quase duzentos Estados que integram a ordem internacional, realizam eleições periódicas – contudo, apenas 82 Estados são considerados plenamente democráticos (o que representa 57% da população mundial).

Acrescente-se ainda que a Declaração de Viena de 1993 enuncia ser o direito ao desenvolvimento um direito universal e inalienável, parte integral dos direitos humanos fundamentais. O direito ao desenvolvimento demanda uma globalização ética e solidária, na medida em que os quatro quintos da população mundial não mais aceitam o fato de um quinto da população mundial continuar a construir sua riqueza com base em sua pobreza. Vislumbram-se, assim, os delineamentos de uma cidadania global, a partir do processo de internacionalização dos direitos humanos, que gerou a concepção de direitos universais e internacionais, bem como fomentou uma arquitetura internacional de proteção a esses direitos.

O sistema internacional de proteção dos direitos humanos apresenta uma dupla vocação: fixar parâmetros de proteção mínimos afetos à dignidade humana e constituir uma instância de proteção dos direitos, quando as instituições nacionais se mostram falhas ou omissas. O surgimento da cidadania global, lança, contudo, o desafio de sua efetivação. Isto é, como proteger e defender direitos na arena internacional?

A JUSTIÇA INTERNACIONAL

O grande desafio do Direito Internacional sempre foi o de adquirir "garras e dentes", ou seja, poder e capacidade sancionatórios. Isto é, no âmbito internacional o foco se concentra no binômio: direito da força *versus* força do direito. O processo de justicialização do Direito Internacional, em especial dos direitos humanos, celebra, por assim dizer, a passagem do reino do "direito da força" para a "força do direito". Testemunha-se, hoje, o crescente processo de justicialização dos direitos humanos.

Pela primeira vez na história da humanidade, foi instalado um Tribunal Penal Internacional, para julgar os mais graves crimes atentatórios à ordem internacional, em virtude da entrada em vigor do Estatuto de Roma, em julho de 2002. Note-se que, desde 1948, a Convenção sobre a Prevenção e Repressão ao Crime de Genocídio, ao afirmar que o genocídio era um crime contra a ordem internacional, estabelecia que o mesmo deveria ser julgado pelos Tribunais do Estado em cujo território foi o ato cometido ou por uma Corte Penal Internacional.

O raciocínio era simples: a gravidade do crime de genocídio poderia implicar o colapso das próprias instituições nacionais, que, assim, não teriam condições para julgar seus perpetradores, restando assegurada a impunidade. Por isso, há mais de cinquenta anos, já se antevia a necessidade de criação de um Tribunal Penal Internacional, cabendo menção ao legado das experiências dos Tribunais *ad hoc* de Nuremberg, Tóquio, Bósnia e Ruanda.

Em 17 de julho de 1998, em Roma, foi aprovado o Estatuto do Tribunal Penal Internacional, por 120 votos favoráveis, 21 abstenções e sete votos contrários (EUA, China, Israel, Filipinas, Índia, Sri Lanka e Turquia). A competência do Tribunal atém-se ao julgamento dos mais graves crimes internacionais, compreendendo o crime de genocídio, os crimes contra a humanidade, os crimes de guerra e os crimes de agressão. A jurisdição do Tribunal é adicional e complementar à do Estado, ficando condicionada à incapacidade ou à omissão do sistema judicial interno. O Estado tem o dever de exercer sua jurisdição penal contra os responsáveis por crimes internacionais, tendo a comunidade internacional a responsabilidade subsidiária. O Estatuto consagra ainda o princípio da cooperação, pelo qual os Estados-partes devem cooperar totalmente com o Tribunal na investigação e no processamento de crimes que estejam sob sua jurisdição. Desta forma, o Estatuto busca equacionar a garantia do direito à justiça, o fim da impunidade e a soberania do Estado, à luz do princípio da complementariedade. A jurisdição do Tribunal Penal Internacional não substitui a jurisdição local, mas é a ela complementar e subsidiária.

O Tribunal Penal Internacional permite limitar a seletividade política atualmente existente. Os Tribunais *ad hoc*, criados na década de 1990 para julgar os crimes ocorridos na Bósnia e em Ruanda, basearam-se em resoluções do Conselho de Segurança da ONU, para as quais requer-se o consenso dos cinco membros permanentes, com poder de veto. Ao contrário, o Tribunal Penal Internacional assenta-se no primado da legalidade, mediante uma justiça pre-estabelecida, permanente e independente, aplicável igualmente a todos os Estados que a reconhecem, capaz de assegurar direitos e combater a impunidade, especialmente a dos mais graves crimes internacionais.

Consagra-se o princípio da universalidade, na medida em que o Estatuto de Roma aplica-se universalmente a todos os Estados-partes, que são iguais diante do Tribunal Penal, afastando-se a relação entre "vencedores" e "vencidos". Com isto, o Tribunal Penal Internacional é capaz de reduzir o "darwinismo" no campo das relações internacionais, em que Estados fortes, com elevado poder discricionário, atuam como bem querem em face de Estados fracos – basta mencionar a oposição dos EUA à criação do Tribunal, temendo que norte-americanos sejam processados por crimes de guerra, quando do uso arbitrário da força em território de Estado-parte do Estatuto.

O Estatuto de Roma aplica-se igualmente a todas as pessoas, sem distinção alguma baseada em cargo oficial. Vale dizer, o cargo oficial de uma pessoa, seja ela chefe de Estado ou de Governo, não eximirá sua responsabilidade penal nem tampouco importará em redução de pena. Isso simboliza um grande avanço do Estatuto com relação ao regime das imunidades, que não mais poderá ser escudo para a atribuição de responsabilização penal.

Além da jurisdição do Tribunal Penal Internacional, que é um órgão supranacional, orientado pelo princípio da complementariedade vertical no que tange às jurisdições nacionais, há a chamada "jurisdição universal". É essa jurisdição que permite compreender, a título ilustrativo, o caso Pinochet. Com efeito, o crime de tortura é um crime que, por sua gravidade, viola o Direito internacional. Daí a existência da Convenção da ONU contra a Tortura e outros Tratamentos Cruéis, Desumanos e Degradantes, ratificada por 132 Estados, dentre eles o Chile, a Espanha e a Inglaterra. Desta convenção decorrem obrigações jurídicas internacionais aos Estados-partes, bem como direitos fundamentais aos indivíduos.

Por constituir um crime internacional, a competência para julgar a prática da tortura é fixada de forma diferenciada, na medida em que se estabelece a jurisdição compulsória e universal para os indivíduos suspeitos de terem praticado tortura. A jurisdição é compulsória porque obriga os Estados-partes a punir os torturadores, independentemente do território onde a violação tenha ocorrido. Universal porque o Estado-parte onde se encontra o suspeito deverá processá-lo ou extraditá-lo para outro Estado-parte que o solicite e tenha o direito de fazê-lo, independentemente de acordo prévio bilateral de extradição.

Este critério, por sua vez, justificou o pedido de extradição de Pinochet formulado pela Justiça espanhola. Essa sistemática é de grande importância pela eficácia que propicia à luta internacional contra a impunidade de responsáveis pela prática de torturas. Adicione-se ainda a necessária cooperação internacional para assegurar o julgamento de pessoas acusadas da prática de tortura, devendo os Estados-partes prestar entre si a maior assistência possível, inclusive no que diz respeito ao fornecimento de elementos de prova. Ressalte-se que aos acusados são asseguradas as garantias de um tratamento justo em todas as fases do processo.

Desta forma, o caso Pinochet é emblemático, ao ineditamente implementar o princípio da jurisdição universal, com base na Convenção contra a Tortura, que prevê um sistema de complementariedade horizontal para o combate à impunidade deste grave crime internacional. Observe-se, contudo, que, no sistema da ONU, não há ainda um Tribunal Internacional de Direitos Humanos. Há a Corte Internacional de Justiça (principal órgão jurisdicional da ONU, cuja jurisdição só pode ser acionada por Estados); os Tribunais *ad hoc* para a Bósnia e Ruanda (criados por resolução do Conselho de Segurança da ONU) e o Tribunal Penal Internacional (para o julgamento dos mais graves crimes contra a ordem internacional, como o genocídio, o crime de guerra, os crimes contra a humanidade e os crimes de agressão). Às Cortes Internacionais some-se a jurisdição universal. Neste quadro, seria fundamental a criação de um Tribunal de Direitos Humanos no âmbito da ONU.

Diversamente, nos sistemas regionais, seja o europeu, seja o interamericano, as Cortes de Direitos Humanos (Cortes Europeia e Interamericana) têm assumido extraordinária relevância, como especial *locus* para a proteção de direitos humanos. A jurisprudência de ambas as Cortes tem consolidado uma importante arena para a proteção de direitos, quando as instituições nacionais se mostram falhas e omissas em fazê-lo.

Note-se, inclusive, avanços dos sistemas regionais, no sentido do fortalecimento de sua justicialização. No sistema regional europeu, por exemplo, com o Protocolo nº 11, que entrou em vigor em 1º de novembro de 1998, qualquer pessoa física, organização não governamental ou grupo de indivíduos pode submeter diretamente à Corte Europeia demanda veiculando denúncia de violação por Estado-parte de direitos reconhecidos na Convenção. Houve, assim, a democratização do sistema europeu, com a previsão de acesso direto de indivíduos e organizações à Corte Europeia de Direitos Humanos.

Diante deste cenário, é necessário que se avance no processo de justicialização dos direitos humanos internacionalmente enunciados. As Cortes simbolizam e fortalecem a ideia de que o sistema internacional de direitos humanos é, de fato, um sistema que envolve direitos e obrigações juridicamente vinculantes. Se, de um lado, faz-se necessária a justicialização dos direitos humanos, por outro, faz-se emergencial ampliar a capacidade processual do indivíduo no sistema internacional, mediante sua democratização. Vale dizer que a afirmação de instâncias jurisdicionais de proteção internacional dos direitos humanos deve ser conjugada com a consolidação do indivíduo como verdadeiro sujeito de direito no campo internacional. Há de se fortalecer o acesso à justiça internacional.

Se os Estados foram ao longo de muito tempo os protagonistas centrais da ordem internacional, testemunha-se hoje a emergência de novos atores internacionais, como as organizações internacionais, os blocos regionais econômicos, os indivíduos e a sociedade civil internacional (ex: organizações não governamentais internacionais). O fortalecimento da sociedade civil internacional, mediante um *network* que alia e fomenta uma rede de interlocução entre entidades locais, regionais e globais, bem como a consolidação do indivíduo como sujeito de direito internacional demandam a democratização dos instrumentos internacionais. Demandam, sobretudo, o acesso aos mecanismos internacionais e à própria justiça internacional.

Em síntese, resta enfatizar que o aprimoramento do sistema internacional de proteção dos direitos humanos requer: a) o reforço do sistema sancionatório internacional, mediante a imposição não apenas de sanções políticas ou morais, mas de sanções de natureza jurídica (doando ao Direito Internacional "garras e dentes", mediante sua justicialização); b) o fortalecimento dos mecanismos internacionais existentes, utilizando-se destes de forma plena; e c) a democratização dos instrumentos internacionais, a fim de que se assegure a indivíduos e a entidades não governamentais possibilidades ampliadas de atuação e um espaço participativo mais eficaz na ordem internacional.

Hoje pode-se afirmar que a realização plena e não apenas parcial dos direitos da cidadania envolve o exercício efetivo e amplo dos direitos humanos, nacional e internacionalmente assegurados.

PALAVRAS BREVES

LEITURA E CIDADANIA

Cláudia Costin

Após inaugurar uma das bibliotecas que estamos instalando em municípios paulistas, no programa *São Paulo – um estado de leitores*, fui abordada por um garoto de uns oito ou nove anos de idade, que se apoiou no vidro do meu carro e indagou: "Tia, tem uma bala aí?". Pensei e respondi: "Não tenho bala, mas vou lhe dar uma coisa muito melhor. Se você atravessar a rua, logo ali, encontrará uma biblioteca, onde poderá escolher um dentre os vários livros infantis que ela possui. Você pode levá-lo para casa, ler e depois devolvê-lo. E pode pedir outro toda vez que quiser". O garoto olhou para mim, desconfiado, e disse: "Mentira! Você acha que vão me deixar levar o livro para casa?". Insisti que fosse ver. Afinal, dentro da biblioteca estava uma profissional contando, com o apoio de música, histórias para as crianças. O garoto, um pouco incrédulo, mas animado, correu para o outro lado da rua com o desejo de escolher o seu livro e levá-lo para casa, encantado pela proposta.

O episódio me fez refletir sobre como podemos incentivar crianças e jovens a encontrar o encantamento na leitura. Essa é uma tarefa que pode ser realizada por adultos e, principalmente, por quem tem a missão de educá-los, ou seja, os professores. No entanto, infelizmente, a realidade em que vivemos não é bem essa. Uma pesquisa realizada pelo Instituto Paulo Montenegro, em 2001, mostrou que apenas 26% dos adultos são capazes de ler – e entender – um livro. Outra pesquisa, de resultados ainda mais desanimadores, realizada pela Confederação dos Trabalhadores em Educação, relata que 60% dos professores do País não têm o hábito da leitura. Isto é, quem deveria encantar nossos jovens com o melhor da literatura brasileira e universal, simplesmente, não lê.

O Brasil também obteve péssima classificação em uma análise internacional de qualidade da Educação, o PISA. O país ficou em último lugar na categoria Leitura e Interpretação de Textos, entre todas as 41 nações que participaram da amostragem. Os especialistas são unânimes em afirmar que esta triste performance se deve ao fato de que nossa juventude não tem o hábito de ler por prazer. Aos 15 anos, idade em que o teste é aplicado, as alternativas de uso do tempo livre são outras.

Os meios de comunicação de massa certamente cooperam com tal realidade. A televisão brasileira, considerada bastante atrativa como entretenimento, tem tirado não só crianças e jovens da possibilidade de uso do tempo livre para leitura, mas também as mães, elas que tiveram outrora o papel de ler em voz alta para as crianças pequenas ou, ao menos, de contar histórias e casos que despertavam o interesse para relatos dissociados de imagens.

Da mesma forma, muitos professores não familiarizados com o universo dos livros, mas especializados em ensinar Português e Literatura, tendem a reforçar a visão de que leitura e prazer são mutuamente excludentes. A ênfase excessiva em gramática e em fichamentos de textos clássicos é dada antes que a criança desenvolva habilidades básicas que lhe permitam apreciar o que lê. Isso remete à percepção de que a leitura é apenas uma obrigação. Esse indivíduo é um potencial candidato a nunca entrar em bibliotecas.

Há um certo consenso entre especialistas de que os leitores surgem de famílias que leem regularmente ou de um trabalho competente em salas de aula. Ora, o Brasil tornou-se um País urbano muito recentemente. A população rural que, em sua maioria, não tinha acesso à escola e à cultura letrada, até a década de 1960 chegava a 80% do total de habitantes brasileiros. Assim, dificilmente as famílias têm condições de desempenhar o papel de berço de leitores.

Além disso, os baixos salários hoje percebidos pelos professores dificultam a compra de livros. E o fato de que muitos deles vêm do mesmo meio social de seus alunos, de famílias sem acesso à cultura letrada ou a hábitos que facilitem a entrada da leitura sistemática em suas vidas, torna ainda mais difícil esse quadro. Por outro lado, há possibilidades importantes que se abrem. Hoje, a população rural é 20% e há escolas nos municípios mais distantes do País. No Estado de São Paulo, 99,7% das crianças de sete a 14 anos e 97% dos adolescentes de 15 a 17 anos estão integrados no sistema escolar.

Por isso é essencial que nossos professores sejam qualificados, para que adquiram a paixão pela leitura e transmitam esse encantamento às nossas crianças. Como especialista em políticas públicas, circunstancialmente ocupando o posto de secretária da Cultura do Estado de São Paulo, pude olhar para a política cultural como a ação do Estado frente às necessidades culturais da população, estruturada por faixa etária. Neste sentido, é impensável uma política cultural para a infância que desconheça o peso e o papel que os educadores têm na formação cultural de seus alunos. Assim, procuramos a Secretaria de Educação e, em todas as atividades artísticas que desempenhamos (e não apenas na leitura), formatamos programas voltados ao aprimoramento dos educadores. As ações vão de cursos centrados no acervo da Pinacoteca, passando por ensaios abertos da Orquestra Sinfônica do Estado de S. Paulo, à encenação de peças ou à apresentação de poesias para professores. Espera-se, assim, além de ajudar na formação de professores mais aptos a entender a contemporaneidade em suas múltiplas expressões, permitir que estes possam ser um instrumento de encantamento de seus alunos, inclusive com a leitura.

Mas um jovem que não lê não perde apenas a oportunidade de se encantar. Além da perda do prazer estético e do entretenimento, ele não terá acesso a informações vitais para constituir-se em cidadão independente e participante e, assim, tornar-se-á passível de ser constantemente manipulado. Sem entrar em discussões que fogem ao escopo deste texto, especialmente sobre as limitações de recursos de leitura disponíveis em uma economia de mercado, o não leitor permite, de alguma maneira, que alguém lhe selecione uma forma de interpretar o mundo ou, quando muito, reúne pedaços de informações jogadas em noticiários de rádio e televisão ou, no mínimo, por professores que meramente repassam sua visão de mundo, mas não o instrumental utilizado para constituí-la.

A formação de leitores quebra essa lógica, desde que haja livros, revistas e jornais, disponíveis e acessíveis, com variedade de enfoques para a formação de seres pensantes e capazes não apenas de entender, mas de transformar o ambiente que os cerca. Em outros termos, a leitura pode proporcionar a autonomia necessária ao verdadeiro exercício da cidadania. Por isso, esse esforço que estamos empreendendo de zerar o número de municípios sem biblioteca, de reforçar o acervo das existentes e melhorar a capacitação dos bibliotecários e agentes de leitura, de colocar salas de leitura em todos os conjuntos habitacionais para a população de baixa renda, nos centros de cidadania, nos hospitais públicos.

Por isso, também, a premiação de melhores iniciativas municipais de fomento à leitura ou o portal voltado para jovens, o *Leialivro,* que, acoplado a um programa de rádio, acessível até mesmo para portadores de deficiência visual, traz sugestões de leitura feitas por adolescentes e inclui ainda espaço para publicação eletrônica de poesias, contos ou diários. Por isso, enfim, todo esse esforço coletivo. Precisamos, urgentemente, formar cidadãos. Esta é a minha aposta pessoal.

ECOLOGIA, CIDADANIA E ÉTICA

Marina Silva

Vivemos uma era de limites. Dentre seus primeiros sinais, dois fatos históricos alteraram sensivelmente nossa visão de mundo: as bombas atômicas em Hiroshima e Nagasaki e a constatação do astronauta russo, Iuri Gagarin, de que "a Terra é azul". A primeira demonstrou o ponto a que chegou a capacidade de destruição da tecnologia humana. A segunda, a noção de integralidade, beleza e aparente fragilidade do planeta, cujo destino nos envolve a todos.

A busca de limites que vem caracterizando essa era nasceu das sucessivas crises civilizatórias, entre as quais a crise ambiental do século XX, configurada na desordem na biosfera e decréscimo da qualidade da vida humana, como resultados de longa, complexa e conflituosa cadeia de relações com o mundo natural.

Fenômenos como o aquecimento global ou o buraco na camada de ozônio são autoexplicativos dessa crise e aumentam a percepção de risco; ele é um elemento estrutural e cultural da organização social. Apenas o conhecimento detalhado desses fenômenos, propiciado pelo avanço das ciências, fez com que fossem reconhecidos como ameaça a todas as formas de vida no planeta. Em inúmeras outras questões, embora essa constatação não seja cabal, há indícios fortes de que devam ser consideradas como fator potencial de risco relevante.

Um exemplo são os organismos geneticamente modificados (OGMs). Temos insistido que sejam tratados com base no princípio da precaução, conceito que traduz o cuidado necessário para prevenir situações possivelmente irreversíveis de degradação ambiental e da qualidade da vida humana. Ele permite sermos pró-ativos nos casos em que a ciência ainda não alcançou as respostas decisivas, mas indica probabilidade de dano.

O princípio da precaução não condena tecnologias nem leva à proibição intolerante de avanços científicos. Apenas pleiteia ampliar os limites da proteção da vida no planeta. E, muito claramente, impõe escolhas éticas. Leva o debate sobre a adoção de práticas e tecnologias para o plano dos valores morais e humanos e, com isso, cria balizas para os diversos interesses em confronto. Transforma aquilo que, aqui e agora, poderia ser apenas objeto de uma decisão de perdas e ganhos mercantis ou setoriais, numa equação complexa, onde a perda e o ganho devem ser sopesados também em outras dimensões, relacionadas ao bem-estar coletivo atemporal.

É muito difícil operar essa polêmica – que impõe limites em um mundo obcecado pelo desafio de quebrar limites – se ela não for considerada em sua essência, ou seja, como questão ética da qual a ninguém é dado fugir.

Esse debate ético no espaço público é fundamental para enfrentar os dilemas da sociedade de alto risco, que é a outra face da sociedade do alto conhecimento e da diluição de fronteiras. De um ponto de vista filosófico, que está na base da emergência do ambientalismo, significa dizer que é preciso dar visibilidade, encontrar lugar para a preocupação com uma ética para a vida, onde a ciência se encontra com a espiritualidade, a razão com a emoção e a compaixão, o interesse individual com o coletivo, emergindo daí um fazer humano imbuído de sentido transcendente, complexidade e diversidade, e não apenas de um pragmatismo imediatista e embrutecedor.

Há de se reconhecer, contudo, que são enormes os empecilhos para internalizar na sociedade princípios éticos como o da precaução. No cotidiano, ele está no centro de uma falsa polêmica, que opõe conservação ambiental a crescimento e desenvolvimento e atribui à exigência de cuidados ambientais a responsabilidade por malefícios e carências sociais gerados, na verdade, pelas mesmas posturas que destroem o meio ambiente e, com ele, muitas oportunidades sustentáveis de geração de emprego, renda e vida digna.

Uma pergunta fundamental deve ser feita: que mudanças implicam a adoção da sustentabilidade socioambiental como qualidade intrínseca de um novo ciclo de desenvolvimento? E se queremos – e acreditamos ser possível – outro tipo de desenvolvimento, é imperioso reconhecer que, mais do que características técnicas, seu diferencial será a ética pública, os limites e as condições por ela colocados.

Poucas vezes a variável socioambiental mereceu tanta atenção e interesse por parte de segmentos econômicos, de governo, da sociedade e da mídia como hoje no Brasil. Talvez até certa hostilidade explícita indique avanços, na medida em que mostraria que está definitivamente superada a fase do mero discurso sustentabilista descompromissado e todos nos vemos diante da inevitabilidade de materializá-lo em ações, métodos, relações, políticas. É este o momento em que o único caminho é consolidar a operação daquilo que se afirma no discurso. É o momento de levar a sério. É o momento da ética essencial como fonte de mudança de processos e comportamentos.

A nova política ambiental integrada, que busca articular as políticas do Governo Federal em todas as áreas, passa um novo sinal para a sociedade: a dimensão socioambiental não pode ser e não será mais atropelada. Outro sinal refere-se ao rigor e à eficiência nas ações de comando e controle, especialmente quanto aos ilícitos. Ambos trazem subjacente a decisão de enfrentar a discussão sobre a necessidade de políticas ambientais coerentes e informadas pela ética pública.

A crise da sustentabilidade e as respostas da sociedade brasileira e dos governos vêm-se construindo ao longo dos últimos trinta anos. Da prioridade absoluta para as ações de comando e controle chegamos à participação social e governança como eixos indissociáveis em uma concepção socioambientalista de políticas públicas. Sentimo-nos parte dessa trajetória e estamos dispostos a fazer o nosso papel. Essa é a premissa do diálogo e ela não tem volta.

OS AUTORES

JAIME PINSKY (ORGANIZADOR)
Historiador. Doutor e livre docente pela USP, ex-professor adjunto e titular concursado da Unicamp. Diretor editorial da Contexto, coordenador das atividades para professores e universitários da Bienal do Livro de São Paulo. Autor, coeditor ou organizador de vinte livros, entre os quais *História da Cidadania*, *12 faces do preconceito*, *Escravidão no Brasil*, *Cidadania e Educação*, *As primeiras civilizações* e *Origens do Nacionalismo Judaico*. Colunista do *Correio Braziliense* e colaborador de vários jornais.

CÂNDIDO MALTA CAMPOS FILHO
Diretor da URBE – Planejamento, Programação e Projetos SC/Ltda.
Professor, em exercício, de Planejamento Urbano da Faculdade de Arquitetura e Urbanismo da Universidade de São Paulo. Foi secretário de Planejamento da Prefeitura de São Paulo de 1976 a 1981. Presidente da SAJEP – Sociedade Amigos dos Jardins Europa e Paulistano. Atual diretor de Planejamento do Movimento Defenda São Paulo.

CLÁUDIA COSTIN
Secretária da Cultura de São Paulo.
Formada em Administração Pública pela Fundação Getúlio Vargas de São Paulo, onde também cursou mestrado e doutorado. No Governo Federal, ocupou, entre outros cargos, o de ministra da Administração Federal e Reforma do Estado. Foi também gerente de Políticas Públicas e Combate à Pobreza para a América Latina no Banco Mundial.

CLÁUDIO WEBER ABRAMO
Diretor executivo da Transparência Brasil.
Bacharel em Matemática pela USP e mestre em Filosofia da Ciência pela Unicamp. Como jornalista, foi editor de economia da *Folha de S.Paulo*, secretário executivo de redação da *Gazeta Mercantil* e trabalhou na implantação do Valor Online.

DORA ANN LANGE CANHOS
Diretora de Projetos do Centro de Referência em Informação Ambiental (CRIA).
Formada em Engenharia de Alimentos, trabalha com sistemas de informação ambiental *on-line* desde 1985. É membro do Clearing-House Mechanism Informal Advisory Committee e do Liaison Working Group of the Biosafety Clearing-House da Convenção sobre Diversidade Biológica (CDB).

DUÍLIO DUKA DE SOUZA
Secretário de Políticas Sociais da Confederação Nacional dos Trabalhadores em Educação (CNTE) e conselheiro do Sindicato dos Professores do Ensino Oficial do Estado de São Paulo (Apeoesp). Fundador e membro da coordenação do Coletivo Estadual Antirracismo Milton Santos da Apeoesp.

EDUARDO CAPOBIANCO
Sócio fundador e presidente do Conselho Deliberativo da Transparência Brasil, entidade associada à associada à Transparency International, organização dedicada ao combate da corrupção. É também vice-presidente das empresas do Grupo Construcap e ex-presidente do Sindicato da Indústria da Construção Civil do estado de São Paulo (Sinduscon).

FLÁVIA PIOVESAN
Professora doutora em Direito Constitucional e Direitos Humanos da PUC/USP, professora de Direitos Humanos dos Programas de pós-graduação da PUC-SP, da PUC-PR e da Universidade Pablo de Olavide (Espanha), *visiting fellow* do Human Rights Program da Harvard Law School (1995 e 2000), procuradora do Estado de São Paulo e membro do Conselho Nacional de Defesa dos Direitos da Pessoa Humana.

GALENO DE AMORIM JÚNIOR
Elaborou e coordena o Programa Fome de Livro, parceria da Fundação Biblioteca Nacional e Ministério da Cultura. Jornalista, trabalhou, entre outros veículos, em *O Estado de S. Paulo*, *Jornal da Tarde*, revista *Afinal* e rádio *Eldorado*. Professor da Universidade de Ribeirão Preto. Vice-presidente do Comitê Executivo do Centro Regional de Fomento ao Livro na América Latina e Caribe (Cerlalc), vinculado à Unesco.

GILBERTO DIMENSTEIN
Jornalista. Ganhou os principais prêmios de jornalismo, literatura e direitos humanos no Brasil. Seus livros sobre cidadania são adotados nas principais escolas brasileiras. Desenvolve experiências curriculares voltadas a integrar estudantes à comunidade. Criou a Cidade Escola Aprendiz. É integrante do Conselho Editorial da *Folha de S.Paulo* e comentarista da rádio CBN.

JORGE MARANHÃO
Publicitário, consultor, escritor e jornalista. Mestre em filosofia pela UFRJ, fundador e diretor de criação

da Propaganda Professa. Edita o *site* A Voz do Cidadão (www.avozdocidadao.com.br) e produz e apresenta os boletins A Voz do Cidadão nas rádios Globo e CBN.

JOSÉ EUSTÁQUIO ROMÃO
Graduado em História pela Universidade Federal de Juiz de Fora e Doutor pela USP em História do Brasil e Administração Educacional. Professor da Pós-graduação na Universidade Nove de Julho (Uninove/SP). Atua no Centro de Ensino Superior de Juiz de Fora (CES/JF) e é diretor do Instituto Paulo Freire.

JOSÉ RENATO NALINI
Juiz-presidente do Tribunal de Alçada Criminal do Estado de São Paulo, mestre e doutor em Direito Constitucional pela Universidade de São Paulo (USP). Autor, entre outros livros, de *O juiz e o acesso à Justiça*, *Constituição e estado democrático* e *Ética e justiça*.

MARCIO POCHMANN
Professor licenciado do Instituto de Economia e pesquisador do Centro de Estudos Sindicais e de Economia do Trabalho da Universidade Estadual de Campinas (Unicamp) e Secretário do Desenvolvimento, Trabalho e Solidariedade do município de São Paulo.

MARINA SILVA
Atual ministra do Meio Ambiente. Senadora licenciada em seu segundo mandato, foi eleita pela primeira vez para o Senado Federal aos 36 anos tornando-se a senadora mais jovem da história da República. Foi vereadora e deputada estadual.

MILÚ VILLELA

Formada em Psicologia pela Pontifícia Universidade Católica (PUC) de São Paulo. Fundou em 1994 a Associação Comunitária Despertar. Atualmente é Presidente do MAM – Museu de Arte Moderna de São Paulo, do Instituto Itaú Cultural, do Centro de Voluntariado de São Paulo e do Faça Parte – Instituto Brasil Voluntário.

NEIDE CRUZ

Pedagoga, com especialização em Administração e Supervisão Escolar e pós-graduação em Orientação Educacional. Atualmente exerce a função de coordenadora de Relações Institucionais do Faça Parte – Brasil Voluntária. É membro do Conselho Estadual de Educação de São Paulo. Fez carreira no magistério público (rede estadual e municipal) de São Paulo. Exerceu cargos na estrutura da Secretaria de Estado da Educação de São Paulo.

ODED GRAJEW

Fundador e primeiro coordenador geral do PNBE – Pensamento Nacional das Bases Empresariais. Criou, em 1990, a Fundação Abrinq pelos Direitos da Criança. Em 1998, fundou o Instituto Ethos de Empresas e Responsabilidade Social. Formado em Engenharia Elétrica na Escola Politécnica da USP e pós-graduado pela Escola de Administração de Empresas da FGV.

PAULO DE MESQUITA NETO

Doutor em Ciência Política pela Universidade de Colúmbia, secretário-executivo do Instituto São Paulo Contra a Violência e pesquisador do Núcleo de Estudos da Violência da USP.

ROSANA CHIAVASSA
Advogada pela Universidade de São Paulo (USP). Especialista em Direito do Consumidor e Planos de Saúde. Integrante Nacional de Direitos Humanos da OAB-SP e conselheira nata da Comissão da Mulher. Advogada da mesma entidade.

RUBENS NAVES
Formado pela Faculdade de Direito da PUC-SP, onde exerceu a chefia do Departamento de Teoria Geral do Direito e da qual é professor licenciado. Atua como consultor de empresas, associações e fundações. Faz parte do conselho de inúmeras entidades do terceiro setor, como a Transparência Brasil e o Instituto Pro Bono. Atual diretor-presidente da Fundação Abrinq pelos Direitos da Criança e do Adolescente.

SIDNEI DE SOUZA
Matemático de sistemas pela Unicamp. Trabalha desde 1985 com desenvolvimento de sistemas para disponibilização de informação científica *on-line*, na internet. Atualmente é o responsável pelo desenvolvimento e manutenção dos *sites* do Bioline International, do Sistema de Informação de Coleções de Interesse Biotecnológico, SICol, da revista eletrônica *Biota Neotropica* e do CRIA.

SIDNEY ANTÔNIO DA SILVA
Antropólogo, mestre e doutor em Antropologia Social pela Universidade de São Paulo (USP). Membro da Pastoral do Migrante e do Centro de Estudos Migratórios em São Paulo.

STEPHEN KANITZ
Administrador de Empresas formado pela Harvard Business School. Professor titular aposentado

pela Faculdade de Economia, Administração e Contabilidade (FEA), da Universidade de São Paulo (USP). Atual diretor-presidente da Kanitz & Associados. Consultor de empresas e articulista da revista *Veja*.

VANDERLEI CANHOS
PhD em Microbiologia de Alimentos, professor colaborador aposentado da Faculdade de Engenharia de Alimentos da Unicamp. Diretor presidente do Centro de Referência em Informação Ambiental, membro do Comitê de Coordenação do Programa Biota-FAPESP, coordenador do Networking and Inter-operability Committee da Federação Mundial de Coleções de Culturas de Microrganismos (WFCC).

VIDAL SERRANO JÚNIOR
Mestre e doutor em Direito Constitucional pela PUC-SP. Ex-Presidente do Conselho Diretor do Instituto Brasileiro de Defesa do Consumidor (Idec), atua como promotor de Justiça de Defesa dos Interesses Difusos e Coletivos da Infância e da Juventude. Professor de Direito Constitucional da PUC-SP e da Escola Superior do Ministério Público de São Paulo.